REISEROUTE

Gesamtlänge etwa 4.500 Kilometer

1. Österreich: etwa 230 km
2. Ungarn: etwa 420 km
3. Serbien: etwa 450 km
4. Kosovo: etwa 150 km
5. Mazedonien: etwa 200 km
6. Griechenland: etwa 400 km
7. Türkei: etwa 1.800 km
8. Syrien: etwa 500 km
9. Jordanien: etwa 160 km
10. Israel: etwa 70 km

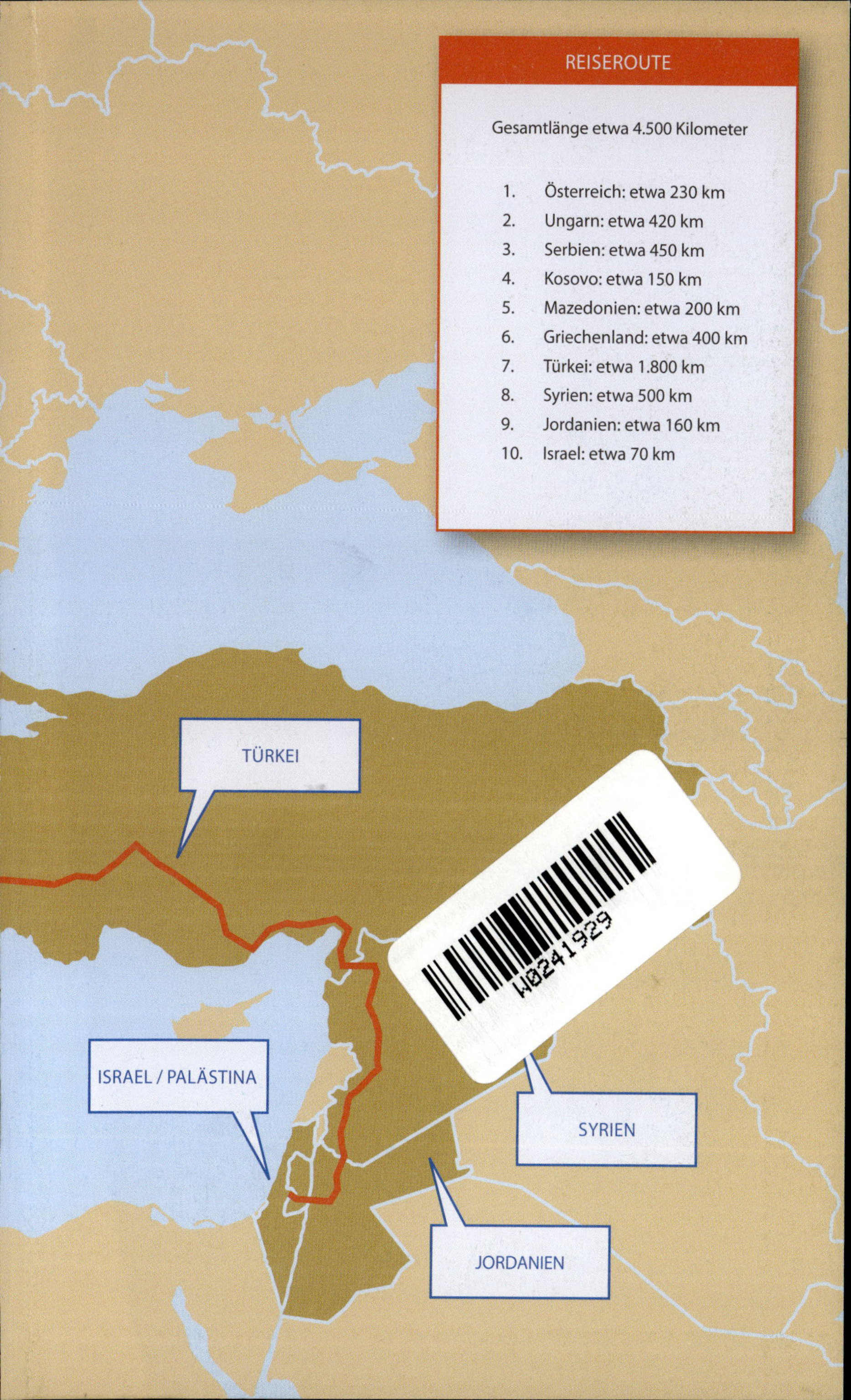

Johannes Aschauer

Auf dem Jerusalemweg

Eine außergewöhnliche Pilgerreise:
Aus dem Herzen Europas zu Fuß nach Jerusalem!

styria regional

Vorwort

Drei Österreicher auf einer außergewöhnlichen Pilgerreise, einer sehr langen Reise auf den Wegen des Apostels Paulus, den Spuren der Kreuzzüge und den historischen Pilgerpfaden in das Heilige Land: Dieses Buch berichtet über ihren Weg, gibt Einblicke in das Pilgerleben im Allgemeinen und erzählt von den Erlebnissen und Erfahrungen der drei Pilger. Wegbeschreibung, Berichte über historische Hintergründe, persönliche Erlebnisse und spirituelle Erfahrungen und Erkenntnisse runden diesen einzigartigen Bericht ab.
Johannes Aschauer, Otto Klär und David Zwilling – zwei Polizisten und ein ehemaliger Schirennläufer und Abfahrtsweltmeister – sind das ungewöhnliche Trio, das sich erst wenige Wochen vor dem Beginn der Pilgerreise kennengelernt hatte. Genauer gesagt hatten Johannes Aschauer und Otto Klär bereits eine gemeinsame Pilgerreise auf dem Jakobsweg hinter sich, der Dritte im Bunde stieß allerdings erst ganz kurzfristig und völlig unerwartet dazu. So waren also drei Männer unterwegs, die unterschiedlicher nicht sein konnten.
Die nachfolgende Pilgerreise ist aus der Sicht von Johannes erzählt. Zwar haben David und Otto natürlich so manches anders gesehen oder wahrgenommen, aber schlussendlich erlebten die drei doch das Gleiche. Und so beginnt die wohl abenteuerlichste Pilgerreise der drei in die Fremde und doch auch zu sich selbst:
Aus dem Herzen Europas zu Fuß nach Jerusalem!

Aber zuvor noch eine kleine Geschichte: Ein junger Mann suchte einen weisen Mann auf und wollte von ihm wissen, was er denn in seinem Leben alles zu beachten habe, um auch einmal so ruhig und gelassen wie ein Meister zu werden. „Zu viel beschäftigt deinen Geist", erklärte der weise Mann kurz und knapp. „Aber so zu sein wie ein Meister, ist ganz einfach, indem du übst wie ein Meister, wirst du eines Tages sein wie ein Meister." Der junge Mann verstand nicht ganz, was der Weise ihm sagen wollte. So gingen sie zu einem Brunnen und der Weise sagte dem jungen Mann, er solle in die Tiefe hinunterblicken. Dann warf er einen Stein ins Wasser und fragte den jungen Mann, was er denn nun sehe. „Nichts", gab dieser zur Antwort. „Wie soll ich etwas erkennen, wenn das Wasser in Bewegung ist?" Nach einer Weile stand die Wasseroberfläche still und wiederum fragte der Weise, ob er nun etwas erkennen könne. „Ja", rief dieser voller Freude. „Ich sehe mich!"

DIE GEBURT DER PILGERREISE FÜR FREUDE – FRIEDE – FREIHEIT

Heute ist der 18. März 2006, und ich sitze am Steuer des „Jakobsmobiles", wie wir liebevoll den 20 Jahre alten, weiß lackierten Transporter nennen.

Die Nacht war kurz, und daher wäre nun der ideale Zeitpunkt für ein Nickerchen. Die wärmenden Strahlen der Frühlingssonne, die uns durch die Windschutzscheibe fast direkt in das Gesicht scheinen, verführen dazu. Otto ist bereits auf dem Beifahrersitz eingeschlafen, denn nach der Veranstaltung hatten wir bis Mitternacht das wichtigste technische Equipment samt der Leinwand abgebaut und abschließend natürlich ein Geburtstagsbier getrunken.

Mit dem alten VW Bus sind wir auf dem Heimweg von Berchtesgaden, wo Otto und ich gestern Abend im Rahmen der BERGinale einen Filmvortrag über unseren Jakobsweg zeigten. Wie jedes Mal waren viele Besucher gekommen, das Interesse am Pilgern scheint nach wie vor enorm zu sein, und so war diese Veranstaltung auch mein ganz persönliches Geschenk zu meinem heutigen Geburtstag.

Einige Jahre sind vergangen, seit Otto und ich zu Fuß in Santiago de Compostela angekommen waren. Im Kopf lasse ich den gestrigen Abend und auch mein Leben seit jener Pilgerreise Revue passieren. Allerhand hat sich seither ereignet und so manches in mir verändert. Unter anderem verbringe ich täglich etwas Zeit in der Natur, was für mich die beste Möglichkeit ist, um in mich selbst zu gehen, mein Gottvertrauen zu festigen und nicht zu vergessen, dass ich stets auch Pilger bin.

So in Gedanken versunken, kommt mir die Idee, womöglich wieder einmal eine Pilgerreise zu unternehmen, denn obwohl es anstrengend war, sind die vier Monate auf dem Pilgerweg von Linz nach Spanien wundervoll gewesen.

Also, wohin könnte eine neue Reise führen? Plötzlich kommt auf meine innere Frage eine klare Antwort, und ich bekomme am ganzen Körper Gänsehaut: „Jerusalem!" Wenn ich in meinem Leben wieder als Pilger

aufbreche, dann versuche ich, dort hinzugehen, auch wenn ich nicht weiß, ob das für mich überhaupt möglich sein wird.
Der „Gedanke" ist so stark, dass mir die Haare, bis auf die wenigen auf dem Kopf, zu Berge stehen, und zugleich verspüre ich ein angenehm kühles Kribbeln, das langsam auf- und absteigt. Dieser Zustand hält ein paar Minuten an. Ich blicke zu Otto hinüber und rufe ihm zu, dass ich gerade eine ganz außergewöhnliche Idee habe. Verschlafen und die Augen anfangs nur halb geöffnet dreht er seinen Kopf zu mir, während ich ihm begeistert von meiner Idee erzähle. Jetzt ist auch er wach!
Zu diesem Zeitpunkt war das ganze Unternehmen jedoch noch weit entfernt. Aus heutiger Sicht würde ich sagen, dieser Gedanke war nun geboren und somit der Grundstein für die Pilgerreise nach Jerusalem gelegt.
Ein halbes Jahr später unterhielt ich mich nach unserem Vortrag in Burghausen, Deutschland, mit dem dortigen Pfarrer Max Pinzl über die Pilgerreise nach Santiago. Irgendwie kamen wir im Gespräch auf Jerusalem, und er erzählte mir, dass es sehr wohl möglich sei, dorthin zu Fuß zu gehen. Er habe sogar ein altes Buch darüber. Es sei von einem deutschen Theologieprofessor namens Friedrich Schröger verfasst, welcher in den Jahren 1972, 1973 und 1975 in drei Etappen von Passau bis Jerusalem pilgerte.
Er borgte mir schließlich dieses Buch, und es wurde zu meinem treuen Begleiter. Ich bin dankbar für die Wegbereitung durch Friedrich Schröger, denn er bestärkte mich, den Weg nach Jerusalem auf den Spuren des Apostels Paulus und des Dritten Kreuzzugs anzulegen.
Apropos Kreuzzüge, diese waren eine Wallfahrt mit dem Schwert in der Hand, Kriegszug und Bußgang zugleich!
Doch mir ist es wichtig, gleich zu Beginn festzuhalten, die Kreuzzüge nicht zu glorifizieren, denn wer für Gott oder in seinem Namen tötet, tötet im weiteren Sinn immer für sich und sein Ego! Wir alle sind Schwestern und Brüder und dies nicht nur bildhaft im Sinne einer Metapher, denn wir sind alle ein Teil Gottes und sollten uns dessen stets bewusst sein.
Es ist nicht nur aus geschichtlicher Sicht spannend, sich auf die Spuren der Kreuzzüge zu begeben und an die Originalschauplätze einer jahrtausendealten Geschichte zu kommen, sondern auch, weil durch eine bewusste Pilgerschaft auch eine Heiligung des Weges erfolgt.

So begleitete mich in den letzten Jahren mehr oder weniger ständig der Gedanke, nach Jerusalem zu gehen, während sich mir die verschiedensten Hürden, bis hin zum Verwaltungsgerichtshof wegen meiner Dienstfreistellung, in den Weg stellten.
Ob nun privat oder beruflich, es ist nicht einfach, das Netz, in dem wir in unserer Gesellschaft leben und uns bewegen, etwas zu lockern, um freier zu werden. Was in meinem Fall heißt, Polizist bleibt Polizist. Aber endet nicht auch das Berufsleben einmal, und sind wir dann nicht wieder auf das „reduziert" was wir wirklich sind, ohne Titel und dergleichen, einfach nur auf unser Menschsein?
Diese Pilgerreise sollte inklusive Planung, Vorbereitung und anschließender Aufarbeitung, ein knappes Jahr in Anspruch nehmen, denn es ist nicht sinnvoll, einfach salopp zu sagen: „Ich bin dann mal weg." Es ist unbedingt ratsam, vorher zu Hause alles so gut wie möglich zu regeln, um dann frei und unabhängig den Weg beginnen zu können und bei der Rückkehr nicht auf ein Chaos zu stoßen. Dies wäre mit Sicherheit eine Belastung unterwegs.
Im Frühjahr des Jahres 2010 erhielt ich überraschend die Mitteilung, dass mein Antrag auf Freistellung genehmigt werden sollte, womit nach so langer Zeit des Wartens mein Wunsch plötzlich doch in Erfüllung ging. Ich beschloss, die Pilgerreise bereits am 24. Juni 2010 anzutreten, weshalb nur mehr wenige Monate für die erforderlichen Vorbereitungen blieben.
Dabei führte ich auch das eine oder andere Gespräch mit Otto. Dieser wurde immer hellhöriger, und obwohl er die vergangenen Jahre keine Ambitionen zum Mitgehen gezeigt hatte, entschloss er sich Anfang Mai dazu mitzukommen! Seine Entscheidung beschrieb er mir wie folgt:
„Vor dem Aufbruch auf den Jakobsweg und auch während der Pilgerreise kreisten meine Gedanken ständig um mein abgenütztes rechtes Knie. Daher trug ich auf dem Weg als Prophylaxe immer einen Kniestrumpf. Zum Glück bekam ich aber keine Knieprobleme, dafür neben einer Unmenge an Blasen brennend heiße Fußsohlen! Durch die starken Schmerzen war ich damals mehrmals knapp am Aufgeben. Daher war eine Pilgerreise nach Jerusalem keine Option. Dennoch ließ mich der Gedanke nicht los. Insgeheim hoffte ich auf Klarheit, beziehungsweise auf irgendein Zei-

chen. Ja, und so saß ich am 13. Mai 2010, dem Christi-Himmelfahrtstag, im Linzer Mariendom und dachte wieder mal über diese Pilgerreise nach. Draußen schien die Vormittagssonne und obwohl bereits Mai, war es dennoch sehr kühl drinnen. Ich starrte auf den Hauptaltar und war in Gedanken versunken. Da bemerkte ich, wie plötzlich eine Taube aus dem Dunkel des Kirchenhauptschiffes kommend in Richtung des Altares flog und direkt auf dem Kopf der Marienstatue landete. Vielleicht geschieht dies ja öfters, aber für mich war es mein erhofftes Zeichen, und so entschloss ich mich an diesem Tag, die Pilgerreise nach Jerusalem mitzumachen. Ich hatte zwar noch leichte gesundheitliche Bedenken, aber meine Entscheidung war gefallen!"

Ein Chirurg hätte Otto dann doch noch fast umgestimmt, als dieser zu ihm sagte: „Wie können Sie überhaupt an eine Pilgerreise zu Fuß nach Jerusalem denken? Es wäre viel besser, eine Hüftoperation zu planen, ganz abgesehen von dem abgenützten rechten Kniegelenk!"

Also besorgten wir uns die erforderlichen Ausrüstungsgegenstände, Sprach- und Reiseführer der verschiedenen Länder, Landkarten und sonstige Unterlagen bis hin zum Visum für Syrien.

Zu guter Letzt fuhren wir am 3. Juni 2010 gemeinsam nach Kärnten zu Baldur Preiml, dem ehemaligen Spitzensportlertrainer, wo sich Otto ein paar gute Tipps für seinen Bewegungsapparat holen wollte. Wir trafen vormittags am Hafnersee ein und unterhielten uns vor einem Seminarhotel mit Baldur über unseren geplanten Weg. Während wir miteinander redeten, kam aus dem Foyer des Hotels ein Mann, den ich nicht kannte, er stellte sich zu uns und verfolgte unser Gespräch.

„Was verkauft ihr?", richtete er plötzlich eine Frage an uns, und wir antworteten etwas entgeistert: „Nichts! Wir bereiten uns gerade auf eine lange Pilgerreise vor und holen dafür gesundheitliche Tipps von Baldur ein."

Jetzt war der Mann erst richtig neugierig geworden: „Wohin soll es gehen?", fragte er weiter. „Nach Jerusalem!", war unsere sowohl einstimmige als auch knappe und klare Antwort. Er stand verblüfft da und wiederholte ungläubig: „Zu Fuß nach Jerusalem?" „Ja", sagte ich, „unsere Reise beginnt in drei Wochen." Er war offensichtlich so begeistert von unserer Idee, dass er spontan fragte: „Könnte ich eventuell mit euch beiden mitgehen?" Daraufhin herrschte Stille, wir blickten ihn skeptisch an,

und um seinem Wunsch noch mehr Nachdruck zu verleihen sagte er: „Also, wenn ihr mich mitnehmt, dann gehe ich mit!"
Wir hatten bis zu diesem Zeitpunkt David nicht persönlich gekannt, aber trotzdem sagten Otto und ich spontan zu. Er wollte natürlich noch das Einverständnis seiner Familie und musste einiges abklären, aber schlussendlich war er dabei. In den noch verbleibenden Wochen fuhren wir mit David unter anderem nach Wien, damit auch er das sechsmonatige syrische Visum erhielt und um ihm bei der Beschaffung seiner Ausrüstung behilflich zu sein.
Seine Motivation mitzugehen war, auf dem Weg Zeit zu haben, um über seine „12 Werte" nachzudenken, mit denen er sich schon seit Jahren beschäftigt. Sie sind auch die Basis für seine „The Good World GmbH", an deren Entstehung er mit seinem Sohn arbeitet. Die Werte Liebe, Familie, Freiheit, Glaube, Hoffnung, Toleranz, Zusammenarbeit, soziale Einstellung, Verantwortung, Friede, Respekt und Ehrlichkeit sind es, die es zu verbreiten gilt. Eine Möglichkeit dazu sollen sogenannte Werte-Wege sein, Wanderwege und Wege, die Gemeinden verbinden und auf denen „Leitsternpyramiden" auf diese Werte aufmerksam machen sollen. Eine Reise nach Israel brachte David in Haifa auch mit dem religionsübergreifenden Gedankengut der Bahais in Bekanntschaft, und er überlegte, ob diese Werte-Wege auch in Israel/Palästina denkbar wären. Daher war er überglücklich für die Gelegenheit zu dieser Pilgerreise. So entschlossen wir uns also gemeinsam zur Reise und einigten uns auf das Motto „FREUDE – FRIEDE – FREIHEIT", unter das wir unsere Pilgerreise stellten. Konkret bedeutete dies für mich, zu versuchen, mit Freude im Herzen diesen Weg zu gehen, denn dadurch kann bei Begegnungen Friede entstehen, und wo Friede ist, ist auch Freiheit.
In Anlehnung an das Sprichwort „Viele Wege führen nach Rom" gibt es zwar nicht unzählige, jedoch eine Handvoll an Möglichkeiten, auf dem Landweg Jerusalem zu erreichen. Die Route, die wir schließlich wählten, scheint für den historisch und christlich motivierten Pilger naheliegend und auch die sinnvollste zu sein. Allerdings ist sie ein paar hundert Kilometer länger, als wenn man ab Belgrad direkt nach Istanbul geht, um in der Folge über Ankara oder Konya nach Adana und von dort nach Syrien zu gelangen.

Ohne zu viel vorwegzunehmen, sei so viel gesagt. Der Jerusalemweg bietet nicht nur Zeiten des Nachdenkens und der Einsamkeit, sondern auch die Begegnung mit einer großen Anzahl historischer, kultureller und religiöser Schauplätze und Stätten und eindrucksvoller und unberührter Naturlandschaften. Der Weg selbst ist das Geschenk, die Belohnung, und somit ist das Erreichen des großen Zieles schlussendlich die besondere Draufgabe. Wir erlebten mehr, als wir je erwarten konnten und wurden wahrhaft reichlich für unsere Mühen entlohnt – dieses Buch kann lediglich einen kleinen Einblick in unsere Erfahrungen und Erlebnisse vermitteln.
Eine Frage beschäftigte mich noch: Wer war eigentlich dieser Mensch namens Paulus, auf dessen Spuren wir uns begeben wollten? Dieser Menschenverfolger, der Christen nachstellte, mit dem Schwert auf der Zunge, bis ihm ein so erschütterndes Erlebnis widerfuhr – keine Vision, sondern eine Erscheinung von Jesus –, das ihn zwang innezuhalten. Wie gewaltig musste diese Erschütterung gewesen sein, dass er, der radikale Jude, sich total wandelte, als Prediger umherzog und zum Völkerapostel avancierte. Mit glühender Leidenschaft war er jetzt ein Verkünder der neuen Lehre, war für seine Anhänger ein Fels in der Brandung, der bereit war, für seine Überzeugung zu sterben und schließlich auch hingerichtet wurde. Durch das Schwert wurde Paulus enthauptet, sein Kopf fiel in Rom zu Boden, aber seine Worte, Lehren, Gedanken und Briefe waren bereits in den Köpfen der Menschen verankert und begannen sich auszubreiten. Sie trugen dazu bei, dass die Lehre Christi Grundlage in Europa wurde. Sein Wirken und Lehren haben der Botschaft Jesu zum Durchbruch verholfen.
Es sollte aber noch gut 300 Jahre dauern, bis die aus dem Judentum hervorgegangene Sekte offiziell zur römischen Staatsreligion erklärt wurde.
Würde es uns möglich sein, die überlieferten Schauplätze von Paulus' Leben und Wirken tatsächlich zu finden und zu erreichen? Wie zum Beispiel seine Geburtsstadt, die Orte, an denen er erfolglos gesteinigt wurde, seiner Gefängnisaufenthalte und Verfolgungen, der Verkündigungen und vielleicht gar die Stelle seiner Lebenswende im heutigen Syrien, wo er erblindete, als ihm Jesus erschien?
Was also würden wir im kommenden halben Jahr sehen und erleben, welche Höhen und Tiefen würde der Weg in uns selbst aufzeigen, wie das

Gefühl sein, an historisch bedeutsamen Plätzen zu Fuß anzukommen? Würden wir den körperlichen und seelischen Belastungen gewachsen sein? Wie würden wir die Hitze in der Wüste und die Kälte in den Bergen ertragen, wie mit der Einsamkeit und der Gemeinsamkeit, dem Verzicht und den Entbehrungen umgehen? Würden sich Freude und Glücksgefühle einstellen?

Ist es überhaupt möglich, bis nach Jerusalem zu gehen?

Unzählige Fragen kamen und gingen, ich wusste so vieles nicht und konnte mich nur im Vertrauen, zur gegebenen Zeit an der richtigen Stelle zu sein, auf diese Abenteuer des Herzens einlassen. Wenn es sein wollte, würde ich ankommen, ich war bereit dafür und legte meinen bevorstehenden Pilger- und Lebensweg in Gottes Hände, auf dem Weg zum Ursprung, zur Quelle.

Und so bat ich, dass dieser Weg zu mir selbst führen möge und auch eine Brücke zu und für meinen Freund Jesus werden würde.

Bevor wir nun zur eigentlichen Pilgerreise kommen, sei vor Beginn noch kurz erwähnt:
Otto war bereits am 20. Juni 2010 von seiner Heimatgemeinde, Neustift im Mühlkreis (OÖ), aufgebrochen. Zu Fuß ging er gemeinsam mit seinem ehemaligen Arbeitskollegen Norbert der Donau entlang bis Linz, weiter über Mauthausen und Perg nach Arbing, wo die beiden am 23. Juni 2010, nach gut 100 Kilometern und fast vier tägigem Dauerregen, eintrafen.
David wollte ursprünglich von seiner Heimatgemeinde, Abtenau in Salzburg, mit dem Rad anreisen, aus Zeitgründen entschied er sich jedoch, mit dem Auto nach Arbing zu kommen. Johannes hatte Heimvorteil und daher die kürzeste Anreise.

DER AUFBRUCH (ÖSTERREICH)

Ein stimmungsvoller Morgen umgibt uns, die Sommersonne ist trotz der frühen Vormittagsstunde deutlich zu spüren. Langsam, ja bedächtig gehen David, Otto und ich die alte Heimkehrerstiege bergan. Auf der rechten Seite verläuft parallel zu den aus Granitblöcken gehauenen Stufen der Kreuzweg.

Welch ein besonderer Tag! Nach so langer Zeit der Vorbereitung ist es nun so weit: Heute, am 24. Juni 2010, begeben wir uns auf unsere Pilgerreise nach Jerusalem. Zumindest dürfen wir es versuchen, alles andere wird uns „wohl oder übel" der Weg zeigen. Ich bemerke das vertraute Läuten der Turmglocke. Im Lauf unserer Reise wird es wohl vom Rufen des Muezzins zum Gebet abgelöst werden.
Es ist kurz vor 9 Uhr, und viele Menschen erwarten uns bereits oben auf dem Kirchenplatz zu einem Segensgottesdienst. Viele sind gekommen, um einerseits diesen Augenblick mit uns zu teilen und sich andererseits von uns zu verabschieden. Familie, Freunde, Verwandte, Bekannte, ein paar „Zaungäste" und auch einige Medienvertreter sind dabei.

Die mittelalterliche Kirche im weißen Putz ähnelt auf den ersten Blick eher einer Burg, denn anstelle eines Turmes mit Spitze wurde der mit runden Zinnen bestückte Wehrturm kurzerhand zum Kirchturm umfunktioniert. Das Erscheinungsbild der Kirche ist wahrlich außergewöhnlich, und sie ist, aufgrund der exponierten Lage, weithin über das angrenzende Machland sichtbar. Die Pfarrkirche ist auch zugleich das Wahrzeichen der kleinen Landgemeinde Arbing, im oberösterreichischen Mühlviertel, wo ich geboren und aufgewachsen bin.
Pfarrpatron ist Johannes der Täufer, was für mich für unsere Pilgerreise eine große Bedeutung hat. Warum also beginnen wir am 24. Juni, dem Johannestag, hier und nicht anderswo oder an einem anderen Tag?

Das Leben von Jesus und Johannes hat einige Gemeinsamkeiten: Ihre Geburt, ihr Kommen wurden sowohl von einem Propheten als auch vom Erzengel Gabriel angekündigt und auch ihr Name wurde bereits im Voraus prophezeit. Beide sollten von Herodes Soldaten nach der Geburt getötet werden, und beide beendeten ihre Sendung auf der Erde, indem sie ihr Leben gaben.
Auch waren ihre Mütter, Maria und Elisabeth, verwandt. Johannes der Täufer war Vorläufer und Wegbereiter für Jesus, und sie sollen befreundet gewesen sein. Es liegt somit nahe, den Pilgerweg zu unseren religiösen und kulturellen Wurzeln, wo das Christentum seinen Ausgang genommen hat, wo die in der Bibel beschriebenen Personen gelebt und gewirkt haben, genau am 24. Juni an diesem Ort zu beginnen. Auch wenn es nur ein Symbol ist, hat es für mich eine tiefere Bedeutung. Und da ich, nebenbei bemerkt, hier getauft wurde, und Johannes der Täufer auch zugleich mein Namenspatron ist, fügt es sich gut zusammen.
Ziel unserer Pilgerreise ist es, zu Fuß die Stadt Jerusalem zu erreichen. Auch ist Bethlehem, jener Ort, wo Jesus vor mehr als 2.000 Jahren gebo-

ren wurde, ein weiteres großes Ziel auf unserem Weg. Für mich ist es stimmiger, als Erstes zur Geburtsstelle und dann zum Ort des Wirkens, der Kreuzigung und Auferstehung zu gehen. Deshalb werden wir versuchen, zuerst Bethlehem und danach Jerusalem zu erreichen, sofern dies wegen der Checkpoints überhaupt möglich ist. Und wer weiß, vielleicht kommen wir ja sogar genau am 24. Dezember bei der Geburtsstätte an. Natürlich ist ein halbes Jahr für diese Pilgerreise recht knapp bemessen, und ob wir unser Ziel in dieser Zeit erreichen werden, wird uns der Weg zeigen. Bis dahin liegen noch etwa 4.500 Kilometer und, wie gesagt, mindestens sechs Monate vor uns.

Segensgebet – aus dem Jahr 1078

O Gott, du hast deinen Knecht Abraham aus der Stadt Ur in Caldea herausgerufen. Du hast ihn behütet auf all seinen Pilgerreisen. Du warst auch der Führer des hebräischen Volkes durch die Wüste.
Wir bitten dich, behüte auch diese deine Diener, die aus Liebe zu deinem Namen zur Pilgerreise aufbrechen.
Sei ihnen Begleiter während ihres Unterwegsseins, Führer auf ihrem schweren Weg,
Kraft in der Müdigkeit,
Verteidiger in allen Gefahren,
Ruheort auf dem Weg,
Schatten in der Hitze,
Licht im Dunkel,
Trost in Mutlosigkeit und
Stärke in ihren Vorsätzen,

damit sie unter deiner Leitung unbeschädigt ans Ziel ihrer Reise gelangen.
Damit sie, reich an Gnade und Tugenden, heil zurückkehren können in ihre Heimat und dort gesund und voll steter Freude leben.

Nach einer Pilgermesse mit diesem Segensgebet und einer Umarmung verabschieden wir uns. Die Rucksäcke sind mit etwa 15 Kilogramm Gepäck gut gefüllt, zusätzlich hat jeder von uns ein Paar Wanderstöcke dabei. Die über die Knöchel reichenden Trekkingschuhe sind geschnürt – und es geht los!

www.jerusalemweg.at

Die ersten Kilometer begleitet uns überraschenderweise eine größere Gruppe von Freunden und Bekannten. „Bis Grein is eh leicht, oba dann ziagt sich da Weg", habe ich die vertraute Stimme eines Nachbarn im Kopf.
Bevor wir den Ort in Richtung Osten verlassen, bringen wir noch rasch unseren ersten Jerusalemweg-Aufkleber an einer Laterne an.
Bereits am Ortsende machen wir einen ersten kurzen Halt bei einer ganz besonderen Frau. Die mittlerweile 85 Jahre junge(!) Hilda ist seit 30 Jahren verwitwet und verbringt viele Stunden täglich im Gebet. Sie strahlt eine Ruhe, Güte und Weisheit aus, was viele Menschen aus Nah und Fern anzieht, die ihren Kontakt und Rat suchen. In ihrer guten Stube drängt sich das Gefühl auf, die Zeit sei ein wenig stehen geblieben. Sie hatte Otto und mich auf dem Jakobsweg im Gebet begleitet und lässt es sich nicht nehmen, uns drei Jerusalempilger im Garten ihres alten Bauernhäuschens zu segnen.

Mit Getränken und guten Gedanken gestärkt sowie ihrem Versprechen, täglich für uns Fürsprache zu halten, ziehen wir in Richtung Baumgartenberg weiter. Rechts unseres

Weges befindet sich ein ehemaliges Zisterzienserkloster, das heute als Mädcheninternat geführt wird.
Nach dem Überqueren der Bundesstraße 3, auch Donaustraße genannt, führt unser Weg doch recht steil hinauf zum Ort Klam, wo sich etwas später ein herrlicher Blick zur Burg Clam eröffnet. Leider wurde die dortige Privatbrauerei geschlossen, doch für eines der selbstgebrauten Biere bleibt ohnehin wenig Zeit, und wir möchten ja heute zumindest bis Grein an der Donau gehen. Die Burganlage von Clam ist übrigens durch die alljährlichen Sommerkonzerte, mit zum Teil tausenden Besuchern, österreichweit bekannt geworden.

Exakt im vollen Dutzend ziehen wir über die sanften Hügel der Donaulandschaft und genießen den zauberhaften Ausblick ins Voralpenland, bis sich der Blick hinunter nach Grein an der Donau eröffnet. In dieser Stadt befindet sich das älteste, im Originalzustand erhaltene, bürgerliche Theater Mitteleuropas. Dem Posieren für das Gruppenfoto vor dem Stadtbrunnen folgt noch ein gemeinsames Eis bei der Konditorei Schörgi, mit dem feudalen Beinamen „Tempel des Genusses". So lässt sich eine Pilgerreise beginnen, aber die Zeiten der Entbehrung werden unweigerlich auf uns zukommen.
Unsere Begleiter verabschieden sich, nur Norbert, der ja schon seit Sonntag mit Otto unterwegs ist, und Martin bleiben noch eine Tagesetappe bei uns. Martin ist vor einigen Jahren von seiner Heimatgemeinde bei Graz zu Fuß den Jakobsweg bis Spanien gegangen. Wir haben ihn bei einem

unserer Vorträge im Benediktiner Stift Kremsmünster kennengelernt. Seither hat sich zwischen Otto, ihm und mir eine Freundschaft entwickelt. Wir schätzen Martin und seinen ehrlichen Charakter sehr.

Gemeinsames Abschiedsfoto auf dem Stadtplatz von Grein an der Donau.

Zu unseren Füßen liegt die Donau. Sie wird lange Zeit ein treuer Begleiter sein und uns hoffentlich gut und sicher nach Belgrad führen – zuerst einmal aber zu unserem nächsten großen Ziel nach Wien. Bis dorthin liegen noch etwa 150 Kilometer vor uns. Wir setzen nun mit der Radfähre an das andere Ufer, nach Niederösterreich, über. Langsam wird es Abend und damit auch stiller. Wir gehen noch einige Kilometer bis nach Hößgang im Gemeindegebiet von Neustadtl an der Donau. Neustadtl liegt übrigens am Jakobsweg und ist zugleich auch eine Jakobspfarre, das heißt, Jakobus der Ältere ist der Pfarrpatron.

Wir sind auf geschichtsträchtigem Boden, denn auch die Route des Dritten Kreuzzugs soll hier durchgegangen sein, der Donau entlang auf dem Landweg über den Balkan und weiter bis nach Akkon. Folglich ist dies bereits unser erster Berührungspunkt mit dem größten Kreuzzug der

Menschheitsgeschichte. Den Ausgang nahm dieses in der Folge sehr blutige Unterfangen am 11. Mai 1189 in der Bischofsresidenz Regensburg und stellte mit etwa 25.000 Teilnehmern das größte Kreuzzugsheer aller Zeiten. Viele folgten dem Ruf Papst Gregors VIII., und durch den Zustrom von Mitstreitern entlang des Weges bis hin nach Budapest, sei es bewaffnet als auch unbewaffnet, soll das Heer ein gigantisches Ausmaß von bis zu 100.000 Kreuzfahrern erreicht haben. Angeführt wurde dieses Heer vom deutschen Stauffer Kaiser Friedrich I., der aufgrund seiner Bartfarbe in Italien den Beinamen Barbarossa erhielt.
Auslöser für den Dritten Kreuzzug war die Eroberung Jerusalems am 2. Oktober 1187 durch Sultan Saladin, das seit dem Ersten Kreuzzug in der Hand der Christen gewesen war.
1190 brachen auch der König von Frankreich, Philipp II., und der König von England, Richard I. Löwenherz, mit ihren Heeren nach Palästina auf. Nach einem gemeinsamen Aufbruch trennten sich die Heere, um in der Folge jeweils auf dem Seeweg von Marseille bzw. Genua aus in das Heilige Land zu gelangen.
Ich werde etwas später nochmals auf dieses dunkle Kapitel der Geschichte eingehen.
Leider haben Herrscherhäuser, Politiker und Kirchenvertreter im Lauf der Geschichte immer wieder die Religion missbraucht und für Macht und Geld instrumentalisiert. Abraham Lincoln (1809–1865), 16. Präsident der USA, hat dies für mich trefflich formuliert: „Willst du den Charakter eines Menschen erkennen, so gib ihm Macht."

Doch weiter zu unserer Reise. In der Zwischenzeit sind wir in Neustadl angelangt, wo wir bei unserem Freund Hans Freudenberger auf dem „Nadlingerhof" unsere erste Nacht verbringen. Der über 500 Jahre alte Vierkanthof stellt eine wahrlich gelungene Mischung aus Museum und Mostheurigem dar, ist weithin bekannt, und das Matratzen-

lager im rustikal ausgebauten Dachgeschoss scheint eine geradezu ideale Pilgerherberge zu sein.

Unser erster Tag, den wir nun bei Lagerfeuer, Grillkotelette und Livemusik von einer Steirischen Harmonika gemütlich ausklingen lassen, war sehr ereignisreich. Martin ist nebenberuflich Musiker und spielt mit seiner Band auch bei internationalen Konzerten auf, und so wird durch seine Darbietung dieser Abend noch recht stimmungsvoll.
Gut, aber eindeutig zu kurz geschlafen, passieren wir vormittags den Hößgang, jenen Teil der Donau, der für die Schifffahrt zwischen Regensburg und dem Schwarzen Meer einst die gefährlichste Stelle war. Nicht einmal die Durchfahrt durch das „Eiserne Tor" in Rumänien war so gefürchtet wie diese Passage. Die Strudel und Stromschnellen mit ihren Untiefen wurden vieln Schiffen zum Verhängnis. Unter Kaiserin Maria Theresia wurde im Jahr 1777 diese Stelle durch Sprengungen der Klippen etwas gemildert, doch erst 1956 konnte durch die Fertigstellung des nahe gelegenen Donaukraftwerkes Ybbs-Persenbeug, eine endgültige Entschärfung erreicht werden.
Inzwischen sind dichte Wolken aufgezogen, und gerade als wir den ersten Blick auf die Stadt Ybbs werfen können, erwischt uns ein kurzer aber heftiger Regenschauer. Wir finden zum Glück Unterschlupf bei einem Imbissstand und nützen die Gelegenheit für eine Pause. Über die Kraftwerksbrücke setzen wir unseren Weg nun auf der anderen Seite der Donau fort, bis es in der Gegend von Maria Taferl, dem bedeutendsten Wallfahrtsort Niederösterreichs, für uns Abschied nehmen heißt. Die beiden letzten Begleiter verlassen uns. Martin und Norbert fahren nach Hause. Noch ein Erinnerungsfoto, im Hintergrund die hoch über der Donau gelegene Basilika, deren zwei Türme bereits weithin zu sehen waren – dann wird es plötzlich still.

Gestern waren noch Trubel und viele Menschen um uns, jetzt sind nur mehr wir drei auf dem Weg, allein und auf uns selbst gestellt. Werden wir untereinander aus- und zurechtkommen, und können wir sowohl körperlich als auch geistig das nächste halbe Jahr gemeinsam schaffen? Otto und ich kennen uns ja schon seit Jahren, immerhin waren wir vier Mona-

te auf dem Jakobsweg unterwegs, aber auch damals hatten wir unsere Schwierigkeiten. Daher kennen wir unsere gegenseitigen Schwächen und Stärken ganz gut, für David jedoch sind wir unbekannt, ebenso wie er es für uns ist!
Natürlich kann man eine Pilgerreise auch ganz allein gehen, denn eine Reise zu dritt kann sich unter Umständen recht schwierig gestalten. Es kann in einer Dreier-Konstellation, unabhängig von Freundschaften, leicht zu Situationen kommen, in denen sich einer als das sogenannte „fünfte Rad am Wagen" fühlt. Darüber hinaus werden wir monatelang auf engstem Raum leben und in die eine oder andere Grenzsituationen kommen. Es sind nicht nur die Herausforderungen des Weges zu meistern, sondern es geht auch darum, so gut wie möglich miteinander auskommen und gemeinsam anzukommen. Eine Idealkonstellation was die Personenanzahl betrifft gibt es natürlich nicht. Allein musst du dich zwar nach „niemandem richten" – es hält dir keiner den Spiegel hin –, dafür ist da aber auch niemand da, um sich bei Problemen auszusprechen oder bei Schwierigkeiten gegenseitig zu stärken und zu helfen. Daher birgt der bevorstehende Weg sowohl die Chance eines gemeinsamen Wachsens als auch das Risiko, sich zu zerstreiten oder gar zu trennen.
„Schau ma moi, dann sehn ma scho", ist einer unserer Leitsprüche für das täglich vor uns liegende Unbekannte auf dem Weg.
Also, schau ma moi, dann sehn ma scho!

Während wir am linken Donauufer entlanggehen, kommt mir das Schloss Artstetten in den Sinn, das in der Nähe ist, jedoch von der Donau aus nicht zu sehen ist. Die dortige Gruft beherbergt die Leichname des im Jahr 1914 erschossenen Thronfolgers Erzherzog Franz Ferdinand von Österreich-Este und seiner Gattin Sophie. Das Attentat im serbischen Sarajevo wird in den Geschichtsbüchern als Auslöser für den Ersten Weltkrieg betrachtet.
Ein plötzliches Gewitter reißt mich aus meinen Gedanken. Schon beginnt es zu schütten, und wir laufen, so gut dies mit den schweren Rucksäcken möglich ist, zur nahe gelegenen Konditorei Braun. Dort haben wir doppelt Glück! Nicht nur, dass wir fast nicht nass geworden sind, sondern die junge Chefin und ihr Vater laden uns noch dazu auf eine Mehlspeise ein,

und bevor wir nach dem etwa einstündigen Gewitter aufbrechen, bekommen wir noch einen fruchtigen Marillenschnaps kredenzt. Prost!
Die Nacht haben wir in einem Gasthof in Kleinpöchlarn verbracht und überqueren nun am Morgen wieder einmal die Donau. Vorbei an der Schallaburg erreichen wir Loosdorf. Obwohl die Erdbeersaison eigentlich fast zu Ende ist, lassen wir uns auf einem Feld diese süße Verführung nicht entgehen und bekommen die Früchte sogar geschenkt. Sehen wir so mitleiderweckend aus?!
Gut gelaunt gehen wir so lange in die Dämmerung hinein, bis uns Hans, ein Freund von David, mit dem Auto vom Weg abholt. Wir sind bei seiner Familie zum Abendessen eingeladen und verbringen auch unseren ersten Ruhetag bei ihm in Zwentendorf. Im Garten gibt es einen Swimmingpool, der für uns am Sonntag, bei Temperaturen von über 30 Grad, eine willkommene Abkühlung bietet.

Kurz etwas zum Sonntag und zum generellen Tagesablauf: Je nach Art und Weise des Weges und unserer körperlichen Verfassung, versuchen wir, etwa 30 Kilometer zu gehen und spätestens nach zwei Stunden eine Pause einzulegen (natürlich abhängig von der jeweiligen Infrastruktur). Am SONNTAG ist für uns immer RUHETAG – das heißt, wir gehen sechs Tage, und am siebenten Tag wird geruht – analog zur biblischen Schöpfungsgeschichte. Dieser Rhythmus hat sich bei Otto und mir schon auf dem Jakobsweg sehr bewährt und ist auch nun fixer Bestandteil unserer Pilgerreise nach Jerusalem.

Hans fährt uns am Montagmorgen wieder zurück, und mit dem Versprechen, eine Karte aus dem Heiligen Land zu schreiben, verabschieden wir uns. Am frühen Vormittag durchwandern wir die niederösterreichische Landeshauptstadt Sankt Pölten, wobei David spontan die Idee hat, seinem Freund Andreas im Landhaus einen Besuch abzustatten.
Wie es im Leben eines Pilgers so ist, wird aus dem Kurzbesuch ein ausgiebiges Frühstück im Sitzungssaal, welches wir natürlich gerne annehmen. Unter anderem kommen wir dabei mit Toni (Anton Pfeffer), dem ehemaligen Fußballer des österreichischen Nationalteams ins Gespräch, und dieser gibt uns gute Tipps für das Dehnen der Achillessehne.

Wir sind für jeden Gesundheitstipp offen, denn David hat seit einer Sportverletzung immer wieder Probleme mit seiner Achillessehne. Auch bei mir hat sich völlig überraschend bereits am Beginn ein unangenehmes Ziehen an der rechten Achillessehne eingeschlichen. Uns ist allen klar, dass eine „beleidigte" Achillessehne nicht nur eine längere Zwangspause, sondern auch das „Aus" der Pilgerreise bedeuten kann.

Über Neulengbach, Pressbaum und Purkersdorf erreichen wir Wien, wobei wir die letzte Etappe von Renate begleitet werden, einer guten Freundin von mir. Sie hat nicht nur für interessante philosophische und spirituelle Gespräche gesorgt, sondern uns auch mit diversen Naturhilfsmitteln wie Salzsteinen aus Österreich und Teebaumöl aus Australien versorgt.

Die Bundeshauptstadt wird, wie bereits zahlreiche Orte davor, selbstverständlich mit unserem Aufkleber markiert. Sie ist mit etwa 1,7 Millionen Einwohnern die zweitgrößte Stadt an der Donau.

Übertroffen wird sie nur von Budapest, wo wir voraussichtlich in etwa zehn Tagen ankommen werden.
Weitere Millionenstädte auf dem geplanten Weg sind Belgrad, Izmir, Konya, Adana, Aleppo, Damaskus und Amman – bis dahin liegen jedoch noch einige tausend Kilometer vor uns.
Bekannterweise sind die Türken im Jahr 1683 bei der Belagerung vor den Toren von Wien gescheitert. Wir sind jedenfalls in friedlicher Mission unterwegs und werden sicher keine Stadt belagern, aber dafür mit einem Aufkleber erobern.
Auf Schusters Rappen wird uns das wahre Stadtausmaß so richtig bewusst, denn wir brauchen fast einen halben Tag, um von der Ortstafel bis ins Zentrum zum Stephansdom zu gelangen. Hitze, Asphalt und Pflastersteine sind nicht wirklich eine Wohltat für die Füße, und obwohl die Schuhe eingegangen sind, haben wir bereits lästige „Mitpilger" in Blasenform bekommen. Speziell Otto und David scheinen sie besonders zu lieben.
Generell ist das Pilgern in einer Großstadt, schon allein wegen des enormen Verkehrs, nicht gerade angenehm, ganz abgesehen davon, dass man die Orientierung verlieren und sich verlaufen kann. Auch besteht die Gefahr, sich gegenseitig zu verlieren, was uns in der Innenstadt passiert, als wir Otto aus den Augen verlieren, und wir ihn gerade noch vor einem der Schaufenster entdecken können. Nur gut, dass sein Rucksack randvoll ist, sonst würde er sicher etwas einkaufen und in einem der Geschäfte verschwinden.
In einem alteingesessenen Wiener Café nützen wir natürlich die Gelegenheit, uns an einem Kaffee samt Sachertorte zu erfreuen. David mit Milch und Zucker, Otto schwarz ohne Zucker und ich mit ganz wenig Milch und ohne Zucker. Bereits hier ist unsere Unterschiedlichkeit zu erkennen.
Wir schlendern nach dem Kaffeehausbesuch durch die Fußgängerzone und stoßen in der Nähe des Domes auf eine größere Menschenansammlung. Es herrscht hektisches Treiben, und die Veranstaltung wird von der Polizei abgesichert. Im angenehm ruhigen Inneren des Stephansdom nützen wir die Gelegenheit zu einem Gebet, zünden Kerzen an und erhalten bei der Informationsstelle einen Stempel in unseren Pilgerausweis.
Diesen Pass für Jerusalempilger haben wir uns bereits im Vorfeld besorgt. Er ist gewissermaßen wie das Pendant vom Jakobsweg aufgebaut und

kann bei Pfarren, Klöstern und sonstigen christlichen Einrichtungen abgestempelt werden. Selbst auf dem asiatischen Teil des Weges (Türkei, Syrien, Jordanien, Israel/Palästina) wird es hoffentlich möglich sein, bei der römisch-katholischen oder der orthodoxen Kirche einen Stempel zu erhalten. Der Pilgerausweis ist eine bleibende Erinnerung und sollte jedenfalls beim Eintreffen in Jerusalem vom Lateinischen Patriarchat abgestempelt werden, womit das Ankommen im Heiligen Land beurkundet wird. Diese Vorgangsweise ist analog zur Ankunft in Santiago de Compostela.
Als wir nach dem Aufenthalt im Dom durch die Herrengasse in Richtung Schottenstift gehen, erkennen wir einige vertraute Gesichter aus Sport und Politik und werden gleich darauf zu einem Kurzbesuch ins Palais Niederösterreich geladen. Ein Glas Wein darf schon sein, wir nehmen es gerne an – dies haben Pilger wohl so an sich.

Abends bietet sich uns die besondere Gelegenheit, an einer Pilgermesse in der Servitenkirche, Pfarre Rossau, teilzunehmen. Diese wird vom letzten in Wien verbliebenen Serviten, dem über 80-jährigen Pater Gregor, in sehr berührender und herzlicher Art und Weise zelebriert.
Dadurch inspiriert entschließen wir uns, auch das Erzbischöfliche Palais wegen eines Stempels zu kontaktieren. Als wir den Rückruf erhalten, wird uns mitgeteilt, dass wir nicht nur den Stempel, sondern auch einen

Segen bekommen – schlussendlich kommt es auch nicht alle Tage vor, dass Jerusalempilger im Palais anrufen.
So ergibt sich für uns völlig unerwartet ein Gespräch mit Kardinal Schönborn und dem Apostolischen Nuntius Zurbriggen, dem Vertreter des Papstes in Österreich, samt anschließender Pilgersegnung.

Kardinal wird vom lateinischen Wortstamm „cardo" abgeleitet, was im eigentlichen Sinn „Türangel oder Drehpunkt" heißt. Mir gefällt diese Bedeutung gut, da sie über die Aufgaben eines Kardinals einen guten Aufschluss gibt. Ein Kardinal sollte ein Angelpunkt beziehungsweise eine verbindende Schnittstelle sein und ist gleichzeitig ein Mensch wie du und ich, mit ebenso vielen Fragen aber auch mit vielen Antworten.
Die beiden hohen kirchlichen Würdenträger nehmen sich spontan für uns Zeit. Mit einem Nachklang dieser menschlichen und direkten Begegnung dieser Audienz ziehen wir frohgemut weiter.

Insgesamt verbringen wir zwei sehr abwechslungsreiche Tage in Wien, übernachten einmal in einer Privatwohnung und die andere Nacht im Schottenstift, in der Benediktinerabtei im 1. Bezirk. Das Kloster ist eine ursprüngliche Pilgerherberge, in der wir in Einzelzimmern untergebracht werden, weshalb jeder von uns genügend Platz zum Trocknen seiner verschwitzten Habseligkeiten hat. Die Sonne meint es schon seit einer Woche gut mit uns!

Im Zuge unseres Aufenthaltes sind wir auch beim Präsidenten der Islamischen Glaubensgemeinschaft, Anas Schakfeh, zu Gast. Sein Empfehlungsschreiben scheint uns im Hinblick auf etwaige Probleme in den islamischen Ländern wichtig und unterstreicht darüber hinaus den überkonfessionellen und verbindenden Charakter unserer Pilgerreise.

Ganz im weltlichen Sinn statten wir schlussendlich noch dem Kabinett des Bundesministeriums für Inneres einen Besuch ab, wo Otto und ich die Hintergründe unserer Pilgerreise erörtern und uns bei Kaffee und Kuchen für die Dienstfreistellung bedanken.

Über die Simmeringer Hauptstraße erreichen wir Schwechat und folgen der Budapester Bundesstraße 10 in Richtung Bruck an der Leitha, wo wir gegen 21 Uhr eintreffen und im Pfarrhof unser Nachtquartier bekommen.

Auf unserer Vormittagspause in Parndorf spüren wir die geografische Nähe zu Ungarn. Unsere Rucksäcke, mit unseren verschwitzten Hemden darauf, stellen wir zum Trocknen auf einer Wiese neben der Straße ab und gehen in die gegenüberliegende Bäckerei auf ein Frühstück. Angeregt unterhalten wir uns dort mit Einheimischen über den weiteren Wegverlauf zur Grenze hin und öffnen ein Fenster, um den Gestank der Zigaretten zu mindern. Während des Gespräches blicken wir ohne besondere Aufmerksamkeit ab und zu durch das offene Fenster auf die Straße hinaus und bemerken einen Kombi mit ungarischem Kennzeichen, der auffallend langsam an unseren Rucksäcken vorbeifährt. Plötzlich hält das Auto an und schiebt zurück.

David springt auf, läuft hinaus. Im selben Moment öffnet einer der Fahrzeuginsassen die rechte Schiebetüre. Noch bevor David beim Wagen ist, bemerken sie ihn und unser Rufen, geben Gas und die verhinderten Diebe sind weg. Wir haben großes Glück, nicht auszudenken, was gewesen wäre, wenn wir nicht zufällig bei einem Fenster gesessen wären! Mit Sicherheit werden wir unsere Ausrüstung nicht mehr aus den Augen lassen, gleichgültig, wo wir uns befinden. Unser Kreislauf ist nun in Schwung, dies sogar ohne Kaffee.

Doch der Aufregung nicht genug. Als wir kurz darauf bei einer Kreuzung ankommen, können wir uns nicht einigen, welchen Weg wir nach Zurndorf nehmen: entweder neben der B10 über die Felder oder doch entlang der Bahntrasse.
Vor Beginn der Reise hatten wir uns darauf geeinigt, dass wir grundsätzlich versuchen, die Etappen im Konsens festzulegen, und nur wenn dies nicht gelingt, sollte ich für die Gruppe entscheiden. Dies nicht deshalb, weil die Idee zu der Pilgerreise von mir war, sondern eine Gruppe eben auch jemanden braucht, der sich um die Art und Weise des täglichen Wegverlaufes kümmert. Und diesen Part habe ich allein schon aufgrund der intensiven Vorbereitung übernommen.
So weit so gut, aber irgendwie haben wir drei in diesem Moment Lust zum Experimentieren und beschließen, uns bis zum Eintreffen im 15 Kilometer entfernten Zurndorf zu trennen. Otto und David wandern über Feldwege querfeldein, ich schlage die Richtung der Bahngleise ein und folge diesen. Jedenfalls werden wir dieses kleine Abenteuer nicht vergessen. Die beiden verlieren in den Kornfeldern mit dem zum Teil mannshohen Getreide völlig die Orientierung, und auch ich rechne nicht damit, in den nächsten Stunden weder ein Haus noch eine Menschenseele zu treffen.

So gehe ich neben der Gleisanlage, es ist schwül und mit Temperaturen von knapp 35 Grad derart heiß, dass mir bereits nach zwei Stunden das Trinkwasser ausgeht. Normalerweise trage ich im Rucksack mindestens drei Liter Reserve mit, aber wegen der Hektik in Parndorf habe ich das Befüllen der Flaschen total vergessen. Als ich nach fast vier Stunden endlich in Zurndorf ankomme, schmerzt mein Kopf, und ich habe Kreislaufprobleme. In der Toilette eines Gasthauses wasche ich mir den Kopf sowie Arme und Füße mit kaltem Wasser und beginne, mich bei Apfelsaft mit Leitungswasser mit einer Brise Salz langsam zu regenerieren. Im Schatten des Gastgartens warte ich dann zwei Stunden, bis Otto und David eintreffen.

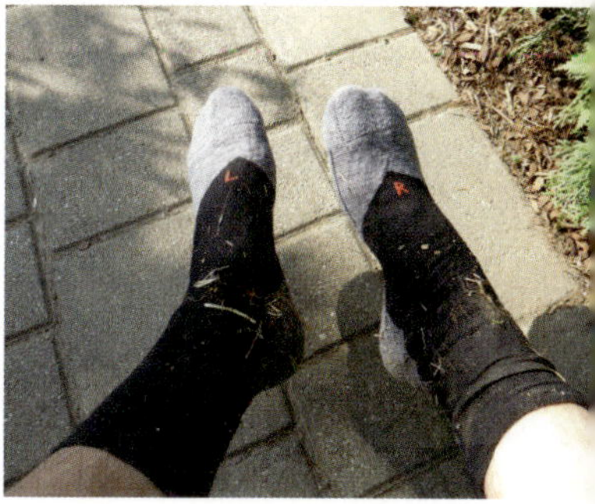

„Wir haben uns in den Feldern verlaufen und schließlich bei einem Bauernhof Rast gehalten", erklären sie, während David mir ein Foto vom Weg und Otto seine Socken zeigt, als stille und sehr geruchsvolle Zeugen des Abenteuers.

Danach kommt dieser ereignisreiche Tag sogar noch zu einem würdigen Abschluss. Zurzeit ist gerade die Fußballweltmeisterschaft, weswegen bei bestem Sommerwetter am Samstagnachmittag ein paar Männer hier im Gastzimmer beim Fernseher sitzen. Wir kommen ins Gespräch und erfahren, dass der Pfarrer von Nickelsdorf in Zurndorf wohnt und diese beiden Pfarren zu betreuen hat. Schließlich ruft einer der Fußballbegeisterten den Pfarrer Roman Schwarz an, und schon kurze Zeit später kommt er zu uns ins Lokal. Bei einem Getränk erzählen wir von unserem Vorhaben, worauf der herzliche und gastfreundliche Kleriker beschließt, dass wir die kommenden zwei Nächte und somit den morgigen Ruhetag im Pfarrhof von Nickelsdorf verbringen dürfen. Aber nur, wenn wir am Sonntag in die Messe kämen, fügt er lächelnd hinzu. Gesagt, getan. Nach dem Fußballspiel wandern wir weiter und treffen nach mehr als 30 Tageskilometern ausgelaugt und müde in der bereits einsetzenden Dunkelheit in Nickelsdorf ein. Aber jetzt genießen wir die ruhige Nacht im leer stehenden Pfarrhof, welch ein Luxus für uns drei.

Nach einer sehr stimmungsvollen Messe, die wahrscheinlich für lange Zeit für uns die letzte in deutscher Sprache gewesen sein wird, waschen wir wieder einmal unsere Wäsche und erleben dabei eine polizeiliche „Soko". Während wir die nasse Wäsche im Pfarrgarten neben der Kirche zum Trocknen „schön verteilt" haben und unsere nackten Oberkörper in der Wiese sitzend in der Sonne wärmen, kommt ein Polizeiauto zum Pfarrhof gefahren und zwei Kollegen steigen aus. „Ausweiskontrolle bitte!", ist ihre freundliche aber bestimmte Begrüßung. Ich kann mir ein Schmunzeln nicht verhalten und darauf angesprochen sage ich: „Ich bin auch Polizist und der neben mir (Otto) auch." Verwundert blicken sie zuerst mich und dann Otto an. Damit haben sie eindeutig nicht gerechnet, und als wir den Ausweis zeigen, beginnt sich die Angelegenheit zu lichten.
Ein Anrainer hatte telefonisch angezeigt, dass offensichtlich einige Obdachlose im Pfarrhof ihr Unwesen treiben würden. Wer diese „Sandler" sind, stellt sich schnell heraus: Zwei oberösterreichische Polizisten und ein ehemaliger Schiweltmeister auf dem Weg nach Jerusalem. Nach ein wenig Smalltalk geben wir den Polizisten noch einen unserer Aufkleber und ringen ihnen zugleich das Versprechen ab, uns einen Eintrag im Gästebuch zu erstellen. Nachdem sie uns alles Gute und viel Erfolg wünschen, ist die Amtshandlung beendet, und ein schwerer Fall kann als geklärt wieder zu den Akten gelegt werden.
Am Montagmorgen gibt uns Pfarrer Roman sogar noch Äpfel, Gurken und Karotten mit auf den Weg. Er hat sich sichtlich über den unerwarteten Pilgerbesuch gefreut, und für uns war es eine wunderbare Begegnung. So brechen wir auf, und nach einer Stunde und insgesamt 220 Kilometern blicken wir über den Grenzübergang Hegyeshalom nach Ungarn.

Der Anfang ist geschafft, die drei erreichen am 5. Juli 2010 Ungarn, womit sie das erste Land gut hinter sich gebracht haben. Viele Erlebnisse und Begegnungen bereicherten die erste Etappe, es wird ruhiger werden, die Pilger kommen nun auch sprachlich in die Fremde.

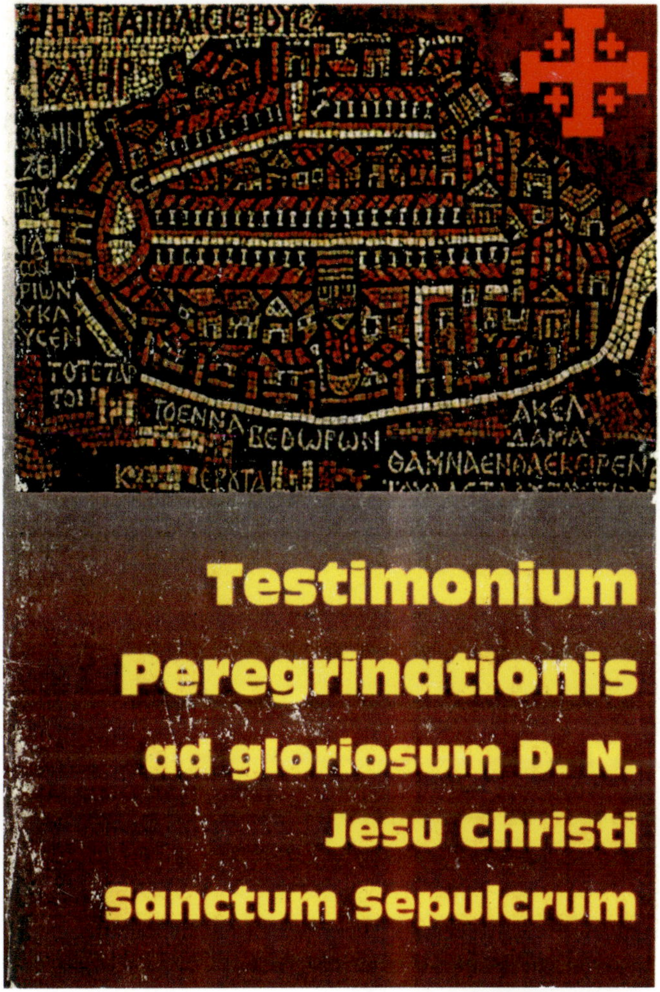

Unser Pilgerpass mit dem ersten und dem letzten Stempel aus Österreich.

ÜBERBLICK

REISEROUTE

Streckenabschnitt: etwa 230 Kilometer

1. Arbing
2. Grein
3. Ybbs / Donau
4. St. Pölten
5. Wien
6. Schwechat
7. Bruck / L.
8. Nickelsdorf

DONAU, SISI, CSARDA, ATOMKRAFTWERK (UNGARN)

Ein angenehmes Gefühl breitet sich aus. Wir haben die österreichische Etappe gut hinter uns gebracht und hatten zudem wahrlich viele, für mich persönlich fast zu viele, Begegnungen. Aber andererseits werden sich noch zur Genüge Zeiten der Einsamkeit einstellen, somit ist schon alles gut, wie es ist.
Aufgrund des Schengener-Abkommens gibt es hier keine Grenzkontrolle, nur ein verwaistes altes Amtsgebäude und ein offener, rostiger Schlagbaum weisen auf die Bundesgrenze hin.

Wie schwierig war es doch in der Vergangenheit in eines der kommunistischen Länder zu reisen. Nun ist nach dem Zerfall des Ostblocks beim Grenzübergang nach Ungarn nicht einmal mehr eine Passkontrolle. Alles scheint relativ zu sein, speziell über einen längeren Zeitraum gesehen kann, was gestern noch wichtig und richtig war, heute schon irrelevant oder gar verboten sein.
Wie auch immer, rein landschaftlich und vom Straßenverlauf her ist bisher kein großer Unterschied zur Gegend vor der Grenze zu erkennen. Erst als bei einer Pause am Ortsende von Hegyeshalom keiner von uns die Speisekarte entziffern kann, wird uns bewusst, dass wir in Ungarn angekommen sind. Nun befinden wir uns in der Fremde, auch sprachlich. Dem

Kellner des Tankstellenbuffets können wir unsere Bestellung „Ham & Eggs" ausdeutschen, die nicht nur hervorragend schmecken, sondern auch deutlich billiger sind als zu Hause. Gut gestärkt setzen wir unseren Weg entlang der Hauptstraße 1, auf dem Bankett oder, sofern möglich, auf dem Radweg, fort. Das Wetter ist wieder herrlich, die Probleme mit den Füßen halten sich in Grenzen, und wir sind gut gelaunt – was begehrt ein Pilgerherz mehr.

In der Stadt Mosonmagyarovar fällt unser Blick auf eine schöne Barockkirche, deren Fassade in leuchtendem Gelb mit weißen Faschen an Fenstern und Ecken gehalten ist. Wir betreten das angenehm kühle Innere des Gotteshauses, unmittelbar im Eingangsbereich versperrt uns jedoch ein Rosengitter den weiteren Weg. Wir halten kurz inne, nehmen etwas Weihwasser aus dem Behältnis neben dem Gitter und gehen wieder ins Freie. Dabei beuge ich mich, wie gewohnt, mit dem rechten Knie kurz bis zum Boden, so auch jetzt mit dem Rucksack auf dem Rücken.

Draußen knipsen Otto und David noch ein paar Fotos, bevor wir den Ort Richtung Györ verlassen. Nach einer knappen Viertelstunde will ich zu meinem Handy greifen, um den Wegverlauf auf einer abgespeicherten Landkarte zu kontrollieren. Die Handytasche ist rechts neben der Bauchtasche angebracht. Entsetzt bemerke ich, dass das Telefon weg ist! Schon vor ein paar Tagen war mir aufgefallen, dass der Metallbügel an der Handytasche sehr leicht herunterrutscht und wollte daher bei Gelegenheit diese Tasche am Beckengurt vom Rucksack annähen. Eine Katastrophe! Alle Landkarten sind auf dem Handy fotografisch abgespeichert, sowie Navigationsdaten für den eingebauten GPS-Empfänger und darüber hinaus auch die für den Weg relevanten Adressen und Telefonnummern. Es kann nur beim Verlassen der Kirche heruntergefallen sein! Ich lege sofort meinen Rucksack ab und renne so schnell ich kann zurück. Dort suche ich alles ab, aber mein Handy ist weder drinnen noch draußen zu finden. Niedergeschlagen gehe ich langsam den Kilometer zu Otto und David zurück und hoffe insgeheim, es doch noch, irgendwo liegen zu sehen. Doch es ist spurlos verschwunden. Als letzten Versuch rufe ich mit dem Telefon von Otto meine eigene Nummer an. Es meldet sich die Mobilbox – somit ist es gewiss, irgendwer hat es gefunden und ausgeschaltet. Ich lasse sofort die Nummer sperren und erstatte Anzeige bei der Polizei.

Nach diesem Schock ist die Luft raus bei mir, wir pausieren bei einer nahe gelegenen Tankstelle und bestellen uns statt Eis ein Bier und schlussendlich für jeden sogar noch ein zweites. Dabei ergibt sich ein gutes Gespräch, wodurch Spannungen der letzten Tage ans Licht kommen und sich legen. So hat der Tag nach dem „Telefonschreck" doch noch einen halbwegs guten Verlauf genommen. In der Zwischenzeit kommt mir auch eine Idee bezüglich eines Ersatzhandys. Ich bitte einen Freund in Österreich ein neues Handy zu kaufen und meinen Eltern mitzugeben, die uns ohnehin in Budapest besuchen wollen.
Meine Stimmung ist wieder besser, und wir gehen weiter bis Kimle, wo wir an einem Nebenarm der Donau auf einem Campingplatz schlafen. Dieses Areal stellt sich aber als Gelsenhochburg heraus, Tausende von Stechmücken schwirren umher! Der Vermieter rüstet uns zwar mit speziellen Kerzen und Antiinsektenspray aus, diese Nacht ist jedoch eindeutig noch die passende Draufgabe auf den heutigen Tag, gute Nacht!
Unausgeschlafen folgen wir der einsamen Landstraße weiter und erreichen auf dem Donauradweg Dunaszeg und in der Folge die Stadt Györ. Der Weg führt vorbei an kleinen Kapellen, leuchtenden Sonnenblumenfeldern und einsamen Dörfern – dieser Tag ist Balsam für Herz und Seele.

Allerdings ist es recht schwül, sodass sich ein Gewitter zusammenbraut, das sich mit voller Kraft entlädt, als wir in Györ eintreffen. Blitze und Sturm, der Regen ist für die trockenen Felder sowie für Tier und Mensch gut, und wir drei freuen uns ganz besonders über die willkommene Abkühlung.

Im Zentrum von Györ können wir uns leicht unterstellen, bis das Ärgste vorüber ist, wieder einmal haben wir großes Glück mit dem Wetter!

Überraschenderweise gestaltet es sich schwierig, eine Bleibe zu finden. Erst nach mehreren Versuchen und inzwischen sehr müden Beinen vom „Herbergssuchen" können wir bei einem Karmelitenkloster unterkommen. Wir besichtigen dort noch die über 300 Jahre alte Lorettokapelle und erhalten eine Eintragung in den Pass. Dies ist jedes Mal eine kleine Belohnung für uns, manchmal freuen wir uns über einen Stempel wie ein Kind über ein Geschenk. Pilger sind halt doch eigenartige Menschen …

Morgens bekommen wir sogar noch ein reichliches Frühstück im angeschlossenen Hotel, wir lassen uns gerne verwöhnen und wissen dies nun mehr denn je zu schätzen!

„Im Sog von Budapest" wäre die adäquate Beschreibung für unseren weiteren Weg. Den kommenden Sonntag möchten wir dort verbringen, aber bis dahin liegen gut 130 Kilometer vor uns, somit hoffen wir, die 35 Kilometer bis Acs heute noch zu schaffen. Als wir es tatsächlich schaffen, sind wir von der Hitze so fertig, dass wir uns bei einer Dorfschenke im Schatten auf Bänke legen und keiner mehr einen Schritt gehen will und kann. Auch die Füße schmerzen, denn wir haben zu wenige Pausen eingelegt. Deshalb beschließen wir, hier etwas zu essen und wer weiß, vielleicht bleiben wir gleich im Gastgarten liegen, denn ein Quartier gibt es angeblich nicht. Während wir eine Gemüsesuppe verzehren, kommt Otto mit einem Burschen ins Gespräch, der uns zu verstehen gibt, dass er eine Csarda wüsste, wo wir schlafen könnten. Das waren gute Nachrichten. Nach dem Essen bringt er uns hin, wo wir glücklich in die Betten fallen.

Die nächsten drei Tage begleitet uns Brigitte. Sie hatte über das Internet mit uns Kontakt aufgenommen, wollte uns kennenlernen und möchte nun ein paar Tage mitgehen. Wir erzählen von unserem bisherigen Weg und sie etwas über sich. So ergeben sich gute Gespräche und abends Gelegenheit, nicht nur immer die gleichen „Männergespräche" zu führen …

Der Abschnitt von Györ über Acs bis Labatlan ist ein Naturerlebnis. Wir gehen auf dem Radweg oder auf nur wenig befahrenen Straßen, fast immer im Nahbereich der Donau.

Ab Dorog wandelt sich das Bild. Nun herrscht starkes Verkehrsaufkommen auf der Nationalstraße 10, wir sind eindeutig in den Einzugsbereich der ungarischen Metropole gelangt. Die immer mächtiger werdende Donau windet sich das Flusstal hinunter und trennt schließlich die Millionenstadt in die Teile Buda und Pest. Ein schönes Gefühl breitet sich in uns aus. Wir sind heute in Budapest angekommen und noch dazu wie geplant am Samstag.

Doch die Freude währt nur kurz und wird schnell getrübt: Als wir auf einer stark frequentierten Straße in Sichtweite zueinander gehen, biege ich links in Richtung Zentrum ab, und schon haben wir uns aus den Augen verloren. Oh nein, jetzt würde ich dringend mein Telefon benötigen!
Ich bleibe stehen, blicke zurück und warte, kann jedoch keinen der beiden mehr sehen. Hier zu warten, scheint keinen Sinn zu machen. Momentan weiß ich nicht, was die beste Option ist, stehenzubleiben oder doch weiterzugehen. Nach etwa einer Viertelstunde beschließe ich, die Basilika Sankt Stephan zu suchen, dorthin würden sie hoffentlich auch kommen. Nach teils widersprüchlichen Wegbeschreibungen von Passanten und einer Irrfahrt mit der Metro komme ich endlich an und muss feststellen, dass der Platz vor dem größten Gotteshaus der Stadt schier unüberschaubar ist.

Eine deutschsprechende Kellnerin borgt mir ihr Handy, und ich rufe Otto an, denn seine Nummer ist mir geläufig. Er ist nicht erreichbar! Die Nummer von David muss ich erst suchen, ich habe sie aber zum Glück aufgeschrieben. Zu meiner großen Erleichterung hebt er ab, und nach einigen Stunden Wartezeit finden wir uns gegen Abend vor der Basilika wieder. Dieses Ereignis beschwört noch eine heftige Diskussion zwischen uns herauf, die aber bis zum Abendessen beigelegt ist.

Apropos Diskussion: Natürlich hatten wir auch in den vergangenen Wochen Differenzen und Meinungsverschiedenheiten zu bewältigen, die jeder auf seine Art und Weise zu verarbeiten versucht hatte. Ich würde sagen, wir waren und sind dabei, uns gegenseitig kennenzulernen. Es gab daher auch Zeiten, in denen wir tagsüber wenig bis nichts sprachen, jeder hatte Raum für sich selbst und seine eigenen Gedanken. Wichtig ist jedoch, dass wir abends immer alle Ungereimtheiten aussprachen und so nie mit einer schlechten Stimmung schlafen gegangen sind. „Zur Not" haben wir auch mit einem Bier oder einem Glas Wein nachgeholfen. Jeder Tag hat für unser Miteinander von Neuem begonnen, und wir blickten immer nach vorne.

Dies ist nicht nur auf einer Pilgerreise, sondern auch im Alltag wichtig. Je mehr es uns dreien auf unserer gemeinsamen Reise also gelingt, im Herzen zu sein, desto besser verstehen wir uns. Ja, es entsteht ein Gefühl der

Freundschaft. Je mehr wir aber in Kopf und Ego sind, umso schwieriger ist das Miteinander. Natürlich hängen die Stimmung, das Verständnis und auch das Miteinander oft von scheinbar so banalen Dingen wie der jeweiligen körperlichen Verfassung, der Gesundheit, dem Wetter, der Hitze und Ähnlichem ab. Daher ist jeder Tag für uns drei ein Reifungsprozess unserer vielschichtigen Persönlichkeiten.

Dass unser Weg nicht nur ein Spaziergang wird, stand vor der Reise fest. Dafür wurden und werden wir mit zahlreichen und unbezahlbaren Erlebnissen und Begegnungen mehr als reichlich belohnt!

Wir betreten also nun gemeinsam das Gotteshaus Sankt Stephan und treffen vor dem Bereich der Sakristei einen Ritter des Malteserordens in Uniform, der offensichtlich durch unsere Rucksäcke auf uns aufmerksam wird.

Diese Begegnung ist ein Glücksfall für uns, denn er bringt uns mit seinem Auto zu seinem Ordenshaus im Stadtteil Buda, wo wir zwei Nächte verbringen dürfen. Es liegt mitten im Burgviertel, neben der Fischerbastei und der Matthiaskirche. Diese wohl berühmteste Kirche in der ganzen Stadt ist zugleich unter dem Namen Krönungskirche bekannt. Hier wurden der Habsburger Kaiser Franz Joseph I. und seine Gattin Elisabeth (Sisi) im Jahr 1867 zum König und zur Königin von Ungarn gekrönt. Als wir am Sonntag das Innere besichtigen, und ich mir diese historischen Ereignisse vor mein geistiges Auge führe, läuft mir eine Gänsehaut über den Rücken. Ich kann nicht deuten, was dieses Erlebnis für mich bedeuten soll, aber es ist so stark, dass ich es in mein Tagebuch schreibe.

In unmittelbarer Nähe der Matthiaskirche thront hoch über der Donau der mächtige Burgpalast. Auch die Besichtigung der berühmten Kettenbrücke, der ältesten der zahlreichen Donaubrücken in der attraktiven und beeindruckenden Weltstadt, lassen wir uns nicht entgehen.

Sonntags kommen wie vereinbart meine Eltern und haben sozusagen unseren „Nachschub" organisiert. Der Kofferraum des Wagens ist gut gefüllt. Es freut mich besonders und ist alles andere als selbstverständlich, dass sie trotzt des Alter von über 70 Jahren selber hierher fahren, um uns zu unterstützen und natürlich, um ihren Sohn zu sehen.

Das eine oder andere hatten wir zu Hause vergessen oder ist uns ausgegangen und wird jetzt ergänzt. Außerdem bringen meine Eltern für Otto eine „Pferdesalbe" zum Kühlen seiner heißen Fußsohlen, für David etwas gegen seine angeschlagene Achillessehne. Auch eine neue Tube Hirschtalg bekommen wir, den wir abends zur täglichen Fußpflege verwenden und der auch Blasen vorbeugen soll. Leider bekommen David und Otto trotz der Salbe weiterhin zahlreiche dieser Quälgeister, während ich eher glimpflich davonkomme.

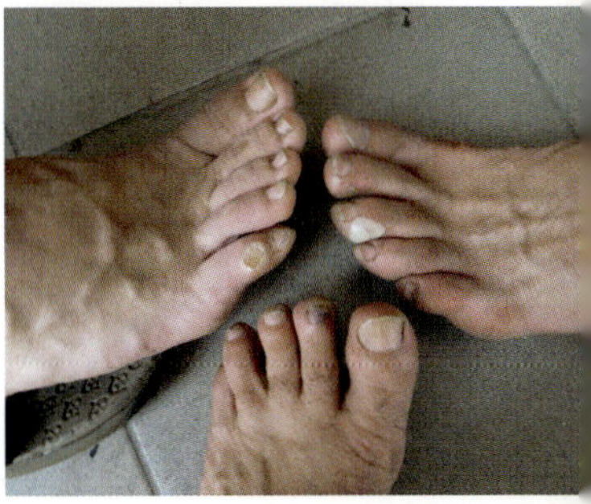

Ich habe indessen ein anderes Problem. Ein paar Tage vor unserem Aufbruch in Arbing passierte mir ein Missgeschick. Ich verdrehte mir die große Zehe des rechten Fußes dermaßen, dass ich sie seither nur ein kleines Stück bewegen kann. Nunmehr verwende ich seit drei Wochen täglich eine Voltaren-Salbe, was zur Folge hat, dass der Schmerz im Schuh kaum spürbar ist, aber die Schwellung auch nicht weniger wird. Daher bekomme ich nun ein Hausmittel gegen die geschwollene Zehe.

Zu guter Letzt haben meine Eltern auch das Ersatz-Handy samt Notebook dabei, das ich zum Kopieren des Karten- und Adressmateriales und zur Sicherung der bisherigen Fotos und Filme benötige. Nichts wurde vergessen, es sieht wie generalstabsmäßig geplant aus.

Rückblickend gesehen war die Woche trotz des Handyverlustes und ohne gutes Kartenmaterial doch positiv. Wir haben natürlich auch Landkarten in Papierform bei uns, diese sind zwar nicht so detailliert aber reichen provisorisch aus. Und da ich generell keine Armbanduhr trage, war ich nicht nur telefon-, sondern auch zeitlos. Das war ein ungewohntes aber angenehmes Gefühl, fern jeglicher Abhängigkeit und Verpflichtungen.

Nach einem Besichtigungssonntag begeben wir uns auf Suche nach einem Personenschiff, um damit von Budapest nach Belgrad zu fahren. Jerusalempilger haben immer schon auch die Wasserstraße Donau benutzt, weshalb auch wir eine Fahrt mit dem Schiff eingeplant haben. Bereits in Österreich hatte ich mit David und Otto über die Schiffsidee gesprochen, und wir freuten uns die ganze Zeit darauf. Auch würde uns diese Fahrt etwas Gelegenheit zum Regenerieren, mehr Zeit für Besichtigungen und auch zum Auskurieren etwaiger Wehwehchen geben. Und die

Chance, doch am Heiligen Abend in Bethlehem anzukommen, würde dadurch deutlich erhöht werden, denn in Summe gesehen war ein halbes Jahr für diese lange Reise doch etwas knapp bemessen.
Jetzt stehen wir allerdings vor einem Problem: Es ist de facto unmöglich, hier an Bord zu gehen. Sowohl im Büro als auch im Hafen für Personenschiffe wird uns mitgeteilt, dass wir nicht zusteigen können! „Dies wäre bereits im Voraus bei einer Agentur zu buchen gewesen", bekommen wir zur Antwort. Wir sind Pilger und reservieren nichts, dies widerspricht grundsätzlich dem Sinn einer Pilgerreise, wo es ja darum geht, sich im Vertrauen auf das Unbekannte einzulassen.
Wir lassen uns nicht entmutigen und begeben uns zum südlich der Stadt gelegenen Frachthafen, denn unsere letzte Chance ist, eventuell auf einem Frachtschiff mitgenommen zu werden. Dort angekommen werden wir aus zollrechtlichen Gründen nicht in das Gelände gelassen. Erst nach langen Erklärungen und gutem Zureden darf einer von uns sich am Kai umsehen, natürlich nur in Begleitung eines Aufsichtsorganes. Als David zurückkommt, erklärt er, dass am Kai nur zwei holländische und ein rumänisches Schiff liegen und auf die Löschung der Ladung warten. Der Kapitän der holländischen „Kilstroom" würde uns eventuell sogar mitnehmen, aber da dieser bis dato keinen Auftrag von der Spedition habe, könne er nicht sagen, ob er flussaufwärts oder abwärts in Richtung Schwarzes Meer fahren wird. So beschließen wir, im Nahbereich des Hafens auszuharren und hoffen tief und fest, mitfahren zu können.
Während wir warten, bekommen Otto und ich plötzlich eine tragische Mitteilung von unserer Polizeidienststelle. Ein Kollege von uns ist mit dem Motorrad im Dienst tödlich verunglückt. Das ist ein Schock für uns! Wir überlegen den ganzen Nachmittag, ob wir nicht mit dem Zug nach Österreich zum Begräbnis fahren sollten. Danach könnten wir schon irgendwie wieder zu David stoßen. Doch schließlich entscheiden wir uns doch, zu bleiben, aber für den Kollegen ein Gebet zu sprechen und in der nächsten Kirche eine Kerze anzuzünden.
Unerwartet meldet sich am Dienstagnachmittag der Kapitän, dass er abends noch auslaufen würde und uns etwa 100 Kilometer abwärts mitnehmen könne. Das ist eindeutig besser als keine Fahrt. Somit beginnt unser „Boarding" – das Warten hat sich gelohnt!

Wir ankern bereits nach einer Stunde Fahrt und verbringen die Nacht an Bord, irgendwo auf der Donau, eingebettet zwischen Auwäldern. Dieses Abenteuer werden wir nicht vergessen! „Es ist die heißeste und lauteste Nacht meines bisherigen Lebens!", schreibe ich in das Tagebuch.

Otto und ich legen uns in der Matrosenkajüte im Heck mit unseren Matten auf den Boden. Aus Platzmangel baut David sein Zelt auf Deck auf, was sich als sehr klug herausstellt. Tagsüber hatte es mindestens 35 Grad, und nun ist es in der Kajüte derart heiß, dass mir beim Einschlafen der Schweiß langsam aber stetig aus den Poren quillt. Außerdem umschwirren uns noch unzählige Gelsen, die nicht nur die Donau, sondern auch uns zu lieben scheinen. Diese Erfahrung machten wir ja bereits auf dem Campingplatz in Kimle, und so versuchen Otto und ich irgendwie einzuschlafen. Plötzlich, exakt um Mitternacht, startet auch noch das direkt unter liegende Notstromaggregat und läuft bis 6 Uhr durch. Der ganze Schiffsboden vibriert, und der Lärm ist trotz Ohropax unerträglich – ein Horror! Durch den Motor wird es auch noch stetig heißer, der Schweiß läuft nun über Gesicht und Nacken. Erst nach dem Ablegen um 6 Uhr können wir noch etwas schlafen. Diese Nacht war schrecklich!

Spätestens jetzt wissen wir, warum die Kapitänskabine im Bug platziert ist. Mittags legen wir in der Nähe der Stadt Paks an, wo die „Kilstroom" über 100 Tonnen Getreide aufnimmt und wir wieder an Land gehen müssen. Wir bedanken uns beim Kapitän für die Fahrt (nicht für die Nacht!). Vor uns liegt der Weg zur Grenze im rund 100 Kilometer entfernt liegenden Dreiländereck Ungarn-Serbien-Kroatien.

Mittlerweile erleben wir unsere erste Hitzewelle auf dem Weg nach Jerusalem. Das Thermometer klettert bis auf 40 Grad Celsius. Dort, wo der Kapitän angelegt hat, sind nur landwirtschaftlich genutzte Felder, sonst ist absolut nichts zu sehen. Der Horizont flimmert vor Hitze, und durch den Schlafmangel bekomme ich Kreislaufprobleme. Es hilft nichts. Bis zu einem größeren Ort mit Wasser und Unterkunft müssen wir es auf jeden Fall heute noch schaffen, sage ich zu mir selber. So gehe ich fast wie in Trance so lange auf einer Staubstraße dahin, bis diese abrupt aufhört und mitten im Nirgendwo von einem Asphaltweg abgelöst wird. Schon kurze Zeit später weiß ich warum. Wir stehen vor einem riesigen Fabriksgelände und sind sozusagen „über die Hintertür" beim einzigen Atomkraftwerk Ungarns angelangt. Sogleich wird der Werksschutz auf uns aufmerksam und sorgt tunlichst dafür, dass wir nicht fotografieren.

Nach insgesamt 20 Kilometern erreichen wir schließlich „todmüde" Fadd, wo wir auf dem Campingplatz ein Gasthaus samt einem kleinen Pool im Garten finden. Auch wenn die Sonne das Wasser ziemlich aufgeheizt hat, nutzen wir die nasse Überraschung mit Freude. Die Zimmer bieten aber alles andere als eine kühle Nacht, weshalb wir uns nicht regenerieren können und morgens müde aufwachen.

Wir versuchen, den vor uns liegenden Tag so gut wie möglich zu überstehen und nutzen jede Gelegenheit zu einer Abkürzung.

Vorbei an kleinen Dörfern und alten Bauerngehöften, wo die Zeit stehen geblieben ist, treffen wir zwei Tage später an der Grenze in Mohacs ein. Diese Stadt ist durch die Türkenkriege in die Geschichtsbücher eingegangen: Hier wurde das ungarische Ritterheer unter König Ludwig II. im Jahr 1526 von den Osmanen vernichtend geschlagen. In der Folge konnten die Osmanen weite Teile Ungarns besetzen und diese Gebiete über 160 Jahre lang halten. Erst 1687 gelang es den Habsburgern, den Türken die vernichtende Niederlage zuzufügen, nachdem diese nur wenige Jahre zuvor (1683) bereits auch aus Wien vertrieben werden konnten.

Jedenfalls haben wir nun die Außengrenze der Europäischen Union erreicht und versuchen beim Zollhafen wieder unser Glück, um die restliche Strecke nach Belgrad eventuell doch noch auf einem Schiff zurücklegen zu können. Denn die wenigen Stunden auf der „Kilstroom" haben uns durch das lange Warten leider keinen zeitlichen Vorteil gebracht. Auch hier bietet sich dasselbe Bild wie in Budapest, dies erinnert langsam an das alte Lied von Melina Mercouri: „(K)ein Schiff wird kommen."

Das Schicksal meint es jedoch wiederum gut mit uns, als am Sonntag die „Transferro", ein rumänischer Frachter, anlegt. Genau mit diesem Kapitän hatten wir vor einer Woche bereits in Budapest gesprochen, damals wusste er aber noch nicht, wohin er fahren würde. Nun treffen wir ihn hier wieder, er ist sichtlich überrascht – wir auch! Nach einigen Zollformalitäten und dem Ausfüllen der Bordliste gehören wir offiziell zur Schiffsbesatzung.

500

ÜBERBLICK

REISEROUTE

Streckenabschnitt: etwa 420 Kilometer

1. Hegyeshalom
2. Györ
3. Labatlan
4. Budapest
5. Paks
6. Bataszek
7. Mohacs

WILDE SCHLUCHTEN, KLOSTERWEG (SERBIEN)

Ein serbischer Grenzpolizist will seine Macht demonstrieren und uns einen „Strich durch die Rechnung machen". Zuerst mustert er uns, als wären wir Verbrecher und schmeißt dann dem Kapitän die Schiffspapiere hin, weil dieser unsere Namen nicht schön genug geschrieben habe, obwohl sie eindeutig leserlich sind. Beim zweiten Anlauf bekommt der Kapitän schließlich doch den polizeilichen Stempel auf die Bordliste. Nachdem der Grenzbeamte missmutig und offensichtlich wütend die Papiere durch ein Fenster in der Polizeidienststelle zurückgegeben hat, schlägt er dieses noch mit einem lauten Knall zu. Wir sind froh, endlich an Bord gehen zu können.

Inzwischen hat die Dämmerung eingesetzt, stimmungsvoll taucht die Sonne hinter den Auwäldern unter. Wir schlafen zwar wieder auf dem Schiffsboden, jedoch diesmal im Bugbereich der Kapitänskajüte – klimatisiert und ohne Lärm! Um 5 Uhr werden die Anker gelichtet und wir genießen einen Tag auf dem Wasser.

Nur der Schiffsmotor der über 100 Meter langen „Transferro" ist zu hören. Die Sonne spiegelt sich in der Donau, während ich aus einer Nische zwischen Frachtraum und dem Steuerstand auf die vorbeiziehende, bewaldete Uferlandschaft blicke und dabei in Gedanken versinke. Ja, unsere Beständigkeit wurde belohnt, Beharrlichkeit ist wohl eine Tugend des Pilgers beziehungsweise sollte dies sein. Dabei kommen mir die seit der Antike bekannten Kardinaltugenden in den Sinn. Der griechische Dichter Aischylos beschrieb einen tugendhaften Menschen als verständig, gerecht, fromm und tapfer. Etwas später befassten sich der griechische Philosoph Sokrates sowie dessen Schüler Platon mit diesem Gedanken und erklärten Weisheit, Gerechtigkeit, Tapferkeit und Mäßigkeit zu den wichtigsten Tugenden. Jedenfalls sind diese vier Tugenden nicht nur für das gute Gelingen einer Pilgerreise, sondern auch für eine positive Lebensreise unabdingbar.

Unsere Fahrt geht geruhsam weiter. Am rechten Ufer zieht Kroatien vorbei und am linken Serbien, so schlängelt sich die Donau abwärts, und wir passieren fast unbemerkt Vukovar. Hier war eines der meist umkämpften

Gebiete im Krieg zwischen Serben und Kroaten, dem sogenannten Kroatienkrieg von 1991 bis 1995. Noch heute zeugen an beiden Uferseiten zerstörte Gebäude und Fabriken vom „Bruderkrieg".

Gut 80 Kilometer vor Belgrad taucht in der Gegend von Novi Sad, Serbien, zu unserer rechten Hand Petrovaradin auf. Dort steht die ehemals wichtigste Festung der österreichischen Donaumonarchie auf dem Balkan, die zugleich auch die größte Europas war.

David genießt die Fahrt, findet am Heck einen angenehmen Platz und lässt sich die Sonne auf den Rücken scheinen, während wir an dieser imposanten Anlage vorbeischiffen.

Währenddessen kochen die zwei Matrosen für uns und teilen, was sie haben. Wir gehören nicht nur auf dem Papier, sondern auch im Herzen zur Besatzung. Dieses Schiff ist wie ein Engel, der uns geschickt wurde. Dadurch besteht auch weiterhin die kleine Chance, Weihnachten in Bethlehem verbringen zu können.

Gegen 19 Uhr erreichen wir schließlich die serbische Hauptstadt, an der Mündung des Flusses Save in die Donau, wo wir nun an Land gehen. Belgrad ist immerhin die dritte Millionenstadt auf unserem Pilgerweg.
Wir verabschieden uns herzlich von der Schiffscrew, die ihre Fahrt nach Constanta in Rumänien, der bedeutsamen Hafenstadt am Schwarzen Meer, fortsetzt. Davor können wir der Besatzung nur unter „Zwang" gerade noch eine finanzielle Gabe unsererseits zustecken. Oft ist es so, dass jene, die wenig haben, teilen und nichts dafür erwarten und jene, die haben, erwarten meist zuerst etwas, bevor sie teilen. Es scheint eine verkehrte Welt zu sein, in der wir leben. Wer gibt, ohne zu erwarten, wird immer reichlich beschenkt. Folglich führt Egoismus als Gegenteil des Altruismus nicht ohne Grund langfristig in eine menschliche und seelische Sackgasse.

Ein serbischer Polizist kontrolliert bei unserer Ankunft im Hafen kurz die Pässe und zeigt sich, im Vergleich zur ersten Begegnung mit der serbischen Polizei, überraschend sympathisch und freundlich. Wir verständigen uns so gut es geht in Englisch und erzählen dabei, dass Otto und ich ebenfalls Polizisten sind. Er stünde kurz vor der Pension, gibt er uns im Gespräch zu verstehen, worauf ich auf Otto deute und sage: „Er auch!" Die Stimmung ist gelöst, als der Polizist abrupt aufsteht und in einem zum Büro umfunktionierten Container verschwindet. Als er zurückkommt, stellt er uns einen Schnaps aus Aprikosen, Kajsijevaca, auf den Tisch. Wir „müssen" zwei Stamperl davon trinken. Dieser schmeckt so gut, dass wir uns den Namen notieren, immerhin sind wir ja noch einige Zeit im Land …

Inzwischen setzt die Dämmerung ein und mit „Welcome to Serbia" verabschiedet er sich von uns. Nun haben wir ein gutes Gefühl, wir sind willkommen in Serbien.

Während unseres Beisammenseins hat der freundliche Polizist telefonisch einen Taxifahrer verständigt, der uns zu einer Jugendherberge ins Stadtzentrum fährt, wo wir die Nacht verbringen.
Tags darauf erkunden wir die Großstadt, die gut 1,5 Millionen Einwohner hat und die wegen der vielen jungen Menschen in den Straßen sehr pulsierend und offen wirkt. Wie in allen Städten versuchen wir, eine römisch-katholische Kirche zu finden, was sich mitunter schwieriger gestaltet als angenommen. Schon allein aufgrund von Bauweise und Liturgie sind uns katholische Kirchen vertrauter als zum Beispiel orthodoxe. Und außerdem erhalten wir dort am ehesten einen Stempel in unseren Pilgerpass.
Natürlich sprechen wir auch in orthodoxen oder protestantischen Gotteshäusern sowie in Tempeln und islamischen Moscheen ein Gebet. Aber zumeist beten wir in der Natur, in der wir monatelang unterwegs sind. Das Gebet in der Natur ist für mich etwas ganz Besonderes und Intensives. Wobei ich die Wirkung des Gebets speziell in guten Zeiten, als Zeichen der Dankbarkeit gesprochen, für sehr kraftvoll halte. Auch wenn es heißt, dass Not beten lehrt, sollten wir uns doch auch in guten Zeiten auf unseren göttlichen Ursprung besinnen. Man sagt, beten heißt, sich mit Gott zu verbinden. Für mich aber besteht diese Verbindung sowieso für jeden Menschen. Ich denke, es geht vielmehr darum, sich daran zu erinnern und sich dessen bewusst zu werden.
Ich würde sagen, Gott ist überall zugegen – natürlich auch in jeder Kirche. Dies mag vielleicht fast blasphemisch klingen, denn ist ein Gotteshaus nicht einfach nur ein von Menschenhand erbautes Objekt? Kirchen wurden meist an energetisch bedeutsamen Plätzen errichtet, manchmal auch mit mehr Blut und Tränen als Schweiß. Denn die Geschichte der Menschheit auch beim Bau ihrer Tempel und Kirchen ist vielfach eine Geschichte von Macht und Ausbeutung.
Von diesem gedanklichen Ausflug wieder zurück nach Belgrad, wo wir schließlich doch noch eine katholische Kirche finden. Beim Betreten stellen wir allerdings fest, dass diese nun von Künstlern als Theater verwendet wird. Erst ein junger serbischer Mann namens Mario, der deutsch spricht, führt uns zur katholischen Sankt Petrus Kirche (Sveti Petar). Eigentlich sind wir einige Augenblicke zuvor schon davor gestanden, haben diese aber wegen einer hohen Mauer nicht bemerkt. Das unscheinbare

Türschild haben wir auch gänzlich übersehen. Mario läutet an der Glocke, spricht etwas auf Serbisch und kurze Zeit später öffnet ein Priester die eiserne Pforte. In der Folge bekommen wir nebst einer kurzen Führung unseren ersten Pilgerstempel in Serbien. Wir bedanken uns bei dem freundlichen Kleriker und ziehen gemeinsam mit unserem neu gewonnenen „Gefährten" weiter.

Zusammen ziehen wir mit Mario als Guide durch die Stadt und genießen den Vorteil seiner Ortskenntnisse. Auf einem Obst- und Gemüsemarkt fällt uns ein charismatischer Brotverkäufer mit seiner zufriedenen Ausstrahlung auf. Seine Fladen sind noch warm sowie flaumig und schmecken besonders köstlich.

Mit der knusprigen Zwischenmahlzeit gut gestärkt, begeben wir uns auf den Weg zum serbisch-orthodoxen Sveti-Sava-Tempel. Dies ist das größte christliche Gotteshaus Südosteuropas und zählt mit 12.000 Stehplätzen weltweit zu den größten orthodoxen Kirchen. Das Innere der riesigen Kuppelhalle zeigt sich uns kahl sowie nüchtern, und nur wenige Ikonen lockern den Grauton dieses „Betontempels" ein wenig auf.

Nach dieser ausgiebigen Stadtführung sitzen wir am Abend mit Mario in einem Gastgarten der Fußgängerzone und unterhalten uns über Politik, Religion und die vielen hübschen Frauen, die hier zu sehen sind. Die Zeit vergeht wie im Flug und so verabschieden wir uns spät in der Nacht und wünschen uns gegenseitig das Allerbeste. Gut gelaunt erreichen wir unser Quartier in einer Jugendherberge.
Aus den Vorfällen in Budapest gelernt beschließen wir, diesmal mit einem Bus bis zur Stadtgrenze zu fahren und verlassen am 21. Juli 2010 die Stadt. Wir begeben uns auf die Staatsstraße 22, Ibar Magistrale genannt, und sind unterwegs zum serbischen Klosterweg.

Ab hier zog das Heer des Dritten Kreuzzugs nach Adrianopel, dem heutigen Edirne im Grenzbereich von Bulgarien und Griechenland. Nach einem erzwungenen Abkommen mit dem byzantinischen Herrscher – man drohte Konstantinopel anzugreifen – setzte das Kreuzfahrerheer schließlich über den Hellespont über. Auch wir wollen in etwa sechs Wochen nach Asien übersetzen. Bis dahin wandern wir nach Süden in Richtung Thessaloniki, wo wir in der Stadt Kavala erstmals auf unserer Pilgerreise auf die Spuren des Apostel Paulus stoßen werden.

Serbien und Kosovo liegen abseits der Touristenströme. Das merken wir auch daran, dass viele der Autofahrer hupen und uns „Wandertouristen" freundlich zuwinken. Eindeutig, wir sind herzlich willkommen!
Als wir bei einem der zahlreichen Restaurants entlang der Ibarhauptstraße pausieren, zeigt das Thermometer 36 Grad Celsius. Es ist nicht nur wieder enorm heiß, sondern aufgrund der Nähe zur Millionenstadt herrscht immer noch starker Lastwagenverkehr, der teilweise sehr knapp an uns vorbeirollt. Das Gute daran ist jedoch, dass die Windböen aus dem Fahrtwind immer für eine kurze und heftige Abkühlung sorgen. Wenn wir vergessen, wieder einmal die Kopfbedeckung rechtzeitig mit der Hand festzuhalten, dann fliegt diese in hohem Bogen weg, und die Suche danach gestaltet sich meist abenteuerlich.
Es ist Abend, als wir gegen 20 Uhr das Dorf Veliki Crljeni erreichen. Eine Bleibe ist vorerst nicht zu finden, bis wir schlussendlich auf einem Bauernhof übernachten dürfen.

In dem modrigen Zimmer, das uns zugewiesen wird, hat offensichtlich jahrelang keiner mehr geschlafen, und genau so lange hat der alleinstehende Landwirt auch vermutlich nicht mehr das Haus aufgeräumt … Hier ist daher nur eine idyllische Außenaufnahme des Hofs.

Nach einer „eindrücklichen" Nacht brechen wir nach Lazarevac auf, wo nach 12 Kilometern unsere Frühstückspause angesagt ist. Unsere Füße sind wieder heiß und schwer – gewöhnen sich die denn nie ans Pilgern?

Jetzt hätte ich fast vergessen zu erwähnen, dass wir zuvor von einem Mercedes einer uns unbekannten Baureihe aus Stuttgart überholt wurden! Dieser war nur an den Radzierkappen zu enttarnen. Wir überlegten mitzufahren, fanden aber beim besten Willen keinen Platz. Es dürfte sich wohl um einen geheimen Prototyp der neuen „Blue Efficiency"-Technologie gehandelt haben, mit dem Slogan „0 Liter auf 100 Kilometer".

Nachdem wir uns mit Kaffee, frischem Brot, Butter und Honig gut gestärkt haben, gehen wir wieder los und entdecken sogleich die ersten Hinweisschilder des Klosterweges. „Diese Klöster sind Juwelen mittelalterlicher Baukunst und somit kaum bekannte Schätze", lese ich in einer deutschsprachigen Broschüre, die mir in die Hände gefallen ist. Ich bin schon sehr gespannt und neugierig, welche kulturellen Kostbarkeiten wir zu sehen bekommen und erleben werden auf dem Weg nach Mazedonien. Mit Sicherheit wird dieser Klosterweg einer der Höhepunkte auf unserem Pilgerweg im europäischen Abschnitt.

Doch bis zu unserem ersten Kloster in Zica liegen noch einige Kilometer vor uns, denn jetzt beginnt erst mal ab Ljig der langsame aber stetige Anstieg zum Pass im Rudnikgebirge.

Wenig Verkehr, saftige Wiesen – ruhig und eindrucksvoll ist die Gegend und erinnert mich an so manches Flusstal in den heimatlichen Alpen. Nur die typische Bauweise der hiesigen Gotteshäuser zeugt von der Fremde. So wie beispielsweise im Dorf Stavica, wo wir zur linken Hand eine gut proportionierte serbisch-orthodoxe Kirche vorfinden. Eindeutig, wir sind nicht in Österreich.

Beeindruckt von der schönen hügeligen Landschaft, die wir uns nicht so grün und bewaldet vorgestellt haben, erreichen wir schließlich schwitzend den Bergsattel. Hier biegen wir links ab, hinauf zum prächtig gelegenen Luftkurort Rudnik, wo wir in einer der zahlreichen Unterkünfte nächtigen. Nach dieser 33 Kilometer langen Tagesetappe sind wir zwar sehr müde, aber überaus glücklich, denn heute sind wir exakt einen Monat unterwegs. Seit dem Aufbruch in Arbing war unser Weg fast ausschließlich relativ flach und eben, heute am 23. Juli 2010 ging es endlich einmal bergauf. Wir feiern unser einmonatiges Jubiläum und nutzen den feierlichen Anlass für eine Porträtserie von uns.

Morgens, noch gezeichnet von der gestrigen starken Etappe, gehen wir bei enorm schwüler Luft langsam die Passstraße hinunter nach Gornji Milanovac Der Eigentümer einer kleinen Gastwirtschaft, der in Deutschland als Gastarbeiter lebte, erzählt uns, dass für abends ein Unwetter angesagt ist. Tatsächlich geht in der Nacht ein heftiges Gewitter nieder, endlich löst sich die hohe Luftfeuchtigkeit durch den Regen auf!

In der Folge erreichen wir Kraljevo und südlich davon in Zica unsere lang erwartete erste Station auf dem serbischen Klosterweg. Dieses geschichtsträchtige Kloster stammt aus dem 13. Jh. n. Chr. und beherbergte die Krönungskirche der serbischen Könige. Jetzt zählt das Kloster mit 44 Schwestern zu den größten serbisch-orthodoxen Ordenshäusern. Interessant und sehr sehenswert sind die teilweise noch gut erhaltenen schönen Fresken.

In einem Frauenkloster gibt es allerdings für uns Männer keine Schlafmöglichkeit. Wir finden aber im nahegelegenen Kurort Mataruska Banja ein schäbiges Zimmer in einem Hotel aus der Glanzzeit des Kommunismus und essen abends erstmals ein serbisches Spanferkel, Peceno Prase genannt, eine der Nationalspeisen. Die Spanferkel werden zum Teil direkt neben der Straße, oftmals in selbstgebauten Holzöfen zubereitet, weswe-

gen wir den Geruch des gegrillten Fleisches schon ein paar Tage in der Nase hatten. Mit diesem deftigen Abendessen haben wir mit Sicherheit die verbrauchten Kalorien wieder vollständig ersetzt.
Nach einer kurzen Nacht gelangen wir unweit des Kurortes neben der Staatsstraße 22 zum Fluss Ibar, der uns durch Serbien bis in den Kosovo zur Stadt Kosovska Mitrovica begleiten wird. Dieser Fluss fließt durch tiefe und wildromantische Schluchten, weshalb wir in den kommenden Tagen die eindrucksvollsten und schönsten Teile unserer Route zur Türkei zurücklegen. So wandern wir dahin, als uns unverhofft kurz vor Usce ein heftiger Regenschauer samt Sturm erwischt. Wie aus dem Nichts hat sich der Himmel verdunkelt, und sofort beginnt es zu schütten. Bis wir die Regenkleidung angezogen haben, was bei dem heftigen Sturm beinahe unmöglich ist, sind wir und zum Teil auch der Rucksackinhalt völlig nass. Das Schauspiel dauert glücklicherweise nun knapp zwei Stunden, bis die Sonne wieder ein wenig durchkommt und unsere Kleidung zu trocknen beginnt.
In der Nähe von Usce, etwa 11 Kilometer entfernt, befindet sich abgelegen und hoch oben in den Bergen das Kloster Studenica, das von der UNESCO in die Liste des Weltkulturerbes aufgenommen wurde.

Für uns Pilger ist daneben aber vor allem wichtig, dass man in manchen Klöstern auch übernachten kann. So auch hier, wo wir Quartier beziehen können und als Draufgabe zum Abendessen fangfrischen Fisch genießen. Wir haben jeder ein Einzelzimmer, und so können wir die feuchten Sachen aus dem Rucksack gut zum Trocknen ausbreiten. In der Nacht kühlt es im Gebirge stark ab, und es regnet ununterbrochen. Da ist es richtig angenehm, im trockenen, warmen und wohligen Bett liegen zu können.

Bevor wir uns auf den Weg machen, besichtigen wir am Vormittag die Klosterkirche und pünktlich zu unserem Aufbruch hört auch der Niederschlag auf – wie ausgemacht!

Übrigens liegen die bis zu 800 Jahre alten Klöster oftmals abgelegen in Tälern oder auf Bergen und blieben dadurch lange Zeit fast unentdeckt. Somit konnten die Mönche ihre Traditionen und auch die alten Kunstschätze bewahren. Diese Gotteshäuser sind bis heute in Mitteleuropa weitgehend unbekannt, obwohl ihre Ikonen und die alten Fresken überaus sehenswert sind.

Als wir im Tal ankommen, folgen wir wieder dem Fluss Ibar flussaufwärts. Wir entschließen uns noch zu einem Abstecher nach Nova Pavlica,einem weiteren Kloster und einem Muss für Pilger! Um zum Kloster zu gelangen, überqueren wir kurz nach Baljevac auf einer kleinen Brücke den Fluss und schreiten nun auf einem romantischen Asphaltsträßchen dahin.

Bereits nach einiger Zeit erkennen wir von einer Anhöhe aus das kleine, in weißem Außenputz gehaltene Frauenkloster, das nur von zwei Nonnen geführt wird.

In der lieblich anmutenden Kirche erklärt uns eine der beiden Ordensfrauen die alten Fresken, wobei sie besonders auf die sehr emotionale Darstellung Marias hinweist. Das Ibartal wird nicht ohne Grund auch das Tal der Fresken genannt.

Wie für uns bereits zu einem wichtigen Ritual geworden, zündet jeder nach dem Gebet noch Kerzen an – für persönliche Anliegen, nahestehende Menschen und als Danksagung für den bisherigen Weg und die zahlreichen besonderen Begegnungen und all die Gastfreundschaft, die wir bereits erfahren haben.

Gleich nach dem Kirchenrundgang sitzen wir mit der Schwester im liebevoll gestalteten Garten. Auf dem kleinen Klapptisch serviert sie uns Erdbeeren mit Honig, Kaffee, Kuchen und einen Obstler. Wir werden von ihr richtig verwöhnt! Ziveli – Prost. Sie freut sich sehr über den unerwarteten Pilgerbesuch, und unser Treffen ist eine besondere und wahre Herzensbegegnung für uns alle vier. Nach einem Abschiedsfoto folgen wir dem verträumten Sträßchen weiter und erreichen nach etwa acht Kilometer Raska.

Wir machen in einer Bar Rast und essen die bislang beste Gemüsesuppe unserer Reise. Danach halten wir uns am Ortsende links in Richtung Kosovska Mitrovica und treffen abends im Grenzort Rudnica ein. Der Ort ist alles andere als einladend, Staub, LKW-Verkehr und eine stillgelegte Fabrik bestimmen das Bild.

Dafür schlafen wir in einer Gastwirtschaft in unmittelbarer Nachbarschaft vom Schlagbaum: Kosovo wir kommen!

ÜBERBLICK
REISEROUTE
Streckenabschnitt: etwa 450 Kilometer
1. Bezdan
2. Belgrad
3. Veliki Crljeni
4. Ljig
5. Gornji Milanovac
6. Kraljevo
7. Studenica
8. Raska
RUMÄNIEN
KROATIEN
BOSNIEN
HERZEGOWINA
SERBIEN
MONTENEGRO
KOSOVO
ALBANIEN
MAZEDONIEN

KRIEGSSCHAUPLATZ, MUTTER TERESA (KOSOVO)

Die Republik Kosovo ist bis heute von Serbien nicht als unabhängiger Staat anerkannt. Von den Vereinten Nationen (UNO) haben etwas weniger als die Hälfte aller Mitgliedsstaaten den Kosovo als Republik bestätigt. Darunter auch Österreich, das den Kosovo im Jahr 2008 offiziell als unabhängigen Staat anerkannte. Auch bestätigte der Internationale Gerichtshof in Den Haag (Holland) die Unabhängigkeit des Landes. Obwohl der Kosovokrieg 1999 durch die NATO beendet wurde, stehen dort bis heute Friedenstruppen im Einsatz.

So erwartet uns an der Grenze nicht wie sonst üblich ein Zöllner, sondern eine Abordnung der französischen Gendarmerie samt Panzer. Diese stehen im Auftrag der EULEX und überwachen die Pufferzone zwischen Serbien und Kosovo, erst später folgt die Grenzkontrolle durch die nationale Polizei. Auf dem weiteren Weg ins Landesinnere sind die Kriegsspuren noch deutlich zu erkennen. Nur selten treffen wir auf Autos, Bushaltestellen sind mit Propagandaparolen beschmiert und verwaist, leere Firmengebäude und die erste Tankstelle auf dem Weg erinnern mich an einen surrealen Film.

Mit jedem Schritt jedoch kommen wir der Zivilisation und dem Leben wieder etwas näher und erreichen am Nachmittag Leposavic. Prachtvoll und markant ist das serbisch-orthodoxe Kirchengebäude. Wir versuchen sogleich unser Glück und läuten an der Glocke des vermeintlichen Pfarrhofes an. Als eine aufreizend angezogene Dame mit kurzem Rock und Stöckelschuhen auf der Türschwelle steht, wird uns klar, dass wir offensichtlich das falsche Haus erwischt haben. Doch, schon wieder falsch. Wir haben tatsächlich beim Pfarrhof geläutet, und stehen nun der Frau eines Priesters gegenüber. Denn im Gegensatz zur römisch-katholischen Kirche darf in der orthodoxen Kirche geheiratet werden.

Wir werden freundlich hineingebeten. Im Pfarrhof gibt es noch einen zweiten Priester, und während die Frau von einem der Priester für uns Kaffee richtet, offerieren uns die beiden Priester, merklich gute Freunde, einen Obstschnaps – das nennen wir Arbeitsteilung! Eine alte Pilgerregel lautet, niemals eine Gastfreundschaft auszuschlagen – und so nehmen wir beides gerne an.

Ausgeglichen, unkompliziert und uns gegenüber sehr aufgeschlossen, so würde ich die zwei mit der Sprache des Herzens ausgestatteten Kleriker beschreiben. Sie stellen ein gutes Beispiel dafür dar, wie ein „eingeweihter Geweihter" sein sollte. Der Priester als Sinnbild eines Arztes für die Seele!

Gut gestärkt an Leib und Seele ziehen wir weiter, vorbei an einer Ortschaft mit dem klingenden Namen Nothing Hill – besser hätten auch wir es nicht formulieren können.

In der Gegend von Socanica treffen wir auf ein Hinweisschild zu einer Unterkunft, die etwa einen Kilometer entfernt ist und abgeschieden in den Weinbergen liegt. Wir verbringen in dem durch den Krieg verwaisten Gasthaus unseren Ruhetag, die Zimmer sind daher echte Pilgerzimmer. Zu unserem Erstaunen gibt es frischen Fisch. Der Bach vor dem Haus ist aufgestaut und wird zur Zucht benutzt. Wir fühlen uns wohl und haben sonntags endlich Zeit, um unsere Tagebucheintragungen nachzuholen. Otto und ich sind über eine Woche im Rückstand.

Nur David schafft es irgendwie, damit beinahe aktuell zu sein. Vielleicht sollten wir auch bereits um 6 Uhr morgens wach im Bett liegen, mit Notizbuch und Schreiber in der Hand. Wir hingegen schieben das Schreiben so lange auf, bis es halt doch sein „muss“, um die Details nicht zu vergessen. So notiere ich beispielsweise heute am 1. August 2010, dass ich mich erstmals seit unserem Aufbruch daheim in Arbing rasiert habe. Ich bin über ein Monat ohne Rasur ausgekommen. Das ist für mich eine absolut neue Erfahrung – und jetzt, nach der Rasur, fühle ich mich wie neugeboren.

Bei einem Gespräch in der Gaststube erfahren wir, dass in der Region zwei Drittel der Bevölkerung arbeitslos sei und das Einkommen, der Wenigen, die Jobs haben, rund 100 Euro betrage. Wir können uns das gar nicht richtig vorstellen. Ein Pensionist zum Beispiel bekomme gar nur 40 Euro – und dies in Europa!

Nach dem geruhsamen Sonntag setzen wir dankbar, in Österreich geboren worden zu sein, unseren Weg zur zweigeteilten Stadt Kosovska Mitrovica fort. Hier im Ibartal ist die Straße zum Teil stark beschädigt, die Dörfer sind verlassen, und es gibt kaum eine Tankstelle. Diese stellen nicht nur für Autofahrer, sondern auch für uns Pilger eine wichtige Infrastruktur dar, wobei unser Treibstoff vorwiegend aus Wasser besteht. In meinem Tagebuch trage ich ein: „Bisher bot sich keine Gelegenheit, Trinkwasser zu besorgen, hab jetzt noch einen Liter, gehe nun immer schneller und hoffe, so bald als möglich einen Ort zu erreichen, der auch bewohnt ist. Es ist heiß, alles wirkt verlassen und ausgestorben. Nach über drei Stunden kommt in der Gegend von Srbovac eine Tankstelle, und sie ist in Betrieb, die erste seit der Grenze – Danke!"
Eine ausgiebige Pause ist angesagt und nach Zvecan tut sich in der Ferne schließlich Kosovska Mitrovica auf. Mitten in der Stadt treffen wir auf einen Militärposten – wir sind an der Ibarbrücke angelangt. Diese Brücke wirkt wie eine Staatsgrenze, aber im eigenen Land. Sie trennt die serbische von der albanischen Bevölkerung, somit auch Christen von Muslimen und ist deswegen ein strategisch wichtiger Stützpunkt. Zu unserer freudigen Überraschung versehen hier am Checkpoint gerade bayrische Soldaten ihren Dienst im Rahmen der KFOR-Mission. Es sei bereits mehrmals zu gewalttätigen Ausschreitungen gekommen, aber die Lage scheine jetzt ruhig zu sein, teilen uns die beiden Soldaten mit. Wir erzählen von unserem bisherigen Weg, doch irgendwie wollen sie es uns nicht recht glauben, dass wir von Österreich bis hier gegangen sind. Als wir außerdem zu verstehen geben, dies sei „erst" unser Anfang, schütteln die zwei ungläubig den Kopf. Wir verabschieden uns, überreichen ihnen einen Jerusalemweg-Aufkleber und siehe da, bereits ein paar Tage später lesen wir ihren Eintrag im Gästebuch auf unserer Webseite. Die Bayern und die Österreicher halten halt doch zusammen.

An keinem Ort zuvor haben wir das Aufeinandertreffen von zwei Kulturen/Religionen so abrupt erlebt wie hier, und wir bekommen einen ersten Eindruck vom Orient. Die Frauen sind teilweise verschleiert, links und rechts der Straße werden Obst, Gemüse und Waren feilgeboten, ein Hauch von Basar und der Geruch von Kebab (gegrilltem Fleisch) liegen in der Luft. Und zur Abwechslung sehen wir eine Moschee, unsere erste auf der Pilgerreise.

Nach einiger Zeit liegt die Stadt hinter uns, und wir verlassen endgültig den Lauf des Ibar. Dieses Flusstal hat uns die letzten 150 Kilometer mal zur Linken, mal zur Rechten begleitet und uns den Weg entlang des Klosterweges gewiesen. Hier am Hauptverbindungsweg nach Pristina, das mit etwa 500.000 Einwohnern auch Hauptstadt der Republik Kosovo ist, ist das Verkehrsaufkommen enorm, und es gibt eine überaus rege Bautätigkeit. Ein neuer Staat entsteht. Dies ist nicht nur an den neuen Straßen und Bauwerken zu sehen, sondern auch an der herrschenden Aufbruchsstimmung. Die Menschen grüßen uns freundlich, sie sind merkbar offen gegenüber Touristen.

Kurz bevor wir die Stadt erreichen, steht etwas abseits links von der Straße ein großer Turm aus Stein.

Das weithin sichtbare Mahnmal zeugt von der sowohl grausamen als auch berühmten Schlacht auf dem Amselfeld im Jahr 1389, als die Osmanen die Serben und ihre christlichen Verbündeten vernichtend schlugen. Im Areal des Mahnmals treffen wir einen Polizisten als Wachposten, der uns in deutscher Sprache über die Geschichte informiert: „Als ich noch ein Kind war erzählte mir mein Großvater, die Sage von jenem Mann, der nach der Schlacht das Feld überqueren wollte und dabei samt Pferd und Wagen steckengeblieben ist. So viel Blut soll gewesen sein!" Er verleiht dem Gesagten noch Nachdruck, indem er mit seiner linken Hand zum Schlachtfeld zeigt. Durch seine Schilderungen läuft es uns eiskalt über den Rücken. Hier starben Zehntausende. Und obwohl die Osmanen siegreich waren, fiel Sultan Murad I. einem Attentat zum Opfer. Als Vergeltung wurde der serbische Fürst Lazar I. samt allen anderen Gefangenen enthauptet und die Köpfe wurden zu Türmen gestapelt. Durch diesen Sieg gegen die Christen konnten sich die Türken auf dem Balkan immer weiter ausbreiten, gut 130 Jahre später (1521) Belgrad erobern und in der Folge bis nach Wien vordringen. Übrigens findet das bis heute bei uns gebräuchliche Wort „Balkan" seinen Ursprung in der türkischen Sprache und bedeutet bewaldetes Gebiet.

Bevor wir nach Pristina weitergehen, sprechen wir im Gedenken an die Gräueltaten ein Gebet.

Auf dem Weg durch das Stadtzentrum nehme ich meinen verschwitzten Sonnenhut kurz ab und hefte ihn an einer seitlichen Schlaufe am Rucksack fest, denn die Häuserfront spendet angenehmen Schatten vor der sengenden Mittagssonne. Als ich einen Augenblick später nach dem Hut greifen will, fährt meine Hand ins Leere, er ist weg! Sofort drehe ich mich um und laufe, so gut dies mit dem Rucksack geht, die kurze Strecke zurück. Es ist nichts zu sehen, unglaublich. Ich war nur kurz unaufmerksam, und schon hat sich jemand den Hut unter den Nagel gerissen. Ich bin enttäuscht und niedergeschlagen. Ohne Kopfbedeckung kann ich bei dieser extremen Hitze nicht weitergehen.

Ein Sonnenhut ist zu Hause nichts Besonderes und auch nichts unbedingt Wichtiges, aber bei unserer Pilgerreise absolut notwendig. So versuche ich notgedrungen, in den zahlreichen Geschäften einen Ersatz zu bekommen. Doch es gibt nur modische Hüte für gesellschaftliche Anlässe, nicht für sportliche Zwecke. Wir suchen gemeinsam weiter und finden Gott sei Dank auf dem Basar bei einem albanischen Händler etwas Brauchbares. Das Material ist zwar nicht hochwertig, aber der Hut erfüllt den Zweck. Gut, denke ich mir, der neue Besitzer soll seine Freude daran haben. Jedenfalls können wir wieder weitergehen.

Erwähnenswert in Pristina ist die sogenannte „Große Moschee". Als 1453 Sultan Mehmet II. Konstantinopel einnehmen konnte, gab er dadurch dem byzantinischen Reich den „Todesstoß". Aus Konstantinopel wurde später Istanbul, die Hauptstadt der Osmanen und nachdem Mehmet II. auch den Balkan erobern konnte, ließ er 1460 hier in Pristina eine Moschee erbauen.

Doch zurück in die Gegenwart. So wie bereits im Umland, ist auch in der Hauptstadt der Wiederaufbau nach dem Krieg voll im Gang. Wir passieren zahlreiche Baukräne und Gerüste, und ist es ein Glücksfall, dass sich bei näherer Betrachtung einer riesigen Baustelle, diese als Neubau einer Kirche herausstellt. Es klingt unwirklich, doch hier in Pristina ist gerade die größte katholische Kathedrale dieses überwiegend muslimischen und orthodoxen Teils des Balkans im Entstehen. Wir nutzen die Gelegenheit, um ein Foto des Inneren zu erstellen. Niemals zuvor habe ich den Neubau einer Kirche gesehen – ein mächtiges Vorhaben. Übrigens wird sie nach Fertigstellung zu Ehren von Mutter Teresa geweiht werden.

Wie sich in den kommenden Tagen herausstellen wird, ist dies unsere erste von mehreren Begegnungen mit dem Leben und Wirken Mutter Teresas. Wir verlassen die Hauptstadt südwärts auf der Staatsstraße Nummer 2, Richtung Skopje. Bis zu der mazedonischen Metropole liegen nun etwa 100 Kilometer vor uns. Wie bisher in allen Großstädten, herrscht auch hier dichter Verkehr mit Lärm und Gestank. Nur gut, dass wir bereits nach wenigen Kilometern links abbiegen und nach insgesamt etwa zehn Kilometern bereits in Gracanica eintreffen. Hier befindet sich eines der bekanntesten serbisch-orthodoxen Klöster, und es ist jetzt auch unsere letzte Station auf dem Klosterweg. Es wurde im byzantinischen Stil errichtet und ist architektonisch wohl eines der schönsten Klöster auf unserem Weg.

Für uns Pilger ist besonders interessant, dass es hier eine Schlafmöglichkeit gibt. Der Mehrbettenraum ist zwar staubig und einfach, aber dafür können wir wieder mal eine Nacht hinter Klostermauern verbringen. Das ist eine willkommene Abwechslung, und wir können dadurch ein wenig Geld sparen. Generell gibt es in Klöstern und kirchlichen Unterkünften keine einheitlichen Regelungen was Übernachtungskosten betrifft. Deswegen geben wir immer, wenn nichts verlangt wird, eine finanzielle Spende. Das Abendessen besteht diesmal unter anderem aus Käseprodukten und kalter Milch, eindeutig nicht unser Lieblingsessen. Daher beschließen wir, in einer nahe gelegenen Bar noch etwas zu konsumieren. Denn der Weg war bisher fast immer körperlich und geistig sehr fordernd und anstrengend, daher ist für uns einhellig ein gutes Abendessen die tägliche und wohlverdiente Belohnung.

Ich denke, dass wir im Leben, in unserer Entwicklung durch Schwere und Buße nicht weiterkommen, vielmehr kann und soll es auch leicht gehen. Jeder entscheidet für sich selbst, ob er seinen Alltag oder auch eine Pilgerreise in Schwere und Buße lebt oder versucht, mit Freude im Herzen seinen Lebensweg zu gehen. Situationen sind eben wie sie sind, aber indem wir unsere Betrachtungsweise ändern, können wir wohl auch die Situation beeinflussen und bekommen somit immer, was wir „brauchen", ob uns dies nun passt oder nicht.

Da David früher schlafen gegangen ist, sitzen Otto und ich noch in dem Lokal und kommen mit einem älteren Mann ins Gespräch. Er spricht etwas deutsch und erzählt, dass er einer der wenigen katholischen Christen des Ortes sei. „In den Bergen an der Grenze nach Mazedonien befindet sich eine große katholische Marienwallfahrtskirche, der Ort heißt Letnica", erklärt er und fügt an, dass wir unbedingt auf unserer Reise dorthin gehen sollten. Dass es im ganzen Land nur mehr eine Handvoll Christengemeinden gibt, ist uns bewusst gewesen, weswegen wir auch die morgige Route über den katholischen Ort Janjevo geplant haben. Aber die Information über einen Marienwallfahrtsort im Kosovo ist etwas völlig Neues. Mit diesem „Input" und im Vertrauen, dass sich alles schon richtig fügen wird, gehen wir schlafen. Wie sagte Johann Wolfgang von Goethe: „Sobald du dir vertraust, sobald weißt du zu leben."
Obwohl David bereits wieder „Holz sägt", als wir gegen 23 Uhr ins Zimmer kommen, schlafen wir dennoch recht gut. Inzwischen wissen wir ja, dass David laut und regelmäßig schnarcht. Deshalb versuchen wir, möglichst nicht zu dritt in einem Zimmer unterzukommen. Entweder schlafen Otto und ich in einem Doppelzimmer oder, was noch besser ist, jeder hat ein eigenes Zimmer. Es ist wichtig, nach einer halbwegs ruhigen Nacht am nächsten Morgen wieder neue Kräfte zu haben. Aber immer ist das

natürlich nicht möglich. Speziell wenn wir irgendwo privat unterkommen oder keine Infrastruktur finden, kann es schon vorkommen, dass wir unser Lager auf engstem Raum teilen müssen.

Apropos schlafen, hier ein paar Gedanken zum „Träumen". Nicht jeder möchte eine Pilgerreise machen oder gar nach Jerusalem gehen. Doch wenn man einen Traum hat, sollte man versuchen, diesen zu leben. Lebe deine Träume, sonst verträumst du dein Leben, heißt es nicht von ungefähr. Denn schneller als man denkt, kann es sein, dass man sein Leben verträumt hat.
Alles, was wir um uns wahrnehmen, dient unserer seelischen Entwicklung. Wenn wir unsere Aufmerksamkeit nach innen lenken, zu uns selbst, erkennen wir die Illusion des Außen. Dies ist das Geheimnis, das den Religionen und Mythologien zugrundeliegt. Wir sind Körper, Geist und Seele.
Wo unsere Aufmerksamkeit ist, sind unsere Gedanken, und wo unsere Gedanken sind, ist unsere Lebensenergie. So sind wir Schöpfer unseres Lebens, das aus Gott kommt, ein Teil Gottes ist. Wir haben einen freien Willen und entscheiden, wohin unsere Lebensreise führt.

In der Zwischenzeit ist es Morgen geworden und ausnahmsweise sind auch Otto und ich etwas früher aufgestanden. Wir nehmen soeben an einer orthodoxen Liturgiefeier teil. Es ist kurz nach 7 Uhr, und wir stehen in der kleinen Klosterkirche. Im Unterschied zu einer römisch-katholischen Kirche gibt es hier keine Bänke. In den serbisch-orthodoxen Gotteshäusern, die wir bisher gesehen haben, war es eher dunkel, so auch hier. Nur wenig Licht fällt durch die kleinen Fenster in das Innere. Vor dem Altar ist ein Vorhang. Ein Priester tritt vor den Vorhang und zeigt das Allerheiligste. Dazu werden in einer Art Gebetsmeditation Texte rezitiert und Lieder gesungen, die mitunter sehr lange dauern.
Als Hostie wird ein frischer Brotlaib aufgeschnitten und ausgeteilt. Der Gesang, das diffuse Licht und der Weihrauchduft lassen eine mystische Atmosphäre entstehen.
Wir gehen ins Tageslicht hinaus und freuen uns schon jetzt auf Janjevo, das wir auf direktem Weg ansteuern. Auf einem schmalen Sträßchen wandern wir über die hügelige Landschaft des Amselfeldes vorbei an

Obstplantagen, Getreidefeldern und grünen Wiesen. Unerwartet endet der Asphalt, ein Schotterweg setzt nahtlos an und führt uns mitten durch ein landwirtschaftliches Gehöft zu einem abgelegenen Dorf. Vor einem der alten Häuser sitzen auf einer Holzbank eine jüngere Frau und ein Mann und beobachten die Hühner. Als sie uns bemerken, blicken sie auf. Wir sind vermutlich ein willkommener Gesprächsstoff, hier ist offenbar schon lange kein Fremder mehr vorbeigekommen. Die Zeit scheint an diesem entlegenen Ort stehen geblieben zu sein. Unglaublich und spannend ist es, dies zu erleben.

Bereits nach einer guten Stunde erreichen wir Janjevo, die Abkürzung war goldrichtig. Wie erwähnt, gibt es hier eine der letzten katholischen Pfarren im Kosovo, und vielleicht erfahren wir auch Näheres über den geheimnisvollen Marienort Letnica. Bereits von Weitem ist eine Moschee zu erkennen, eine Kirche können wir zwischen den alten Häusern, die eng aneinander am Fuß des Bergers gebaut sind, nicht erspähen. Nach dem Dorfplatz und hinter einer kleinen Gasse eröffnet sich dann aber tatsächlich der Blick auf das Gotteshaus. Wir verweilen etwas in der Kirche und erfahren vom Kirchdiener, dass der Pfarrer nicht anwesend, aber seine Vertretung, ein kroatischer Priester, im Pfarrhaus sei. David läutet an der Tür und wir bekommen Einlass, worauf sich im Büro, trotz sprachlicher Schwierigkeiten, ein nettes Gespräch entwickelt. Auch erhalten wir einen Pilgerstempel. Der „Gastpriester" ist sichtlich interessiert von unserem abenteuerlichen Vorhaben und bittet uns auf ein Getränk in die im ersten Stock gelegene Wohnung. Er serviert uns Kaffee und einen Schnaps, was uns doch irgendwie bekannt vorkommt und wir natürlich gerne annehmen.

Im Treppenhaus bemerken wir ein Bild von Mutter Teresa, auf dem sie vor der Kirche von Janjevo, abgebildet ist. Der Priester erzählt uns daraufhin, dass Mutter Teresa mehrmals hier gewesen sei und eine besondere Verbindung zu dieser Pfarre gehabt habe. Sie bedeute ihm sehr viel und er sei im Gebet mit ihr verbunden. Seine Augen beginnen zu glänzen, er nimmt das Medaillon von seiner Halskette ab und zeigt uns darauf Mutter Teresas Bildnis. „Es enthält eine Grabesreliquie aus Kalkutta", fügt er stolz hinzu. Auch Letnica sei ihm ein Begriff, da er aber in Kroatien lebe, sei er auch noch nicht dort gewesen. So sitzen wir zwei Stunden gemütlich zusammen und unterhalten uns im wahrsten Sinne über Gott und die Welt. Mit einem gegenseitigen Segenswunsch und einer kurzen Umarmung verabschieden wir uns beseelt. Es war unsere zweite Begegnung mit den Spuren von Mutter Teresa. Und unser Entschluss, Letnica zu finden, wurde bestärkt.

Als wir den abgeschiedenen Flecken Erde verlassen, laufen uns noch einige Kinder nach und begleiten uns mit ihrem fröhlichen Lachen ein Stück des Weges. Dieser Vormittag war wieder eines jener nicht mit Geld messbaren Geschenke auf dem Pilgerweg.

Nach Dobratin folgen wir nun wieder der Hauptstraße bis nach Urosevac, wo wir, obwohl wir einige Passanten fragen, noch immer nicht herausfinden können, wo Letnica liegt. Letnica scheint fast ein Mythos zu sein, denn es ist weder auf unserer Landkarte, noch im Internet oder in der GPS-Karte auf dem Handy vermerkt. Ein Linienbusfahrer ist es schließlich, der den Weg weiß: Letnica befindet sich im Großraum Vitina und somit etwa 30 Kilometer östlich von hier. Folglich liegt es nicht auf unserer Route nach Süden Richtung Skopje. Daher beschließen wir, mit einem Taxi hinzufahren.

Inzwischen ist es Abend geworden, und als wir durch die Stadt Vitina fahren, sind wir drei uns uneinig über unser Nachtquartier. David schlägt vor,

in Vitina zu übernachten, während ich dafür bin, in Letnica ein Quartier zu suchen, auch wenn wir erst in der Dunkelheit dort sein würden. Otto ist wie immer offen für beide Varianten. Wir entscheiden uns dann für meinen Vorschlag, und so versuchen wir unser Glück und fahren weiter. Es wird immer einsamer, die Landstraße ist nur mehr geschottert und führt durch ein Waldstück im bergigen Grenzbereich zu Mazedonien. Eine eigenartige Stille und Stimmung umgibt uns. Wo soll es da noch eine Infrastruktur geben oder gar ein Ort kommen, stellen wir uns selbst die Frage. Doch allmählich, wie aus dem Nichts, zeichnen sich in der Ferne die Konturen zweier mächtiger Kreuze ab, die Beleuchtung bahnt sich in königsblauer Farbe ihren Weg durch die klare Nacht. Majestätisch wirkt das am Fuß eines Berges gelegene Gotteshaus auf uns – wahrlich eine unglaubliche und wunderbare Überraschung!
Es ist bereits nach 21 Uhr, als ich den Knopf an der Türklingel des Pfarrhofes drücke. Fast gleichzeitig öffnet sich die Tür. Im frisch gebügelten Collarhemd steht der Priester vor uns und mustert überrascht die drei ungepflegt wirkenden Männer in ihren verschwitzten T-Shirts, die mit schweren Rucksäcken bepackt sind und zu so später Stunde Einlass begehren. Doch lächelnd fragt er: „Ich fahre zu einer Veranstaltung, wie kann ich helfen?" Das Eis ist gebrochen! Bevor er weg muss, gibt er uns rasch die Schlüssel vom Seminarhaus und sagt noch: „Unten beim See ist ein gutes Fischrestaurant, richtet dem Besitzer Grüße von mir aus. Ihr seid meine Gäste!"
So schnell und unerwartet wir ihn getroffen haben, ist er auch schon wieder „entschwunden". Wir nehmen eine kurze Dusche und wenige Minuten später sitzen wir bereits im besagten Restaurant. Nun erst realisieren wir langsam die Situation. Noch vor einer guten Stunde wussten wir nicht, wo dieser Ort sein könnte, wo wir etwas zu essen finden würden und schon gar nicht, wo wir eine Bleibe bekommen könnten. In der Zuversicht, dass es irgendwie schon gut gehen würde, hat sich nun alles wunderbar gefügt, und wir erhalten weit mehr, als wir erwarten durften.
Jeder hat ein Einzelzimmer samt freiem Blick auf den ungetrübten, sternenübersäten Himmel durch das Mansardenfenster über dem Bett. Über uns leuchtet der Glücksstern, könnte dazu passend gesagt werden: Unsere Beständigkeit wurde belohnt.

Als wir frühmorgens noch etwas verschlafen den Platz vor der Kirche betreten, hören wir leisen Gesang und können, als wir nun bei Tageslicht vor dem Gebäude stehen, über dessen Ausmaß nur staunen. Die beiden Glockentürme erinnern uns irgendwie an die Basilika von Mariazell, dem bedeutendsten Wallfahrtsort Österreichs.
Wie sich herausstellt, ist der Vergleich mit Mariazell gar nicht so weit hergeholt, denn Letnica ist tatsächlich der größte Marienwallfahrtsort des vorwiegend islamischen Kosovos. In der Kirche wird gerade Gottesdienst gefeiert, weshalb wir uns in eine der Bänke setzen und an der vertrauten Messzeremonie teilnehmen. „Wir sind Katholiken, die vor Jahren vom damaligen jugoslawischen Regime in das heutige Kroatien ausgesiedelt wurden und zu einem Heimatbesuch gekommen sind", flüstert einer aus der Gruppe.

Am Hauptaltar sehen wir nun die Schwarze Madonna von Letnica und bemerken rechts vor der Säule neben dem Volksaltar ein lebensgroßes Porträt von Mutter Teresa.

Beim anschließenden Frühstück mit dem Pfarrer erfahren wir, dass Mutter Teresa als Kind oft hier war und eines Tages bei der Schwarzen Madonna ihre Berufung zur Ordensschwester erhalten hat. Hier war sozusagen ihr spiritueller Geburtsort, von wo aus sie in die Welt hinausgegangen ist. Unfassbar – dies ist unsere nächste Begegnung auf Mutter Teresas Spuren, und wie es scheint, auch nicht die letzte, denn wir sind auf dem Weg nach Skopje, ihrer Geburtsstadt.

Nach einer herzerwärmenden Unterhaltung und gastfreundlicher Bewirtung chauffiert uns der Pfarrer von Letnica mit seinem Wagen zurück zur Hauptstraße zu jenem Punkt, an dem wir am Vortag das Taxi genommen hatten.

Von den Geschehnissen der letzten Stunden und dem offenen und bescheidenen Charakter dieses Menschen berührt, trennen sich unsere Wege mit seiner Bitte und unserem Versprechen, die Kunde über den Wallfahrtsort Letnica, so gut es uns möglich ist, in Österreich zu verbreiten.

Welch eine Fügung, dass wir hierhergekommen sind. „Die schwarze Madonna von Letnica – Mariazell im Kosovo", so schreibe ich in mein Tagebuch.

Die Realität des Weges holt uns jedoch alsbald wieder ein, denn als wir bei einer in der Karte eingezeichnete Raststation etwas zu trinken kaufen wollen, müssen wir feststellen, dass die Eintragung falsch ist. Es gibt weit und breit keine Einkaufsgelegenheit. In der Stadt Kacanik hätten wir noch die Möglichkeit gehabt, unseren Flüssigkeitsbedarf zu decken, aber diese Gelegenheit ist nun leider verstrichen. Es ist sehr heiß und jeder hat sein Wasser schon verbraucht. Jetzt führt die Straße auch noch durch Tunnels hinauf auf einen Bergrücken. Am Vormittag haben wir noch gemütlich ein üppiges Frühstück genossen, jetzt sind wir der prallen Sonne ohne Wasser ausgesetzt und dazu noch müde wegen der kurzen Nacht – so nahe ist Freud und Leid zusammen! Nach jeder Kurve hoffen wir vergebens auf eine Tankstelle oder ein Haus. Endlich, nach über einer Stunde kommt eine Brückenbaustelle, wo wir zum Glück bei einem Kiosk etwas kaufen können.

In Zukunft werde ich mir noch einen Liter Wasser mehr mitnehmen, auch wenn dadurch der Rucksack unangenehm schwer wird. Denn dies ist sicher besser, als mit Schwindelgefühl, ausgetrocknetem Hals und Mund, bei über 35 Grad bergauf zu gehen. Es soll mir eine Lehre sein, sozusagen ein Schuss vor den Bug.

Nach diesem ereignisreichen Tag erreichen wir abends Deneral Jankovic, den Grenzort zu Mazedonien, wo eine riesige Zementfabrik die Landschaft beherrscht. Überall liegt Staub von der Fabrik, welcher von den zahlreich durchfahrenden Lastkraftwagen richtig schön verteilt wird. Doch erfinderisch wie wir sind, hängen wir kurzerhand unsere gewaschene Kleidung auf dem Dachboden unseres Motels zum Trocknen auf.

Am Morgen des 6. August 2010 werfen wir einen letzten Blick zurück Richtung Kosovo und stehen bereits nach kurzer Zeit vor dem nächsten Grenzbalken: Mazedonien wir kommen!

REISEROUTE

Streckenabschnitt: etwa 150 Kilometer

1. Leposavic
2. Zvecan
3. Kosovska Mitrovica
4. Pristina
5. Janjevo
6. Urosevac
7. Deneral Jankovic

MILLENIUMKREUZ, ENDLOSE STRASSEN, HITZEWELLE (MAZEDONIEN)

Die Einreise verläuft unproblematisch, und es erwartet uns anstelle eines Militärfahrzeuges nun die „Sonnenflagge" Mazedoniens.

Während wir die Ankunft mit zahlreichen Fotos und Videoaufnahmen zelebrieren, hält der junge Lenker eines PKW an und fragt mich in englischer Sprache: „Geht ihr nach Jerusalem?" Verdutzt sehe ich ihn an, worauf er erklärt, dass er uns an der Grenze gesehen habe und aufgrund der Flagge auf unseren Rucksäcken aufmerksam geworden sei. Er sei Mazedonier, aber seine Freundin auf dem Beifahrersitz komme aus Israel, klärt er mich auf.

Es ist ein spannender Moment für uns, noch so weit vom Ziel entfernt schon einer Israelin zu begegnen. Mit einem freundlichen „good luck" fahren die beiden weiter und winken uns aus dem Wagen zu.

Auch wenn die Ankunft in Bethlehem und Jerusalem das große Ziel unserer Pilgerreise ist, denke ich während des Gehens so gut wie nie daran, sondern versuche, mich im Hier und Jetzt auf die täglichen Begegnungen, Herausforderungen und Erlebnisse zu konzentrieren. Es ist, als ob eine Art von Schleier über dem Ziel liegen würde. Dadurch fällt es mir leichter, jeden Tag zu genießen, ohne dabei an das Ankommen zu denken. Offen gesagt gibt es viele Momente in denen ich vergesse, dass ich Jerusalempilger bin, denn es überwiegt die Freude, auf dem Weg zu sein und dies alles zu erleben.

Erst durch den Augenblick der Begegnung mit den beiden jungen Menschen wird es mir wieder bewusst: Wir sind definitiv zu Fuß unterwegs nach Jerusalem! Dazu fällt mir das Zitat eines mir unbekannten Autors ein: „Das Ankommen am Ziel ist wichtig, aber nicht wichtiger als die Reise selbst, denn mit der Reise verbringst du mehr Zeit als mit dem Ankommen am Ziel." Oder wie es der chinesische Philosoph Konfuzius sagte: „Der Weg ist das Ziel" und noch treffender finde ich „Das Ziel ist der Weg!"

So gehe ich gut gelaunt weiter, und wir entdecken einen verwachsenen Pfad, der uns nicht nur Schatten spendet, sondern auch mit unzähligen reifen Brombeeren verwöhnt. Nach 20 Kilometern erreichen wir Skopje, die etwa 500.000 Einwohner zählende Hauptstadt Mazedoniens, und werden die zwei kommenden Tage hier verbringen.

Ich blicke auf mein Handy und stelle fest, dass es bereits kurz vor 16 Uhr ist. Da es Freitag ist, hoffen wir, rechtzeitig vor Feierabend das Hauptpostamt zu finden. Dort wartet nämlich ein Paket aus der Heimat mit 500 weiteren Aufklebern zum Markieren des Weges auf uns – und ein neuer Regenschutz für mich. Mein derzeitiger ist leider wasserdurchlässig geworden.

Wir nehmen ein Taxi und sind noch rechtzeitig bei der Post. Und packen auch die Gelegenheit beim Schopf, unsere Rucksäcke auszumustern, um Gewicht einzusparen. Denn neben dem Essensproviant tragen wir wegen der Hitze statt der üblichen drei Liter bis zu sechs Liter Wasser mit, weshalb das Gewicht jedes einzelnen Rucksacks fast 20 Kilogramm ausmacht. Otto und ich beschließen, uns vom Zweimannzelt zu trennen. Wir hätten es bisher sowieso nur hin und wieder gebraucht und konnten in diesen Situationen immer irgendwie improvisieren. Deshalb befindet es sich auch noch in der Originalverpackung. Es war uns relativ schnell klar, dass keiner von uns beiden große Freude verspürte, sich nach einem Tag in enormer Hitze abends noch verschwitzt Körper an Körper zu legen. Nein, beim besten Willen nicht, wir wollen uns ja nicht noch selbst geißeln. Daher fällt uns die Trennung leicht. Wir vertrauen darauf, weiterhin ohne Zelt auszukommen.

Wir haben ja noch die aufblasbaren Unterlegmatten sowie unsere Schlafsäcke dabei, dies sollte reichen, und David behält für alle Fälle doch sein Zelt. Auch schicken wir Landkarten, Broschüren und dergleichen, was wir nicht mehr brauchen, nach Hause, und so kann jeder ein bis zwei Kilogramm an „Ballast" ablegen. Nebenbei ist das tägliche Improvisieren für Pilger sowieso selbstverständlich und immer wieder spannend und voller Überraschungen. Frei nach unserem Motto: „Du weißt zwar nichts vom nächsten Tag, schon gar nicht, wo du schlafen wirst, aber du weißt, es wird gut gehen!"

Gut „abgespeckt" erkunden wir die modern wirkende Metropole und finden in der Fußgängerzone ein gemütliches Café, wo Otto und ich den ganzen Nachmittag verbringen, um unser „geliebtes" Tagebuch nachzutragen. Dazu trinken wir Kaffee und beobachten das Leben und Treiben, denn ehrlich gesagt, ist uns dies lieber als zu schreiben ... Den lauen Abend lassen wir gemütlich bei einem guten Essen mit deutschem Fassbier, samt Philosophieren über Gott und die Welt, ausklingen und überlegen, am nächsten Tag eventuell an einem Sonntagsgottesdienst teilzunehmen.

In der Früh machen sich dann nur David und ich auf den Weg zur katholischen Herz-Jesu-Kathedrale. Otto schläft noch, denn den Ruhetag kann jeder für sich allein nutzen. Außerdem war die vergangene Woche auch sehr anstrengend.

Als wir eintreffen, hat die Messe gerade angefangen. Sie ist gut besucht und wird vom Bischof zelebriert. Im Anschluss klopfen wir an die Türe der Sakristei, um nach einem Stempel zu fragen. Der Ordinarius zeigt sich

höchst interessiert an unserer Pilgerreise und lässt es sich nicht nehmen, uns einen Pilgersegen, noch dazu in deutscher Sprache, zu erteilen. Damit haben wir absolut nicht gerechnet!
Es ist schade, dass Otto nicht hier ist. Er hätte sich bestimmt über diese Begegnung gefreut. David ist inzwischen nach draußen gegangen und als ich nachkomme, unterhält er sich mit zwei Ordensschwestern. Es sind „Missionarinnen der Nächstenliebe", und damit Schwestern jenes Ordens, der von Mutter Teresa gegründet wurde.

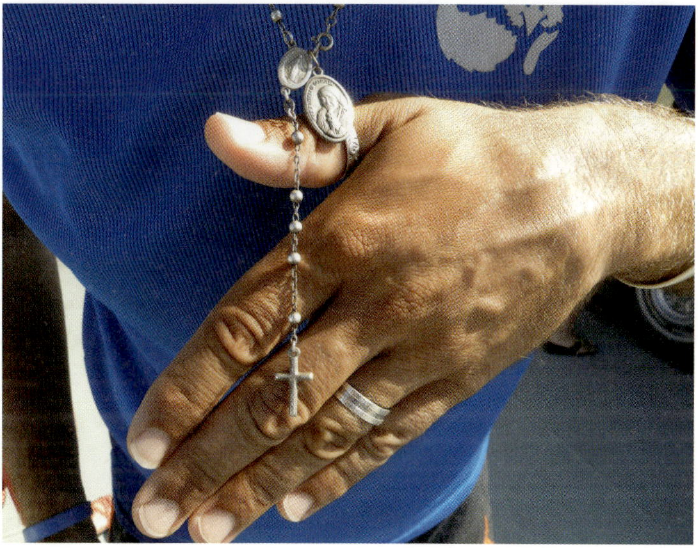

Nach unserem kurzen Gespräch über die Pilgerreise, nehmen sie plötzlich ihre Mutter-Teresa-Medaille vom Rosenkranz, den sie um den Hals tragen, küssen diese und überreichen David und mir jeweils eine. Es ist für mich und sichtlich auch für David ein ganz berührender Augenblick. Mit Tränen in den Augen verabschieden wir uns von ihnen. Es ist unsere vierte symbolische Begegnung mit Mutter Teresa in Folge – Mutter Teresa ist auf dem Weg mit uns.
Nachmittags sind wir alle drei im Zentrum und besichtigen das Mutter-Teresa-Haus. Sie wurde im Jahr 1910 in dieser Stadt geboren, und auf dem Platz, wo einst ihre Taufkirche stand, wurde nun ein Museum errichtet.

Es zeigt viele Originalgegenstände sowie Fotos und Bilder aus dem Leben und Wirken der katholischen Ordensschwester. Mutter Teresa erhielt im Jahr 1979 den Friedensnobelpreis und wurde nach ihrem Tod 1997 in Kalkutta (Indien) bereits im Jahr 2003 von Papst Johannes Paul II. seliggesprochen. Sehr berührend finde ich die Kapelle im ersten Stock. Es ist ein stimmungsvoller und besonderer Platz, an dem ich ein paar Minuten allein verbringe. Unvermittelt läuft es mir beim Gebet kalt über den Rücken. Ich fühle, dass ich eine Verbindung zu ihr habe.

Blick von der Festung Kale auf das überdimensionale Kreuz.

Wir setzen unsere Besichtigung von Skopje fort und sehen uns die riesige Festungsanlage Kale, das weithin sichtbare orthodoxe Milleniumskreuz sowie die mehr als 500 Jahre alte Steinbogenbrücke über den Fluss Vardar an. Der Vardar fließt nicht nur mitten durch die Stadt, sondern wird uns die nächsten 130 Kilometer bis Udovo begleiten.
Mit einem Taxi fahren wird abends in Richtung des Gipfels, auf dem hoch oben das kolossale Milleniumskreuz steht. Es sei mit 66 Meter Höhe nicht nur das größte Kreuz des Balkans, sondern es zähle zu den größten weltweit, erzählt uns der Fahrer stolz.
Bei dem beeindruckenden Bauwerk handelt es sich um eine Stahlkonstruktion, in dem die christliche Symbolik in Form von Zahlen verewigt wurde: Die vier Säulen des Fundaments stehen für die Evangelisten, die zwölf Säulen im Untergeschoß stellen die Apostel dar, und die 33 Stockwerke symbolisieren das überlieferte Lebensalter von Jesus.
Die Serpentinen der Straße enden im oberen Bergdrittel, und so wandern wir auf einem beschilderten Weg bergauf durch ein Waldstück weiter, bis wir nach einer guten Stunde vor dem Kreuz auf 1040 Meter Seehöhe stehen. Es ist so schwül, dass wir sogar ohne Rucksäcke ordentlich ins Schwitzen gekommen sind, doch unsere Mühe wird belohnt. Pünktlich um 21 Uhr wird das überdimensionale Kreuz von unzähligen Schweinwerfern beleuchtet. Imposant! Langsam immer heller werdend bietet es ein richtiges Schauspiel mit einem tollen Ausblick auf die im Abendrot unter uns liegende Hauptstadt.

Eine neue Woche beginnt. Wir folgen über Petrovec einer meist parallel zur Hauptverkehrsroute M1 verlaufenden Asphaltstraße. Am Ortsende von Katlanovo erfreuen wir uns noch ein kurzes Stück an einem alten gepflasterten Pfad, doch kurz darauf führt dieser Weg unvermutet steil bergan.
Unversehens beginnt Otto, immer schneller zu gehen, und durch ihn angespornt ziehen David und ich im selben Tempo mit. Als wir nach der sechs Kilometer langen Bergwertung ankommen, sind wir fix und fertig.

Otto ist der „Bergkönig"! Ja, so kleine Spielereien gibt es halt auch unter Pilgern. Nun ist eine ausgiebige Pause auf einem Feld, unweit der autobahnartigen Fernstraße, angesagt.
Durch Weinberge erreichen wir nach unserer Rast den anmutig im Tal eingebetteten Mladost-Stausee.

Es ist gerade Badesaison, deshalb gibt es auch genügend Übernachtungsmöglichkeiten. Wir nutzen selbstverständlich die Gunst der Stunde, um erhitzte Körper und Gemüter im Wasser abzukühlen.
Dem Seeufer weiter folgend passieren wir auf der Nationalstraße 103 die Stadt Veles und erreichen über Negotino zwei Tage später Demir Kapija. Dieser Abschnitt ist gekennzeichnet von der brütenden Sonne Mazedoniens, glühendem Asphalt, Einsamkeit und damit verbunden der Abwesenheit von Dörfern oder Tankstellen. All dies zehrt merklich an meiner körperlichen Substanz.

Wir befinden uns nun in der zweiten Augustwoche, und langsam aber sicher breitet sich die Hitzewelle aus. Unser Glück ist, dass wir auf unserem Weg einmal eine Pfirsichplantage durchwandern und ein andermal auf der Suche nach Wasser, abseits der Straße bei einem Bauerndorf, einen Brunnen finden. Hier dürfen wir uns Kopf und Füße waschen und bekommen von der alten Bäuerin eine Wassermelone geschenkt. Das Thermometer an der Hausmauer zeigt auf mehr als 35 Grad Celsius.

Trotz der Pause samt Abkühlung bekomme ich auf dem Weg wieder Kreislaufprobleme und Schwindel – vielleicht hängt es mit einer eventuellen Unterzuckerung zusammen? Wir haben heute bisher noch nichts „Richtiges" gegessen! So nehme ich Feigen, Mandeln und Traubenzucker zu mir, die ich für alle Fälle immer griffbereit in der Bauchtasche verwahrt habe, und lasse einen der kleinen Salzsteine, die mir Renate geschenkt hat, im Mund zergehen. Langsam geht es mir besser. Auch Otto und David sind sichtlich gezeichnet. In Demir Kapija folgen wir einem Schild zu einer Unterkunft, welches uns bergauf in die Weinberge führt. Auch das noch!
Wir nehmen all unsere Kräfte zusammen und passieren auf halber Strecke des steilen Weges einen Friedhof, wo wir unter einem der schattigen Bäume eine kurze Rast einlegen müssen. Mit dem kalten Wasser des Brunnens waschen wir Gesicht, Unterarme und die Waden, um den Kör-

per ein wenig abzukühlen. Dabei entdecken wir zu unserer Überraschung frische Lebensmittel samt Teller, Besteck und Tassen auf den Gräbern. „Die sind für unsere verstorbenen Angehörigen", erklärt uns ein älterer Herr, während er die Blumen auf einem der Gräber gießt.
Unerwartet werden wir mit Leben, dem Tod und den damit verbundenen Ritualen konfrontiert. Schweigend erreichen wir nach kurzer Zeit ein neu gebautes Heurigenlokal. Erschöpft und ausgelaugt lassen wir die Rucksäcke fallen und bemerken erst jetzt die wunderbare Aussicht ins Tal. Wir sind froh, dass wir die Strapazen hierher auf uns genommen haben.
Die klimatisierten Zimmer ermöglichen uns wieder einen tieferen und festeren Schlaf als in den letzten Nächten. Denn langsam wird die Hitze, gepaart mit dem Schlafmangel, zur Qual.

Erfrischt wandern wir morgens auf einem wildromantischen Schotterweg entlang des rechten Flussufers. Der Weg verläuft neben einer alten Eisenbahntrasse und führt uns nach etwa 20 Kilometern über eine Brücke nach Udovo. Kaum zu glauben, was wir hier finden – eine Tankstelle! Für uns ist dies mittlerweile fast schon wie eine „Fata Morgana", und nachdem wir sogar kalte Getränke und Eis aus der Tiefkühltruhe erhalten haben, ziehen wir alle Kleidungsstücke, bis auf die kurze Wanderhose aus und zelebrieren diesen Glücksmoment. Bis vor wenigen Monaten war eine Tankstelle nichts Spezielles oder gar Außergewöhnliches, aber jetzt freuen wir uns darüber wie ein Kind über ein ersehntes Geschenk. So schnell verschieben sich die Wertigkeiten!

Hier sind wir auch ans Ende des fruchtbaren und zum Teil prächtigen Vardar-Flusstales gekommen. Ab nun führt die Route südöstlich nach Valandovo, wo wir am Ortsende unseren ersten Wegweiser nach Griechenland und in die Türkei entdecken!

Damit sind wir im Dreiländereck von Mazedonien-Bulgarien-Griechenland angelangt. Dies gibt uns Energie!

Würden wir dem Weg geradeaus folgen, wären wir nach etwa 50 Kilometern bereits an der bulgarischen Grenze. Wir halten uns rechts, und schon führt auch die Straße ziemlich streng bergauf über einen Pass im Bereich des Belasiza Gebirgszuges und weiter hinab zum Dojran-See. Dieser ist von weither zu sehen und liegt bereits zur Hälfte auf griechischem Staatsgebiet. Am Ufer des Sees verbringen wir in einem der zahlreichen Hotels zusammen mit vielen Badetouristen unsere Abschlussnacht in Mazedonien: Griechenland wir kommen!

ÜBERBLICK
REISEROUTE
Streckenabschnitt: etwa 200 Kilometer
1. Skopje
2. Mladost
3. Gradsko
4. Negotino
5. Valandovo
6. Star Dojran
SERBIEN
KOSOVO
BULGARIEN
MAZEDONIEN
1.
2.
3.
4.
5.
6.
GRIECHENLAND
ALBANIEN

APOSTEL PAULUS, ÄGÄIS, VIA EGNATIA, HITZEWELLE (GRIECHENLAND)

Es ist Samstag, der 14. August 2010. Ein ganz besonderer Tag – wir stehen am Grenzübergang zu Griechenland! Griechenland ist unser sechstes Land auf dem Weg in das Heilige Land, und wir können nun wieder Euros verwenden. Dies ist zwar eigentlich nur eine Nebensache, aber irgendwie breitet sich doch ein Gefühl von „zu Hause sein" aus.
Wir sind wieder in der Europäischen Union und werden, wie seit Wochen, auch hier zum Teil von Unrat im Straßengraben begleitet. Europa ist eben nicht gleich Europa!

Eigentlich ist es noch zu früh für eine Einkehr, aber es ist so heiß, dass wir uns schon unweit der Grenze, im Ort Drosato bei einer Taverne in den Schatten setzen. Wir sind alles andere als fit! Das Thermometer an der Hausmauer zeigt 40 Grad Celsius an! Es war ja die letzten Tage schon extrem heiß, aber jetzt wird es unerträglich, die Luft steht, und das Atmen fällt schwer. Wir bleiben zwei Stunden sitzen, dann raffen wir uns in Anbe-

tracht unseres selbstgesteckten Zeitplanes auf, um nordöstlich in Richtung Kerkini-See weiterzuziehen.
Obwohl wir uns langsam dahinschleppen, rinnt der Schweiß vor lauter Hitze über den ganzen Körper. Kein Wunder! Niemand ist auf der Straße, es fahren keine Autos und die Fensterläden der Häuser sind geschlossen. Nach einer Stunde legen wir bereits den nächsten „Hitzestopp" in einem der Dörfer ein, die es hier glücklicherweise zahlreich gibt.

Mit dieser „Stop & Go"-Taktik versuchen wir, so gut es geht, zumindest noch 20 Kilometer zu schaffen und halten auf diese Weise irgendwie bis zum Abend durch. Zu allem Unglück können wir nirgends eine Bleibe finden, denn wir wollen wegen der heutigen Strapazen zumindest auf einer Matratze schlafen. Schließlich bringt uns der Kellner einer Bar mit seinem Auto nach Kato Poroia, nachdem er per Telefon ergebnislos versucht hatte, im Umkreis von Stathmos Mourion eine Unterkunft für uns zu finden. So verbringen wir die erste Nacht im Hellas-Land in einem Hotel, wo uns überraschenderweise ein wohltuend kühlender Swimming Pool erwartet. Wir beschließen, die 15 gefahrenen Kilometer am morgigen Sonntag nachzuholen, damit wieder alles seine Richtigkeit hat. Und schon springen wir ins wohlverdiente Nass und können unser Glück kaum fassen.

Die letzten Tage waren enorm anstrengend und damit noch nicht genug, haben Otto und ich jetzt auch noch eine Darminfektion. Somit kommt der Ruhetag ganz anders als gedacht! Denn als wir beide morgens erwachen und ein Stechen im Bauch verspüren, setzt auch schon heftiger Durchfall ein. So liegen wir nach dem sonntäglichen Wäschewaschen statt am Pool im Bett. Erst am späten Nachmittag wagen wir uns ins Freie, wo uns fast der „Hitzeschlag" trifft! Wir fühlen uns matt, die Darmprobleme fordern Tribut. Inzwischen wissen wir, wo wir uns das Dilemma „eingefangen" haben. Es muss am Eiskaffee gelegen sein, den Otto und ich gestern in einem Dorf getrunken haben. Anstelle des erhofften Vanilleeises, hatte der Kellner Eiswürfel in den Kaffee gegeben, und dass diese aus gefrorenem Leitungswasser waren, hätten wir uns denken können. Es erklärt auch, warum David fit ist und nichts spürt. Wir entschließen uns dennoch, die gefahrene Strecke wie geplant in den Abendstunden zu gehen. Erst kurz vor Mitternacht sind wir zurück, und Otto und ich fallen müde und krank ins Bett.

Nach einer unruhigen Nacht ist am Montagmorgen trotz der eingenommenen Kohletabletten noch keine Besserung eingetreten. Obwohl wir matt sind, brechen wir auf und schaffen daher „nur" einen halben Tag bis zum Ort Kerkini am gleichnamigen See.

Die kommende Woche bis Kavala wird für uns als Gruppe, insbesondere für mich, eine prägende und eine der schwierigsten Etappen der gesamten Pilgerreise.

Zunächst entschließen Otto und ich uns, ungeachtet unserer Infektion samt Hitzewelle durchzuhalten und weiterzugehen. Auch wenn dies vielleicht für Außenstehende nicht nachvollziehbar scheint, so sei kurz erwähnt, wie sehr wir an unserem großen Ziel, Weihnachten in Bethlehem zu verbringen, festhalten. Auch wollen wir uns vom vertrauten wöchentlichen Gehrhythmus zwischen 150 bis 180 Kilometer nicht abbringen lassen.

Zusätzlich quält und belastet mich immer mehr die Frage nach dem Sinn des Ganzen. Ich bin an einem heiklen Punkt angelangt, hinterfrage diese Reise und denke ans Aufgeben, obwohl meine Pilgerreise ein tief verwurzelter und lang gehegter Herzenswunsch war. Ich muss auch daran denken, dass im Zuge meiner Vorbereitungen zu dieser Reise auch die Bezie-

hung mit meiner Freundin auseinanderging. Ich konnte damals nicht anders als zu versuchen, meinem Herzenswunsch zu folgen und hatte mich für die Reise entschieden, obwohl mir diese Entscheidung alles andere als leicht gefallen war.
Auch innerhalb unserer kleinen Pilgergemeinschaft gibt es Spannungen. Natürlich ist das nichts Außergewöhnliches, aber gerade jetzt ist es sehr belastend. Wäre es besser gewesen, so wie ursprünglich geplant, allein zu pilgern? Sollen wir uns trennen und jeder für sich selbst weitergehen – oder soll ich wirklich aufgeben?
Wir sind zwar schon in Griechenland, haben aber damit noch nicht einmal ein Drittel des Weges geschafft. Ich darf gar nicht daran denken, dass wir „bildlich" gesprochen, den bisherigen Weg wieder retour und anschließend nochmals von zu Hause bis nach Griechenland, vor uns haben.
Es breitet sich eine Leere in mir aus, und automatisch setze ich Schritt für Schritt und fühle mich einsam. In großem Abstand zueinander, jeder für sich und allein, gehen wir frühmorgens die 17 Kilometer lange Strecke entlang des Ufers des Kerkini-Sees bis zum Damm in der Ortschaft Lithotopos.

Die Ruhe und Einsamkeit dieser Landschaft ummantelt meine Melancholie. Ich gehe immer langsamer und verliere, ohne es wahrzunehmen, David und Otto völlig aus den Augen. In Gedanken versunken, bemerke ich kaum den Sonnenaufgang.
Und dies am heutigen Tag, an dem wir eine der stimmungsvollsten und landschaftlich reizvollsten Etappen Griechenlands vor uns haben. Wunderschön und naturbelassen wirkt der als Feuchtbiotop genützte Stausee. Schilfgürtel, Wasservögel und Rinder- und Schafherden säumen den Weg.

Die Menschen hier leben sehr einfach. Ich pflücke erstmals in meinem Leben direkt von einem Baum eine frische Mandel. Die Natur ist ein Wunder, ein Geschenk für uns Menschen. Dies sind Momente der Sammlung, und ich versuche, meine Gedanken und Gefühle zu ordnen und mir über meinen weiteren Weg und tiefen Sinn der Pilgerreise abermals klar zu werden.

Um innerlich Fuß zu fassen und meine Stimmung zu heben, besinne ich mich nun wieder meiner regelmäßigen Gebete und Rituale. Ehrlich gesagt, in diesem Augenblick habe ich absolut keine Lust dazu, doch durch ähnliche Erfahrungen vom Jakobsweg ist mir die Qualität der inneren Einkehr bewusst und zugänglich.

In dieser Verfassung kann ich in den kommenden Tagen wieder langsam zu mir selbst finden und mehr und mehr ein positives Resümee ziehen.

Doch auch wir als Gruppe kommen zu einer inneren Wegkreuzung. Wir nutzen die Stimmung dieser intensiven Zeit, um durch offene und ehrliche Gespräche Klarheit über die weitere Zukunft zu bekommen. Wie soll es für uns weitergehen? Gott sei Dank finden wir wieder näher zueinander, und die Spannungen beginnen sich zu lösen. Übereinstimmend beschließen wir, auch weiterhin unser weit entferntes Ziel gemeinsam erreichen zu können und zu wollen. Wir sind zu dritt aufgebrochen und wir wollen zu dritt ankommen: Jerusalem wir kommen!

Aus diesem Anlass sei das sogenannte Spiegelgesetz erwähnt. Es gibt viel Literatur darüber und daher sei zusammenfassend kurz gesagt, dass unser Umfeld uns zeigt, wo wir in unserer seelischen Entwicklung stehen. Wenn einem am Gegenüber etwas stört, zeigt dies also eine Schattenseite in einem selbst auf. Und je genauer uns jemand kennt, desto besser werden wir gespiegelt. Somit ist zum Beispiel der Partner ein sehr guter Spiegel, denn vieles, was einem an ihm/ihr missfällt, ist eine Schattenseite an einem selbst. Er/Sie hält einem im wahrsten Sinn des Wortes den Spiegel hin. Selbst sogar nach einem Partnerwechsel, treten die ungelösten „Spiegelbilder" wieder hervor. Aber auch das berufliche Umfeld und der Freundeskreis sind gute Spiegel. Immer wieder kommt es vor, dass einige Zeit nach einem Wechsel von Schule oder Arbeit, die gleich gelagerten Probleme oder Schwierigkeiten auftreten wie zuvor. Wir werden immer wieder in ähnliche Situationen kommen, beziehungsweise diese anziehen, sofern wir unser Denken und Handeln beibehalten. So einfach ist es. Gott sei Dank gilt dasselbe auch für angenehme, positive Situationen, die wir ebenfalls durch unser Denken und Handeln anziehen.

Heute ist Freitag und wir sind in Stathmos Lefkotheas angelangt, wo wir am Ortsende über eine besonders schöne alte Brücke nach rechts in Richtung Kormista abbiegen. Also verlassen wir die Bundesstraße 12, die uns von Serres hierher geführt hat. Hier werden wir von „Jesus" mit offenen Armen empfangen.

Für mich ist diese offene, frohe und einladende Darstellung bei Weitem stimmiger, als die des Gekreuzigten. Trostspendend, lebensbejahend und lichtvoll! Als würde er sagen: „Kommt in meine Arme und gebt mir eure Sorgen. ICH trage euch!"

In Anbetracht der Stimmung der vergangenen Tage ist diese unerwartete Begegnung wahrlich eine Wohltat. Im eindeutig richtigen Moment sehe ich dies als ein Zeichen der Bestärkung meines inneren Lebens- und jetzigen Pilgerweges.

Gelöst wandern wir entlang einer Bergkette durch die hügelige Landschaft, wo uns eine grandiose Fernsicht geboten wird. Vorbei an Pfirsich- und Tabakplantagen führt der Weg leicht bergauf und bergab, und in den Dörfern ist so manch beeindruckendes orthodoxes Gotteshaus zu finden.

Nach Kormista machen wir spontan einen Abstecher nach Eikosifoinissis, wo über zahlreiche Serpentinen der Weg zum sieben Kilometer entfernten Bergkloster hinaufführt. Wir wohnen einer griechisch-orthodoxen Messe bei, und nachdem wir den Pilgerstempel bekommen haben, bekommen wir auch noch eine Einladung zum Übernachten. Als wir jedoch kurz darauf vor einer großen Schüssel mit kalter Fischsuppe sitzen, obendrein garniert mit schwimmenden Fliegen, nehmen Otto und ich Reißaus! Dies ist zu viel des Guten, und wir entschließen uns, doch lieber in dem Gasthaus zu schlafen, das am Fuß dieses Berges liegt. David hingegen schmeckt die Suppe, und er möchte im Kloster übernachten, da dies für ihn eine Erfahrung sei, die er erst seit dieser Pilgerreise kenne.
Otto und ich haben in den Monaten auf dem Jakobsweg in den verschiedensten Klöstern schlafen dürfen, sodass wir nun nicht unbedingt „darauf beharren". Es gibt hier nicht einmal eine Dusche, und was dies bei einer Woche mit „Verdauungsproblemen" und Temperaturen um die 40 Grad heißt, möchte ich nicht näher erörtern.

Zum Glück gibt es für Pilger überall eine „Freilufttoilette".

Im Sog der Ägäis und auf den Spuren von Apostel Paulus, so skizziere ich diesen bedeutungsvollen Tag! Aus Richtung Antifilippi kommend, erreichen wir am Samstag, den 21. August 2010, das Mittelmeer in Griechenland. Mehr als 1.500 Kilometer liegen hinter uns, seit wir vor fast zwei Monaten in Arbing losgegangen sind. Ein wunderbares Glücksgefühl, es bis hierher geschafft zu haben, durchströmt uns, fast als wären wir schon am Ziel, auch wenn das große Endziel noch in der Ferne liegt
Aber wir haben es zu Fuß nach Griechenland geschafft! Dies alles gibt uns enorme Kraft und Auftrieb.

Wir stehen jetzt unmittelbar nach Überschreiten des Passes auf dem Symbolon-Berg, auf einer Höhe von 600 Meter und blicken auf Kavala, auf die weißen Häuser und das blaue Meer, das ich so sehr liebe. Das Wasser ist die Wiege des Lebens.
Kurz sei noch erwähnt, dass hier an diesem Ort, im antiken Neapolis, Paulus vor 2.000 Jahren erstmals seinen Fuß auf europäischen Boden setzte. Zusammen mit seinen Begleitern Silas, Timotheus und Lukas. Näheres

später, jetzt genießen wir unsere Ankunft in vollen Zügen und suchen uns erst mal ein „Basislager" für die kommenden Tage.
Von hier führt auch die antike Römerstraße Via Egnatia hinunter zum Meer, da wir aber auf dem Weg nach Philippi ohnehin wieder hierher kommen werden, folgen wir der Hauptstraße und finden auch gleich ein passendes Hotel. Es ist eine schlichte, saubere und günstige Unterkunft mit dem klingenden Namen Europa, der ja gut zu uns Fußpilgern quer durch die Länder Europas passt. Noch dazu spricht der Eigentümer deutsch, es gibt Wireless LAN, also kabelloses Internet zum Aktualisieren der Landkarten, und wir bekommen jeder ein Einzelzimmer.
Dies ist uns nach den Strapazen der vergangenen Woche wichtig und wir wollen hier ja auch ein paar Nächte verbringen. Kavala und Philippi sind für uns die Höhepunkte auf dem europäischen Teil des Jerusalemweges. Daher nehmen wir uns genügend Zeit. Außerdem warten die Fotos unserer Webseite schon dringend auf eine Aktualisierung.
Unseren Ruhetag verbringen wir am Strand, es kommt ein wenig Urlaubsstimmung auf. Jetzt können wir uns regenerieren und die Infektion mit dem einen oder anderen Ouzo auskurieren. Anis soll ja gut für die Verdauung sein …
Beim Erkunden der Stadt nutzen wir die Gelegenheit und bitten in einer griechisch-orthodoxen Kirche um einen Pilgerstempel. Leider ist das keine gute Idee! Im Raum sind zwei Priester, von denen der eine, der ältere, recht herrisch hinter einem Schreibtisch sitzt, während der jüngere in einem Respektabstand zu ihm demütig stehend unserem Gespräch lauscht. Wir berichten von unserer Pilgerreise und legen dabei unsere Pässe auf den Tisch. Der Priester beginnt diese durchzublättern, doch plötzlich stoppt er, blickt zu uns auf und schiebt die Pässe von sich weg. Gleichzeitig macht er mehrmals eine Handbewegung, die auf gut Deutsch in etwa heißt: „Hinweg mit euch".
So gibt er uns wortlos, aber mit entsprechender Mimik und Gestik zu verstehen, dass wir uns entfernen sollten, aber rasch. Es scheint, als seien wir für ihn von der „Konkurrenz", denn offensichtlich hat er sich an den römisch-katholischen Stempeln gestoßen.
Völlig überrascht von seiner Reaktion und auch etwas verstört, bleiben wir vorerst ruhig und reagieren nicht darauf. „Es kann doch nicht wahr sein,

sind wir im falschen Film gelandet?", denke ich mir. Um die Angelegenheit zu Ende zu bringen, erhebt sich der etwa 1,90 Meter große und bärtige Priester. Im schwarzen Talar gekleidet, wohlgenährt und mit der Statur eines Holzfällers, steht er nun vor uns.
Also, Stempel bekommen wir keinen, das ist fix, aber so abspeisen lassen wir uns nicht. Ich blicke ihn an und kann es mir nicht verkneifen sehr emotional zu sagen: „Jesus is your boss, don't forget, you work for him! We will pray for you!"
Im Nachhinein wäre es vielleicht besser gewesen, nichts zu sagen, denn hätte es keine Zeugen gegeben, wäre er mich dem Anschein nach angesprungen. Offenbar hat ihm nie jemand die Meinung gesagt. Der junge Priester ist in der Zwischenzeit fast im Erdboden versunken und schämt sich für seinen „Chef". Mit Herzklopfen gehe ich hinaus. Es dauert eine Weile, bis ich das verdaut und mich beruhigt habe, aber zumindest geht es mir nun besser und ich bin mir selbst treu geblieben.
Die Generalprobe ist also verpatzt, doch die wahre „Stempel-Bewährungsprobe" steht uns erst bevor. Denn es gibt hier auch eine Pauluskirche, die sich oberhalb des Hafens befindet und natürlich ebenfalls orthodox ist. Auch wenn es sich nur um einen lapidaren Stempel handelt, stellt dieser für uns einen ideellen Wert und eine besondere Erinnerung dar. Besonders jetzt, wo wir nun ja tatsächlich den Spuren des Völkerapostels folgen werden.

In der Pauluskirche angekommen, nutzen wir die Gelegenheit zum Gebet und entzünden, wie meistens, auch Kerzen für persönliche Anliegen, Bitten und Danksagungen. Ich halte allerdings mein angekündigtes „Versprechen" und entzünde eine für den Priester, dadurch bin ich mit mir selber wieder im Reinen. „Der Schwache kann nicht verzeihen. Verzeihen ist eine Eigenschaft des Starken" (Mahatma Gandhi).

Nun sehen wir uns in der Kirche um und erblicken ein altes Ölgemälde, worauf Apostel Paulus dargestellt ist und freuen uns darüber. Es gibt uns das Gefühl, dass wir auf dem richtigen Weg sind! Auch wenn wir vorerst wiederum keinen Stempel bekommen und angewiesen werden, abends nochmals zu kommen, lassen wir uns jetzt nicht aus der Ruhe bringen. Eigenartig finden wir es schon, und langsam scheint sich das Einholen eines Stempels zu einer Odyssee zu entwickeln. Sind Christen keine Brüder?

Gut, dass wir nicht schon wieder weiter müssen und noch Zeit haben. So leicht werden wir nicht locker lassen. Den Vormittag nutzen wir, um unseren Ausflug zum 15 Kilometer entfernten Philippi zu unternehmen. Wie bereits erwähnt, windet sich die Via Egnatia zum Pass hinauf, von der hier sogar noch ein Stück erhalten ist.

Wir betreten somit nun das Pflaster, auf dem auch Paulus ging. Dies ist ein besonderer Moment für uns, barfuß erleben wir hautnah ein Stück Geschichte. Wir halten inne, besinnen uns und sind dankbar, dass uns der Pilgerweg hierher geführt hat.

Direkt auf dem Bergsattel befindet sich die dem Paulusbegleiter geweihte Agios Silas Kirche, in deren Altarbereich sinngemäß zu lesen steht: „Hier ruhten sich Apostel Paulus und Silas auf ihrem Weg nach Philippi aus." Also ist das ein Zeugnis, dass die beiden auf ihrer zweiten Missionsreise hier durchgekommen sind, als sie um das Jahr 50 n. Chr. auf dem Weg nach Philippi waren.

Paulus wollte ja ursprünglich wieder gemeinsam mit Barnabas reisen, die zwei hatten jedoch eine heftige Auseinandersetzung in Antiochia am Orontes gehabt, worauf sie sich trennten, und Silas Paulus Begleiter wurde (Apg 15,36–41). Also hatten auch die Apostel ihre Differenzen untereinander zu meistern, und von dieser Seite betrachtet, erscheinen unsere Spannungen der letzten Wochen nun in einem anderen Licht.

Wir trennten uns nicht und werden es auch nicht!

Übrigens kam Timotheus ab Lystra als weiterer Begleiter dazu und ab Troas schließlich noch Lukas. Von Troas segelten sie schließlich zu viert hierher. Troas und Lystra liegen in der heutigen Türkei und wir hoffen, auf dem Weg nach Jerusalem, ebenfalls hinzukommen.

Jetzt fahren wir mit einem Taxi zum nahe gelegenen Philippi. Von der einst bedeutungsvollen und umkämpften Stadt sind nur mehr die imposanten Ruinen zu sehen.

Um das Jahr 356 v. Chr. wurde dieser Ort vom Vater Alexander des Großen (Philipp II.) als mazedonische Stadt gegründet. Als Paulus in diese geschichtsträchtige Region kam, war Philippi eine bedeutsame Kolonie des Römischen Imperiums. Paulus gründete in der Folge hier seine erste europäische christliche Gemeinde.

Hier taufte Paulus im Fluss Angites die Purpurhändlerin Lydia, die wahrscheinlich die erste Person auf europäischem Boden war, von der im Neuen Testament erzählt wird, wie sie den christlichen Glauben annahm. Die erste in der Apostelgeschichte beschriebene Taufe empfing also eine Frau! Daraus ein kurzer Auszug: „Am Sabbat gingen wir durch das Stadttor hinaus an den Fluss … und sprachen zu den Frauen … Eine Frau namens Lydia, eine Purpurhändlerin aus der Stadt Thyatira (heute Akhisar in der Türkei), hörte zu; sie war eine Gottesfürchtige, und der Herr öffnete ihr das Herz, sodass sie den Worten des Paulus aufmerksam lauschte … als sie und alle, die zu ihrem Haus gehörten, getauft waren …" (Apg 16,13–15).

Diese Taufe hatte allerdings Folgen, denn wegen einer angeblichen „Geisteraustreibung" bei einer Wahrsagerin wurden Paulus und Silas ausgepeitscht und eingesperrt.

Das Gefängnis des Apostels Paulus.

Im Areal von Philippi weist in der Nähe der als „Basilika A" bezeichneten Kirche ein kleines Schild an einem Gitterzaun auf das ehemalige Gefängnis hin. Hier soll sich einst durch ein Erdbeben die wunderbare Befreiung zugetragen haben. Einer der Aufseher soll so betroffen gewesen sein, dass er Selbstmord verüben wollte. Doch Paulus hinderte ihn daran. Aus Dank nahm der Wärter ihn bei seiner Familie auf und ließ sich und seine Angehörigen taufen.
Zwischen Paulus und der Gemeinde Philippi entstand eine tiefe Verbindung. Er besuchte sie mehrmals, und während seiner Missionsreisen und aus seiner Gefangenschaft in Ephesus, entstand um das Jahr 55 n. Chr. der sogenannte Philipperbrief (Phil. 1,1). Mehr als ein Vierteljahrhundert nach Paulus' Tod wurde das erste christliche Bethaus von Philippi errichtet, vermutlich dort, wo heute noch die Reste einer oktogonalen Kirche zu sehen sind. Die Basilika des Paulus war somit möglicherweise die älteste in ganz Europa.

Auf der Rückfahrt in die Stadt erzählt uns der junge Taxilenker aus seiner Sicht einiges über den Apostel. Am Innenspiegel seines Wagens ist ein kleines Kreuz befestigt. Als wir ihn darauf ansprechen, strahlt er: „Darin befindet sich eine Reliquie aus Jerusalem, und vom Großvater habe ich es bekommen."
Nach diesem ereignisreichen Tag kommen wir, wie ausgemacht, abends wiederum zur Pauluskirche in Kavala und stehen vor demselben Priester wie am Vormittag. Er hat wohl nicht mit einem Wiedersehen gerechnet. Geduldig warten wir eine Stunde, bis wir unser Anliegen vortragen dürfen und legen dabei unsere Pässe auf das Pult eines zum Büro umfunktionierten Nebenraumes der Kirche. Es scheint, als würden wir den Stempel nun doch bekommen.
Da tritt ein gut gekleideter Herr hinzu und fragt in ausgezeichnetem Englisch, ob er denn helfen könne. Ich erkläre ihm, dass wir zu Fuß von Österreich hierher gepilgert und auf dem Weg nach Jerusalem seien. Ich zeige ihm unsere Landkarte mit der ungefähren Route und versuche, unser Ansinnen darzustellen. Daraufhin spricht er mit dem Priester. Wir können zwar das Gespräch nicht verstehen, sehen jedoch, dass dieser ihm mehr Aufmerksamkeit schenkt als er uns zukommen ließ und dann schließlich

zum Telefon greift. Nach einiger Zeit kommt nun ein zweiter Priester herein, und das Ganze beginnt von vorne. Wenn uns der Stempel von der Pauluskirche nicht so wichtig wäre, würden wir den dreien den Rücken zukehren und gehen. Der offensichtlich gut situierte Herr unterhält sich nun auch mit dem hinzugekommenen Priester, und am Ende lässt sich dieser „erweichen". Jeder von uns erhält den begehrten Passeintrag, erleichtert bedanken wir uns.

Den Dienstag verbringen wir fast ausschließlich in einem der Internetcafés, wo wir zuerst die zahlreichen Fotos aussortieren, um danach unsere Webseite aktualisieren zu können. Es ist zwar jedes Mal eine Menge „Arbeit" damit verbunden, aber wenn wir abends damit halbwegs auf dem Laufenden sind, ist dies ein gutes Gefühl. Außerdem ist heute ein besonderer Tag: David hat heute, am 24. August 2010, seinen 61. Geburtstag, dies sollte nach getaner „Arbeit" doch anständig gefeiert werden! Jamas – Prost.
Wir bestellen eine Platte mit fangfrischem Fisch und Meerestieren, sitzen bei einer Flasche griechischem Wein in einer Taverne und blicken auf das endlose Kommen und Gehen der Wellen. Davon inspiriert, ergibt sich ein gutes und tiefes Gespräch, gepaart mit einem Mix aus Romantik und Sentimentalität, wenn wir an Familie und Freunde zu Hause denken. Die zwei Monate in der Fremde haben Spuren in uns hinterlassen, aber wir haben immerhin ein gutes Drittel des Weges geschafft.
Zudem ist es unsere letzte Nacht in Kavala, weshalb ich anschließend durch die Gassen bummle und die Zeit für mich allein genieße. Zufällig erblicke ich dabei ein Mosaik, das die Ankunft von Paulus mit dem Schiff zeigt.
Interessanterweise ist das orthodoxe Gotteshaus, vor dem sich das Mosaik befindet, Agios Nikolaos, dem Patron der Fischer, und nicht Agios Pavlos, geweiht. Wahrscheinlich ist das wegen der unmittelbaren Nähe zum Hafen, nehme ich an. Wie auch immer, wir werden genau hier, wo Paulus vom Meer kommend erstmals Europa betrat, morgen an Bord eines Schiffes gehen. Paulus legte auch tausende Kilometer zu Fuß zurück, aber er nutzte auch die Wasserwege auf seinen Reisen, womit sich für uns der Kreis schließt.

Die Idee, wie die Apostel anno dazumal ein Stück über das Meer zurückzulegen, war für uns schon seit Wochen klar, weshalb wir uns überaus auf den morgigen Tag freuen.

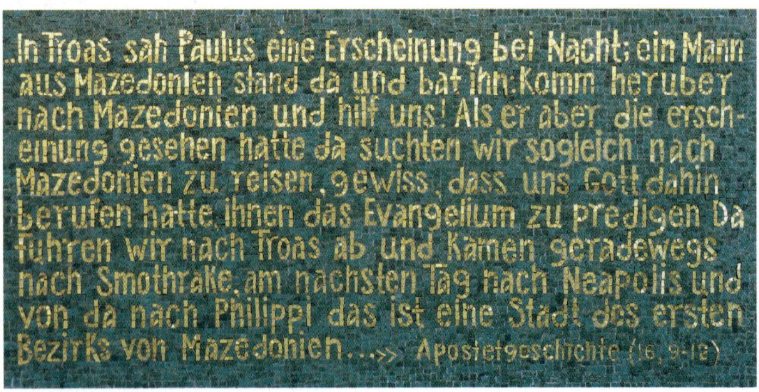

Das Bild zeigt im Detail den Bibeltext an der linken Marmorplatte – in Deutsch!

Auch stellt diese Schifffahrt eine Art „salomonische Lösung" für uns dar. Bis Alexandroupolis wären es fünf Gehtage, nun treffen wir jedoch bereits übermorgen dort ein und haben trotz aller Besichtigungen und der Wartung unserer Webseite den zeitlichen Rahmen nicht überzogen. Einziger „Wermutstropfen" ist, dass aus wirtschaftlichen Gründen die direkte Schiffslinie eingestellt wurde, sodass wir eine Nachtfahrt samt Umweg über eine griechische Insel in Kauf nehmen. Aber im Improvisieren beim

Schifffahren sind wir ja seit unseren Erlebnissen auf der Donau ohnehin schon erprobt.
Es war eine schöne Zeit in Kavala, und just wo wir uns eingewöhnt haben, ziehen wir weiter. Unser selbstauferlegtes Pilgerschicksal, ständig weiterzuziehen, Tag für Tag ins Unbekannte aufzubrechen, fällt mir nicht immer leicht. Doch angetrieben vom großen Ziel, sind wir doch nur Fremde in der Fremde. Vielleicht komme ich einmal wieder zurück, sinniere ich auf dem Weg zur Fähre vor mich hin …

Ich stütze mich mit dem rechten Bein an der Reling ab, während sich die immer kleiner werdende Skyline langsam meinem Blick entzieht. Aus dieser Perspektive hat Paulus vor knapp 2.000 Jahren erstmals auf das antike Neapolis geblickt! Wie mag es hier ausgesehen haben, und was waren seine Gedanken, als er von Troas hierher segelte, um in der einflussreichen Handelsstadt Philippi zu predigen.

Aber wer war eigentlich dieser Paulus?

Jedenfalls ist er mit Vehemenz aufgetreten, erst als Christenverfolger und später als Bekehrer und Apostel. Was muss ihm widerfahren und wie er-

schütternd musste dieses Erlebnis gewesen sein, dass er sich derart wandelte? „Vom Saulus zum Paulus werden", ist eine gebräuchliche Redewendung, wenn man über einen Menschen spricht, der seine Meinung, sein Leben völlig, quasi um 180°, verändert. Interessant ist, dass dieser Missionar, der das Christentum prägte, bereits von Anfang an den Doppelnamen Saulus-Paulus (Hebräisch/Griechisch) gehabt haben soll, wobei erst zu Beginn seiner ersten Missionsreise der griechische Vorname in den Vordergrund trat.
Wenngleich er ein einfacher Zeltmacher war, war er gebildet und sprachlich gewandt, was ihm später im Zuge seiner Missionsreisen sehr zu Gute gekommen ist. Er galt als strikter Gegner der neuen christlichen Lehre und verfolgte ihre Anhänger. Doch eines Tages hatte er ein besonderes Erlebnis. Er war gerade auf dem Weg nach Damaskus, als ihm Jesus erschien, und er zu Sturz kam. Diese Begegnung brachte sein bisheriges Denken ins Wanken. Saulus „bekehrte" sich. Seine Erkenntnis wurde durch einen Anlass im Außen verursacht, also exogen, was heute als sogenanntes Damaskuserlebnis bezeichnet wird. Saulus soll durch sein Erlebnis auch kurzzeitig erblindet gewesen sein, was wohl auch ein Zeichen des gewaltigen seelischen Prozesses war, den er ohne Zweifel in jenen Tagen durchlebte.
Dieses Erlebnis geht mir nicht aus dem Kopf: Sind wir vielleicht auch selbst schon in eine Lage gekommen, die uns recht radikal versuchte, die Augen zu öffnen? Haben wir die Botschaft daraus erkannt, oder wollten wir sie überhaupt erkennen und zulassen? Bringt uns das Leben nicht immer wieder in Situationen, die uns zwar manchmal nicht „schmecken", die wir aber dennoch brauchen? Doch es ist gut, nicht zu wissen, was vor uns liegt und der Morgen bringen wird. In der Gegenwart liegt schließlich unser Seelenglück und unser zu Hause.
Ich würde auf unserem Weg von Damaskus nach Jordanien diesen Schicksalsort für Paulus in der Wüste freilich gerne finden.

Mittlerweile liegen die letzten Strahlen der tiefstehenden Sonne über dem Meer, und mir fällt ein Zitat eines mir unbekannten Autors ein: „Könnten wir den Augenblick völlig genießen, wüssten wir, was die Ewigkeit ist, denn die Gegenwart ist ewig."

In dieser Stimmung verweile ich an Deck, bis, wie schon die „alten Ägypter“ zu sagen pflegten: „Die Sonne stirbt, um morgens wieder geboren zu werden.“

Tags darauf, gut und sicher in Alexandroupolis angekommen, sind wir wieder in vertrauter Pilgermanier, also auf Schusters Rappen unterwegs. Vor uns liegen Feres und die türkische Grenze, von der wir nur mehr knappe 50 Kilometer entfernt sind! Die Türkei ist das große unbekannte Land für uns! Wie wird es uns ergehen, wenn wir bald Europa und damit die uns vertraute Kultur verlassen? Der Weg ist unser Lehrmeister und wir sind seine Schüler.

Wir begegnen ein letztes Mal der Via Egnatia. Die einst so wichtige Handelsstraße ist bis auf wenige Ausnahmen nur mehr unter einer dicken Asphaltdecke zu finden.

Gebaut wurde sie im 2. Jh. v. Chr. als Verbindung der damaligen Metropolen Rom und Byzanz (Istanbul). Die Römerstraßen waren kunstvoll aus massiven Steinen, wie Granit oder Basalt, mit einer Aufwölbung zur Straßenmitte hin verlegt, damit das Wasser abfließen konnte. Entlang der Straßen sollen Heiligtümer gestanden sein, wo die Reisenden zur Ehrerbietung Gottes einen Stein abgelegt haben sollen. Dieser Brauch ist ja bis heute an Pilger- und Wanderwegen üblich, und auch wir drei legen hier und da einen Stein am Wegesrand nieder – aus Dank oder um bewusst eine Last unseres Lebens an den Weg abzugeben.

Durch ein hupendes Auto und Zurufen einer gewiss durch den österreichischen Dialekt geprägten Stimme, werde ich jäh aus meinen Gedanken herausgerissen!

Besuch aus der Heimat.

Fast hätte ich vergessen, dass heute Heimatbesuch angesagt ist. Genaugenommen ist Margarethe, die Ehefrau von David mit zwei befreundeten Ehepaaren angereist, um ihren „Vid" und uns ein wenig Gesellschaft zu leisten.
Darüber hinaus ist dies ein „Boxenstopp", und auch wenn es etwas technisch formuliert zu sein scheint, trifft es doch den Nagel ganz gut auf den Kopf. Wir bekommen heute, am 27. August 2010, neue Schuhe. Die alten haben uns von Österreich bis hier hergetragen und werden jetzt ausgetauscht.

In den vergangenen Wochen haben sich die Wanderschuhe speziell im Außenbereich des Absatzes beträchtlich abgenutzt, wodurch latent vorhandene Fehlstellungen unserer Füße eindeutig ans Tageslicht kommen. Groteskerweise sind alle unsere Schuhe an der gleichen Stelle verschlissen, was auf eine gewisse Tendenz zu „O-Beinen" hinweist – womit wir ja doch auch wieder Gemeinsamkeiten haben.

David kannte seine Fußprobleme, daher hat er voraussehend gleich drei unterschiedliche Schuhtypen mitgenommen: knöchelhohe Wanderschuhe, spezielle für den Bergsport entwickelte Turnschuhe und sogenannte Crocs. Dadurch hatte er verschiedene Dämpfungsarten zur Auswahl, fast wie in seinen alten Zeiten: Je nach Piste ein anderer Schi.
Wir konnten in der Zwischenzeit bereits an den Schuhen, die David gerade trug, feststellen, „wo ihn der Schuh drückte" – ob er Probleme mit den Füßen oder seiner verhärteten Achillessehne hatte oder nicht. Manchmal, wenn uns auffiel, dass Davids Gang etwas anders war oder er langsamer wurde, sprachen wir ihn darauf an. Doch David verneinte stets und tat unsere Fragen ab.
Nur manchmal ließ er uns in seine Taktik blicken, wenn er gestand, dass es für ihn wichtig sei, den Schmerz durchzugehen. Mental ist er zweifelsohne weltmeisterlich stark.

Mit Margarethe und den Freunden verbringen wir einen spannenden Abend und unterhalten uns köstlich, es ist eine herrliche Begegnung und willkommene Abwechslung. Für „Vid" bedeutet es sowohl ein freudenreiches Wiedersehen als auch einen schwierigen Abschied. Die Trennung fällt ihm nicht leicht, aber es geht weiter und wir sind ja nicht in Griechenland auf Urlaub.

Daher nachstehend und zum Abschluss (k)ein Urlaubsfoto von Sommertouristen am griechischen Grenzübergang.

ÜBERBLICK

REISEROUTE

Streckenabschnitt: etwa 400 Kilometer

1. Drosato
2. Kato Poroia
3. Kerkini
4. Serres
5. Philippi
6. Alexandroupolis
7. Feres
8. Kipoi

MUSLIME, TROJA, UNSER HUND BLACKY, ALEXANDRIA TROAS, ASSOS, PERGAMON, EPHESOS, KONYA, LYSTRA, DERBE, ENDE DES DRITTEN KREUZZUGS, TARSUS, DIE ÄLTESTE KIRCHE DER WELT (TÜRKEI)

Das fängt ja gut an! Nach der Ausreise stehen wir an der Brücke über den Evros-Fluss und bemerken das vor uns liegende Militärsperrgebiet. Die Ein- und Ausreise ist nur mit einem Fahrzeug möglich, und wir sind gezwungen, eine Mitfahrgelegenheit zu organisieren. Nach langem Hin und Her und ergebnislosen Versuchen, bei Touristen einen Platz im Auto zu bekommen, müssen wir uns ein Taxi aus Griechenland bestellen. Auch dies erweist sich als kompliziert, aber schlussendlich erreichen wir am Vormittag des 30. August 2010 die türkische Grenzkontrollstelle.

Die Einreise verläuft nach diesen anfänglichen Hürden völlig unproblematisch und nach dem Lösen des Touristenvisums liegt alsbald der Grenzbalken hinter und die unendliche Türkei vor uns!
Meine Gefühle sind gemischt. Mit zirka 1.800 Kilometern stehen wir nicht nur vor dem flächenmäßig größten Land auf unserem Weg, sondern die Route durch Kleinasien bis zur syrischen Grenze entspricht beinahe der gesamten Strecke von zu Hause bis hierher. Wir betreten nun ein Land mit

muslimischer Kultur – was erwartet uns hier und wie werden wir uns verständigen können?

Zugleich ist unsere Freude, es bis in die Türkei geschafft zu haben, unvergleichlich, wir kommen Stück für Stück unserem großen Ziel näher.
Im Vertrauen auf eine weiterhin so gute Führung wie bisher und mit einem lauten, gegenseitig motivierenden: „Jerusalem wir kommen!" setzen wir die ersten Schritte in Richtung des Grenzortes Ipsala.

Die schnurgerade Hauptverkehrsroute wirkt endlos, auf der 30 Kilometer langen Strecke bis zur Stadt Kesan treffen wir auf sage und schreibe eine einzige Kurve.
Unsere erste Nacht verbringen wir in einer schlichten, aber günstigen Pension im Zentrum von Kesan. Die Unterkunft ist recht spartanisch, die Bettwäsche etwas schmuddelig und die sanitären Einrichtungen sind abenteuerlich. Anstelle einer Brausekabine ragt ein Wasserauslass mit einem Duschkopf aus der Mauer. Beim Duschen „schwimmt" alles, was auch praktisch sein mag, denn bei jedem Duschvorgang wird gleichzeitig der Boden mit aufgewaschen und die Klomuschel mit Wasser geflutet.

Bereits vor Sonnenaufgang weckt mich der Gesang einer Männerstimme. Ein Lautsprecher trägt diesen Schall durch das kleine Fenster in mein Zimmer. Es ist meine erste „Bekanntschaft" mit dem Ruf eines Muezzins, der in regelmäßigen Abständen über den Tag verteilt, zum Gebet in die Moschee ruft. Der islamische Gebetsruf, „Ezan" oder auf Arabisch „Adhan", erfolgt fünfmal täglich, richtet sich nach der Sonne und ist genau und rituell geregelt. Der erste Ruf ist vor der Morgendämmerung und der letzte am späten Abend festgelegt.
Mir fällt ein, dass ich in Arbing auf dem Weg zur Kirche noch kurz daran gedacht hatte, wie es wohl sein würde, wenn wir erstmals den Muezzin anstatt einer Kirchenglocke hören, und nun ist es soweit. Es ist erstaunlich, wie schnell die Zeit seither vergangen ist. So ruft also der Muezzin einige Minuten, für mein Empfinden mehr oder weniger melodisch, zum Gebet. Wie ich erfahre, gibt es in diesem Ruf eine Textstelle, die in etwa heißt: „Das Gebet ist besser als der Schlaf."
Dem kann ich jetzt beim besten Willen nichts abgewinnen, drehe mich um und schlafe weiter, denn vor uns liegt wieder ein heißer und wohl auch anstrengender Tag.
Meine Ahnung bestätigt sich bald, als uns unweit der Stadt die vierspurig ausgebaute Nationalstraße D550 schon vormittags hinauf zu einem Bergpass führt. So schwitzen wir nicht nur wegen der großen Hitze, sondern auch wegen des langen Anstieges.

Oben angekommen eröffnet sich uns ein Ausblick in die Ferne und in eine einsame, kaum verbaute Landschaft im kontinentalen Grenzbereich zu Asien.

In der scheinbaren Endlosigkeit des Weges zur Gallipoli- bzw. Gelibolu-Halbinsel muss ich an Kaiser Barbarossa und seinen Kreuzzug denken! Ihm wurde bei der Ankunft im heutigen Istanbul die Fahrt über den Bosporus verweigert, worauf Barbarossa u. a. die nahe gelegene Stadt Adrianopel, das heutige Edirne, einnahm und so die Überfahrt im März des Jahres 1190 erzwang. Allerdings erfolgte diese nicht wie geplant über den Bosporus, sondern über die vor uns liegende Meeresenge, als Hellespont oder Dardanellen bezeichnet.
Wir sind also in einem äußerst geschichtsträchtigen Gebiet angekommen. Beispielsweise zogen auch schon der sagenumwobene persische Großkönig und Pharao Xerxes I., der im fünften Jahrhundert v. Chr. herrschte, sowie Alexander der Große 334 v. Chr. beim Persienfeldzug über den Hellespont. Wegen der strategischen Lage dieser Meerenge, war sie sogar bis in das 20. Jahrhundert umkämpft. So verloren im Ersten Weltkrieg hier über 100.000 Soldaten ihr Leben!

Nach diesem Exkurs in die Vergangenheit kommt Abwechslung in unsere monotone Gegenwart, als wir am Ende eines 11 Kilometer langen, schnurgeraden Straßenstückes nach links abbiegen und der Beschilderung zum Dorf Bolayir hinauf folgen.
Die Abzweigung befindet sich unmittelbar nach einer Tankstelle und ist kaum zu übersehen. Apropos Tankstelle, die Dichte dieser Versorgungsanlagen für motorisierte Verkehrsteilnehmer ist in der Türkei bislang überraschend gut. Mit einem Abstand von nicht mehr als 20 Kilometern, bilden

sie unsere Basisstruktur und sind eine essentielle Hilfe für die Versorgung mit Snacks und Getränken. Hoffentlich bleibt es auch weiterhin annähernd so. Zudem bekommen wir dort auch meist einen Cay. Dieser Schwarztee stellt eindeutig noch vor dem Kaffee das Nationalgetränk der Türken dar. Er wird in kleinen Gläsern heiß serviert und meist mit viel Zucker gesüßt getrunken. Dazu gönnen wir uns öfters, sofern vorhanden, die als Simit bezeichneten Sesamkringel: unsere „Lieblingszwischenmahlzeit".

So wandern wir drei Pilger also durch dieses von jedem Tourismus unbehelligte Dorf und beobachten eine Weile die Ladetätigkeit eines „LKW-Fahrers".

Das ist Effizienz und Wirtschaftlichkeit! Alles wird so lange verwendet bis es auseinanderfällt, sei es das Ladegut oder das „Transportmittel".

Unvermittelt steigt uns der verführerische Duft frischen Brotes in die Nase. Dem Geruch folgend finden wir eine Bäckerei, wo, wie anno dazumal, der Steinofen mit Holz befeuert wird. Davor stapeln sich die frischen und noch warmen Laibe Weißbrot althergebracht auf einem einfachen Holzbrett. Ich bin froh, dass es nur eine Brotsorte gibt, denn im Supermarkt zu

Hause habe ich immer die Qual der Wahl zwischen den verschiedensten Sorten. Jetzt haben wir nur eine Wahlmöglichkeit und brauchen uns somit nur einen Namen zu merken: „Bir ekmek lütfen", was „ein Brot bitte", heißen sollte.
Und schon reicht uns der Bäcker einen frischen Laib Brot herüber, während er seine Mundwinkel nach oben zieht. Es sind zwar erst ein paar Vokabeln, die wir bis jetzt sprechen, aber wir können uns verständlich machen! Ich finde es wichtig, sich in der Fremde auch über die Sprache zu integrieren, selbst wenn die Aussprache nicht fehlerfrei ist. Zu guter Letzt nimmt der freundliche Bäcker kein Geld an und schenkt uns den Laib! Wir verabschieden uns mit einem herzlichen „Merhaba" (Hallo), und ein paar Minuten später sitzen wir gemütlich im Garten vor dem Teehaus nebenan und lassen uns das Brot schmecken.
Die Schuhe und Socken haben wir ausgezogen, und wann immer dies möglich ist, wird auch das verschwitzte Hemd in die Sonne gelegt. Dazu „Su" (Wasser) und ein Cola, dies kennt ja ohnehin die ganze Welt. Zurzeit herrscht der islamische Fastenmonat Ramadan, „Ramazan" auf Türkisch, weswegen etliche Männer in diesen frühen Nachmittagsstunden die Zeit in und vor dem Teehaus verbringen. Mitunter verweilen sie Stunden bei einem Gläschen Tee, sonst nichts – auch kein Wasser – nur Ruhe, so wie jetzt. Bis unvermutet von der kleinen Moschee gegenüber die Stimme des Muezzins durch die Lautsprecher erklingt. Will er denn gar nicht aufhören, fragen wir uns, als er nach zehn Minuten noch immer nicht verstummt ist. Nun erheben sich ein paar der Männer, alsbald folgen die anderen und einen Augenblick später sitzen wir allein an einem der spartanischen Holztische. Erst jetzt entdecken wir den Sarg auf der anderen Seite des Dorfplatzes, zu dem die Dorfbewohner gemächlich hingehen.
Dies erklärt auch, warum so viele Menschen im Teehaus waren und der Ausrufer zum Gebet so beharrlich war: „Das Begräbnis eines Fünfzigjährigen aus dem Dorf. Er ist überraschend gestorben", teilt uns ein Teenager auf Englisch mit und blickt in die Richtung der Versammlung.
Es wird auch für uns langsam Zeit weiterzugehen. So schnüren wir uns die Schuhe, schultern die Rucksäcke und brechen auf. Am Ende des Dorfplatzes halten wir uns links und stoßen auf einen Feldweg, der nach Gelibolu führt.

Der Feldweg – meine Schuhe und ein letzter Blick zurück auf die Ägäis und Europa.

Es scheint, als seien wir von Wasser eingeschlossen, rechts ein Blick hinunter auf die Ägäis und nach Europa zurück, links auf das Marmarameer und Asien. Wir genießen die grandiose Aussicht und wandern auf dem Höhenrücken entlang, umgeben von Sonnenblumen- und Getreidefeldern. Aber die Idylle ist trügerisch, denn dieser Boden ist von vielen Kriegen blutgetränkt! Hier ist eine Schlüsselstelle zwischen Europa und Asien. Reste von Befestigungsanlagen und Bunker aus dem Zweiten Weltkrieg zeugen davon.

Reste der Befestigungsanlagen – drei Ozeandampfer am Marmarameer – Asien.

Am Morgen des 2. September 2010 „erzwingen" wir, wie einst auch Friedrich Barbarossa, in Gelibolu unsere Überfahrt, allerdings mit modernen Mitteln und kampflos: Indem wir schlicht und ergreifend den Tarif für die Fähre mit farbig bedrucktem Papier, auch Geld genannt, begleichen. Für den Dritten Kreuzzug standen mehr als 1.000 Schiffe zur Verfügung und es dauerte sieben Tage, bis alle Kreuzfahrer wohlbehalten übergesetzt waren. Wir legen bereits nach einer halben Stunde auf der anderen Seite der Ufers in Lapseki an und können es selber kaum fassen: Wir sind in Asien angekommen!

„Welch ein Moment, wir haben zu Fuß Asien erreichen dürfen! Darüber hinaus ist dies für Otto und mich ein ganz besonderer Augenblick, da wir nun auf unseren zwei Pilgerreisen den Kontinent Europa zu Fuß durchquert haben", schreibe ich in mein Tagebuch.

Wir folgen dem landwirtschaftlichen Fahrweg in der Nähe der Küste, der uns herrlich durch kleinere Dörfer und zahlreiche Gehöfte führt, bis er nach etwa zehn Kilometern in die Nationalstraße mündet. Bis Canakkale liegen noch 20 Kilometer vor uns, und daher entschließen wir uns, so zügig wie möglich durchzugehen. Der Asphalt ist durch die in Bruchform eingemischten Steine derart grobkörnig, dass nicht nur die Reifen der vorbeifahrenden Fahrzeuge ein lautes Abrollgeräusch verursachen, sondern wir sogar beim Gehen damit Mühe haben. Mit Sicherheit hat eine namhafte Reifenfirma den Belag gesponsert, denn der Gummiverschleiß ist

enorm. Und abgesehen von leichten Kratzspuren an unseren Schuhen, bekomme ich brennend heiße Fußsohlen. Jetzt weiß ich ein wenig, wie sich Otto immer fühlen muss, der ja seit Beginn unserer Reise seine Füße mit allen möglichen Mitteln zu kühlen versucht.
Nach einem „Autobahnhalbmarathon" treffen wir abends in der Stadt ein, wo sich mit einem Abstand von weniger als zwei Kilometer Entfernung von Uferseite zu Uferseite, die engste Stelle der Dardanellen befindet. In einem Park neben dem Hafen befindet sich ein Militärmuseum, in dem Kriegsrelikte und Schiffe aus dem Ersten Weltkrieg ausgestellt sind. Darunter finden wir das Wrack des deutschen U-Bootes UB-46, das laut einer Gedenktafel am 7. Dezember 1916 auf eine Mine lief und samt der Besatzung sank.
Außerdem entdecken wir in Canakkale auch die riesige Holzkonstruktion des berühmten Pferdes von Troja, genauer gesagt die Requisite des weltbekannten gleichnamigen Filmes mit Brad Pitt. Eigentlich hätten wir es im antiken Troja erwartet, das etwa 25 Kilometer entfernt liegt, und wo wir morgen hinkommen wollen. Zur Sicherheit machen wir ein Erinnerungsfoto, man weiß ja nie!

Auf dem Weg dahin bleiben wir in Intepe bei einem Rasthaus mit dem bezeichnenden Namen „Troia Park" für eine kurze Pause stehen, wo uns ein junger Kellner einen direkten Weg nach Troja verrät. Und zwar sollen wir in wenigen Kilometern an einer Kreuzung bei der Beschilderung Kumkale nach rechts abbiegen und später links über das Dorf Halileli nach Truva gehen.

Im Übrigen treffen wir stets auf unterschiedliche Schreibweisen, sodass wir zuerst etwas irritiert sind, aber ob Truva, Troia oder Troja, es sind damit die Überreste der antiken Stadt in der Landschaft von Troas gemeint.

Wir befolgen den Tipp des jungen Kellners und erreichen gegen 20 Uhr, bei Einbruch der Dunkelheit, das abgelegene Dorf Halileli. Als uns ein Mofafahrer entgegenkommt und neben uns anhält, stellt sich heraus, dass es der Junge ist, der uns gut zwei Stunden zuvor die Abkürzung beschrieben hatte. Er schiebt sein Zweirad neben uns her und führt uns zum elterlichen Bauernhof, wo er und seine Mutter einfach, um nicht zu sagen in ärmlichsten Verhältnissen leben. Wir fühlen uns, als wären wir in ein früheres Jahrhundert versetzt worden.

Inzwischen ist es Nacht geworden, und unser neugewonnener Freund Ömer „erlaubt" uns nicht weiterzugehen, sondern fährt uns mit dem Traktor die verbleibenden fünf Kilometer. Auf sein Gefährt sichtlich stolz und auch darauf, dass wir auf dem Kipper hocken und mitfahren, bringt er uns direkt in Nähe des Eingangs des „Troja-Nationalparks".
Wir revanchieren uns mit einem Bier in dem einzigen Gasthaus, das passenderweise auch ein „Motel" ist. Somit können wir nicht nur etwas zu Abend essen, sondern gleich auch unser Quartier beziehen.
Wir sitzen gemütlich mit Ömer und dem Sohn des Motels, Ömers Freund, bei lauen Temperaturen im Gastgarten und unterhalten uns über Religion und Politik. Ich bin erstaunt, wie weltoffen und informiert er ist. Im Gespräch lässt unser junger Freund durchblicken, dass er viel Zeit im Internet verbringt. Unser Gespräch ist auf Englisch und wir ziehen schließlich das Resümee, dass alle Menschen Brüder sind, es nur einen Gott gibt und in der Zukunft hoffentlich niemand mehr für eine Religion töten wird.
So hat auch unser „Hightech-Zeitalter" seine guten Seiten – Gott sei Dank –, denn durch die Informationen und Netzwerke im Internet sind die Menschen nicht mehr so desinformiert und daher auch für die Propaganda eines Regime nicht mehr so anfällig, bzw. können sie sogar Widerstand leisten.

Am Morgen treffen wir vor unserer Unterkunft, die zugleich auch der Souvenirladen für Touristen ist, einen Radfahrer aus Deutschland. Manfred hat, wie sich herausstellt, dasselbe Ziel wie wir. „Ich möchte mit dem Fahrrad nach Jerusalem fahren", teilt er uns mit – was für eine Fügung! Seine Route ist unserer sehr ähnlich. Er möchte, wenn alles klappt, Ende September/Anfang Oktober in Jerusalem ankommen. Wir tauschen die Adressen aus und wünschen uns gegenseitig einen guten Weg. Es ist eine kurze, aber herzliche Begegnung für uns alle!

Nun besichtigen wir das antike Terrain, wo die ältesten Siedlungen wahrscheinlich vor etwa 5.000 Jahren errichtet worden sind. Somit reicht die Geschichte bis in die frühe Bronzezeit und, nebenbei bemerkt, ist diese Stätte seit 12 Jahren UNESCO Weltkulturerbe – welch eine zeitliche Spanne!

Glanz und Reichtum erlangte die sagenumwobene Stadt Troja vor allem durch die Kontrolle des Zugangs zum Schwarzen Meer. Schiffe, die damals noch nicht gegen den Wind kreuzen konnten, mussten bei der Einfahrt in die Meeresenge auf günstige Bedingungen warten und Wegzoll bezahlen.

Es gibt zahlreiche Sagen über Troja und den Trojanischen Krieg, aber die bedeutendste und bekannteste ist die Ilias, das Epos des griechischen Dichters Homer. Nachdem die Griechen die stark befestigte Stadt erfolglos neun Jahre lang belagert hatten, griffen sie zu einer List. Sie bauten ein überdimensionales hölzernes Pferd, in dessen Inneren sich einige Griechen versteckten. Dieses Pferd stellten sie als Geschenk vor die Stadtmauer und zogen scheinbar mit ihren Schiffen ab. Die Trojaner brachten die Holzkonstruktion hinter ihre Stadtmauern. In der Nacht kletterten die griechischen Soldaten aus ihrem Versteck und öffneten das Stadttor für ihre Krieger, die inzwischen zurückgekehrt waren. Troja wurde blutig erobert, niedergebrannt und fast alle Bewohner fanden den Tod, auch der König, der vor dem Altar enthauptet worden sein soll.

Einer der griechischen Helden – neben Hektor und Odysseus – war Achilleus, der nur an seiner rechten Ferse verwundbar war. Auch er fand im Krieg den Tod. Er starb durch einen vergifteten Pfeil, mit dem er an der rechten Ferse getroffen wurde. Die Bezeichnung Achillessehne kommt übrigens von dieser Achillesferse.

Der „Trojanische Krieg" hat sich, sofern diesem Mythos nicht ohnehin mehr Dichtung als Wahrheit zu Grunde liegt, ungefähr im 12. Jh. v. Chr. ereignet. Auslöser dafür soll die Entführung der schönen Griechin Helena durch Paris, dem Sohn des trojanischen Königs Priamos gewesen sein, worauf die Griechen vereint gegen die Trojaner zogen, um sich zu rächen. Trotz des genialen Tricks mit dem Pferd, führe ich mir die Brutalität und die offenkundig niedrigen Motive dieses Krieges vor Augen. Neigen wir nicht dazu, etwas zu glorifizieren, was sich jedoch bei genauerer Betrachtung als Versinnbildlichung der seelischen Tiefen unseres Menschseins entpuppt?
Zumindest gibt mir dies den Anlass, darüber nachzudenken und führt unter uns drei zu einer angeregten Diskussion über Sinn oder Unsinn einer Kriegslist. Sind solche Helden denn keine Mörder?
Wie vermutet, treffen wir hier ebenfalls auf eine Nachbildung des hölzernen Pferdes. Es ist als Attraktion für die zahlreichen Touristen so verkitscht, dass ich mir ein Foto von diesem „Hottehü" erspare.

Mittags ziehen wir weiter, indem wir dem Schild zum Dorf Kalafat folgen, um anschließend in westlicher Richtung direkt das nahe gelegene Meer in Yeniköy anzusteuern. Die Abkürzung zu dem in zehn Kilometer Entfernung gelegenen Strand Papa Playa, der uns als besonders schön be-

schrieben wurde, stellt sich als zauberhaft heraus. Auf Feldwegen überqueren wir allerhand kleine Betonbrückchen, welche uns über die zahlreichen Bewässerungskanäle führen, und gehen an üppigen Tomaten-, Paprika- und Pfefferoniplantagen entlang.
Am Strand erwartet uns herrlicher Sand samt einer dezenten, einfachen Strandbar, sonst ist weit und breit keine Infrastruktur zu sehen. Bei näherer Betrachtung stellt sich heraus, dass es neben gekühlten Getränken sogar eine warme Küche gibt – welch eine Freude! Das Innere des Restaurants besteht aus einem einzigen dunklen hallenartigen Raum, wo neben einer Kochnische, einem Gefrierschrank, einer Glaskühlvitrine mit frischem Fisch und einem Minimarkt für Snacks sogar zwei Computer mit Internetanschluss vorzufinden sind. Offensichtich ist dies für die Jugend des abgeschiedenen Dorfes die Schnittstelle zur Außenwelt und auch für uns! Das trifft sich gut, denn so können wir den morgigen Ruhetag sowohl zum Regenerieren als auch zum Aktualisieren unserer Webseite nutzen.
Den Strand haben wir für uns allein, wir sind die einzigen Gäste, das ist optimal. Aber wo sollen wir schlafen? Jetzt hätten Otto und ich doch unser in Skopje per Post nach Hause geschicktes Zelt gebraucht, aber wir bleiben auf jeden Fall hier und schlafen eben im Freien. Während David versucht, dem Wind zum Trotz sein Zelt im Sand zu vertäuen, beschließen Otto und ich aus den herumliegenden Utensilien eine Notbehausung zu bauen.

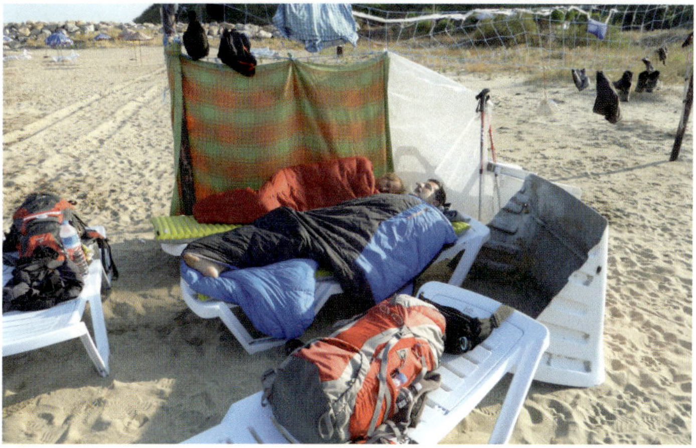

Es ist kaum zu glauben, was alles entlang der Küste zu entdecken sowie zu finden ist. Und weil „Not erfinderisch macht", steht nach einiger Zeit unsere selbstgebaute Behausung – Robinson Crusoe lässt grüßen.
Es ist der frühe Morgen des 5. September 2010, die Nacht war sehr windig und frisch. Während wir also vor dem Sonnenaufgang, begleitet vom Rauschen der Wellen, noch tief und fest schlafen, gesellt sich jemand völlig überraschend zu uns! Wir werden durch ihn wach und haben anfangs ehrlich gesagt etwas Angst, da er sehr verwildert aussieht und eindeutig nicht unsere Sprache spricht. Noch müde und unausgeschlafen nicken wir schließlich jedoch wieder ein.
Als uns aber der immer heftiger werdende Meereswind endgültig weckt, liegt der Unbekannte neben uns im Sand und streckt alle Viere von sich. Es gesellt sich auch sein Freund dazu, und beide positionieren sich nun vor dem Zelt von David, der anscheinend noch immer seelenruhig in seinem Tagebuch schreibt.

Rechts im Schatten der „Namenlose" und links „Blacky".

Die beiden Vierbeiner weichen den ganzen Tag nicht von unserer Seite und bringen uns nach einer gegenseitigen kurzen „Beschnupperungsphase" eine willkommene Abwechslung. Wir tollen herum und gehen sogar nackt schwimmen. (Die Fotos wurden vom Verlag leider zensuriert.)
Wir genießen das Bad im kühlen Nass und das Spielen mit unseren neugewonnenen Freunden und sitzen anschließend einige Stunden vor dem

PC, um die Fotos seit Kavala auszusortieren. In gut zwei Wochen ist Halbzeit und davon inspiriert, kommt mir der Gedanke, die noch verbleibenden Kilometer bis Jerusalem auszurechnen. Otto hilft mit und gibt mir die bisher gegangenen Kilometer an, während ich diese mittels Excel in ein Tabellenblatt tippe. Wir haben 2.000 Kilometer geschafft, womit noch etwa 2.500 Kilometer vor uns liegen.

Unser Ziel, Weihnachten in Bethlehem zu verbringen, scheint zwar erreichbar, aber äußert knapp. Wir haben zwar den selbstgesteckten Wochenschnitt von 180 beziehungsweise den Schnitt von 30 Kilometern täglich erreicht, sind aber ein Stück auf der Donau sowie über die Meerenge mit dem Schiff gefahren. Vor uns liegt jetzt nicht nur noch mehr als die Hälfte der Wegstrecke, sondern es liegen auch viele historisch hochinteressante Orte auf der Route, und wir werden dementsprechend Zeit für die Besichtigungen einplanen müssen. Und abgesehen davon, müssen wir auch noch das Taurusgebirge überschreiten.

Die Stimmung ist nach dieser Erkenntnis getrübt, und Otto und ich sind uns uneins über den weiteren Ablauf der Pilgerreise! Im Grunde genommen hat er voll und ganz recht, wenn er sagt: „Mir ist nur wichtig, überhaupt anzukommen und sei es zu Ostern 2011." Ich möchte aber die theoretische Möglichkeit, am Heiligen Abend in Bethlehem anzukommen, nicht außer Acht lassen und darf gar nicht daran denken, wie das Gefühl sein würde, einige Tage nach Weihnachten anzukommen.

Für mich steht fest, dass ich gesund, und wenn irgendwie möglich, eben zu Weihnachten ankommen möchte und werde daher dieses Ziel weiterhin verfolgen. Wir gehen zum Strand, um David vom Stand der Dinge zu erzählen. Er ist in diesem Punkt voll und ganz der Meinung, dass Weihnachten in Bethlehem etwas Besonderes und auch für ihn daher ein Ziel sei. Außerdem hätte seine Frau Margarethe telefonisch angekündigt, dass sie mit dem Enkel Luca nach Israel fliegen würde, um ihren "Vid" am 24. Dezember in Bethlehem zu empfangen.

Also halten wir an diesem Datum fest. Ob wir es schaffen, bleibt zu hoffen und offen, der Wunsch ist jedenfalls formuliert. Abschließend können wir nur sagen: „Schau ma moi, dann sehn ma scho", und bestellen uns aus Anlass des Zweitausender-Jubiläums ein gekühltes Efes. Neben Cay ist dieses Bier unser zweites Nationalgetränk in der Türkei. Serefe – Prost!

Wegen der unruhigen Nacht am Strand, entschließen wir uns, noch die etwa zehn Kilometer bis zum nächsten Ort zu gehen und brechen am frühen Abend, im wahrsten Sinne des Wortes, unsere Zelte ab. Es dämmert, als wir gegen 20 Uhr von der Küste hinauf zum Dorf Yeniköy gehen, um von dort über Geyikli nach Alexandria Troas zu gelangen.

Auf einmal schließt einer der beiden Hunde – der deutsche Schäferhund – im Sprinttempo pfeilschnell und mit viel Gebell auf und folgt uns, als seien wir seine „Herrchen". Wir versuchen, ihn zu verjagen – erfolglos, es gelingt nicht, er bleibt auf Schritt und Tritt bei uns. Wir mit der Taschenlampe, er mit seinem guten Instinkt ausgestattet, so wandern wir auf der schmalen Landstraße in die Dunkelheit hinein. Das Licht des Sternenhimmels lässt das Meer in der Ferne vage erkennen. Die Temperaturen sind jetzt erträglich. Gut, dass wir in der Nacht noch ein paar Stunden gehen, so können wir morgen bei der Hitze mehr pausieren, und ich kann überdies die romantische Stimmung der Nacht genießen.

Plötzlich beginnt unser vierbeiniger Begleiter laut zu bellen, und wir vernehmen seltsame Geräusche aus dem Gebüsch! Wir bleiben wie angewurzelt stehen. Da springt aus dem Busch – Gott sei Dank – nur ein verirrtes Schaf! Unser Herz klopft uns bis zum Hals und unser Puls rast, auch der junge Hund hat sich erschrocken. Ja, er ist eine gute Alarmanlage, und wir sind nun froh, dass es uns nicht gelungen ist, ihn vorhin zu verjagen.

Im Stockdunkeln erreichen wir nach zehn Kilometern einen Weiler namens Üvecik, wo wir uns rechts nach Geyikli halten und dann die Gelegenheit nutzen, um mit einem Bewohner des Dorfes zu einer Unterkunft mitzufahren. Wir müssen deshalb unseren Freund zurücklassen, aber er würde ohnehin wieder zurück zum Strand finden, trösten wir uns selber. Ein Blick retour durch die Heckscheibe des Wagens und schon verschwindet er in der Nacht. Was für ein ereignisreicher Tag! Um Mitternacht sind wir in einem Zimmer mit Dusche, kein Wind pfeift uns um die Ohren und folglich wird uns auch kein Sand ins Gesicht geblasen. Das schönste auf der Welt ist und bleibt ein Bett mit einer guten Matratze, das steht fest – Gute Nacht!

Dass wir „hartnäckig" sind, um es schön zu formulieren, und unserem Grundsatz, die gesamte Strecke nach Jerusalem zu Fuß zurückzulegen, treu bleiben wollen, ist ja kein Geheimnis mehr. So suchen wir am Morgen einen öffentlichen Bus, mit dem wir wieder zurück zum Weiler von gestern fahren. Es gibt uns einfach ein besseres Gefühl, wenn wir ehrlich zu uns selber sind und versuchen, tatsächlich alles zu Fuß zu gehen. Davon abgesehen, haben wir uns einstimmig auf drei Ausnahmen geeinigt. Erstens: das Schiff als ein althergebrachtes Fortbewegungsmittel der Pilger. Zweitens: ein Traktor als langsames und abenteuerliches Transportmittel. Drittens: mit dem Autobus in größeren Städten, um nicht stundenlang umherzuirren oder, wie es schon passierte, sich zu verlieren und sich dann nur mit Mühe und viel Zeit wiederzufinden.

So steigen wir also dort aus, wo wir nachts eingestiegen sind, schultern die Rucksäcke und gehen los. Es dauert keine zwei Minuten als von einem Gehöft eine Meute von Hunden auf uns zu rast und den Weg versperrt. Kaum zu glauben, wer uns da mit seinem Gebell in vorderster Reihe begrüßt.
Ja, es ist der deutsche Schäferhund von gestern! Er blickt noch einmal kurz zurück zu seinen neu gewonnenen „Hundefreunden", und schon ist er mit uns wieder auf dem Weg. Wir können es nicht fassen, er hat doch tatsächlich auf uns gewartet. Es sieht so aus, als sei er ebenso hartnäckig oder „verrückt", wie wir es sind. Der Streuner wird sang und klanglos in die Gruppe aufgenommen und von uns, wegen der schwarzgefleckten Fellzeichnung auf „BLACKY" getauft – ab jetzt pilgern wir zu VIERT!

Also Blacky – willkommen auf dem Weg nach Jerusalem!

Wegen des „Zuviels an Auslauf" in Verbindung mit der immer noch anhaltenden Hitze, ist er ebenso geschlaucht wie wir und kommt zuweilen sogar mit dem Kühlen seines Körpers nicht mehr ganz zurande. Manchmal hechelt er so laut und stark, dass wir ein schlechtes Gewissen bekommen und ihm zusätzlich zum verabreichten Wasser auch etwas davon über seinen Kopf laufen lassen. Sein Glück ist, dass David tagsüber auffallend wenig Flüssigkeit trinkt, weshalb Blacky am meisten von ihm bekommt.

Wie lange wird er wohl bei uns bleiben? Wir werden sehen, zweifellos ist er eine unverhoffte Abwechslung auf der Strecke zu unserem nächsten Ziel, dem südwestlich gelegenen Alexandria Troas an der Ägäis. Die Stadtgründung geht auf das Jahr 310 v. Chr. zurück.

Es gestaltet sich schwieriger als angenommen, diese ehemalige Metropole ausfindig zu machen. Wir entdecken weder Hinweisschilder noch werden wir in unserer Landkarte oder in Google-Maps fündig. Schließlich geben uns Männer aus Dalyan, die wir im Gastgarten eines Fischerlokales antreffen, die Auskunft, dass Alexandria Troas nur unweit dieses Ortes liege. Dort angekommen bestätigt sich der Verdacht, dass diese historische Stätte noch nicht wirklich touristisch erschlossen zu sein scheint.
Die antike Stadt, genaugenommen die Überreste davon, ist etwa zwei Kilometer südöstlich des abgelegenen Hafenortes Dalyan, auf einem nach Westen zum Meer hin fallenden Hochplateau situiert. Alexandria Troas hatte wegen der ausgezeichneten Lage und des geschützten Hafens alsbald nach dessen Zerstörung die Rolle von Troja übernommen und wurde eine Metropole am Hellespont. Wirtschaftliche Grundlagen waren unter anderem Salzquellen, Landwirtschaft und Hafengebühren. Es wurde eine gewaltige Stadtmauer mit einer Länge von acht Kilometern(!) und zahlrei-

chen Türmen und Toren errichtet, umgeben war die Stadt am anderen Ende von einer kolossalen kilometerlangen Prachtstraße aus Granit, wovon de facto ebenso wenig erhalten ist, wie von der gesamten Anlage selbst.

Ein einheimischer Archäologe, welcher als „Aufseher" fungiert, führt uns umher und erzählt uns auf Englisch einiges über die ehemalige Hafenstadt. Sie erlebte ihre Blütezeit unter den Römern und war ein so bedeutendes Handelszentrum, dass bereits Julius Cäsar (100 bis 44 v. Chr.) und später Kaiser Konstantin der Große (274 bis 337 n.Chr.) erwogen haben, sie zur Hauptstadt des römischen Imperiums zu erheben.
Kaiser Konstantin entschied sich schlussendlich für Byzanz als Hauptstadt des römischen Reiches, dem später nach ihm benannten Konstantinopel. Dies ist das heutige Istanbul, das mit einer Einwohnerzahl von über 15 Millionen die bevölkerungsreichste türkische Stadt ist. Auch erzählt unser Führer, dass damals nach dem Verfall der Stadt, die Prachtstraße über Auftrag des Vatikans abgetragen und nach Rom verschifft worden sein soll. Ob dies stimmt, können wir nicht überprüfen, aber es scheint naheliegend, da von den massiven Granitblöcken fast nichts mehr übrig geblieben ist. Vielleicht spazieren wir beim nächsten Italienurlaub ohne es

zu wissen gar über die antike Straße von Troas? So ist eben der Lauf der Zeit.

Durch den allmählichen Aufschwung Konstantinopels verlor die Stadt aber an Bedeutung, zu welcher Zeit die Stadt gänzlich aufgegeben wurde, ist bis dato nicht belegt. Jedenfalls soll zusätzlich zu mehreren schweren Erdbeben in dieser Region auch die im Jahr 267 n. Chr. erfolgte Plünderung durch die Goten, einem Germanenvolk, ihre Spuren hinterlassen haben.

Paulus war zweimal hier, wobei er die Vision hatte, nach Mazedonien, somit nach Europa überzusetzen, um dort das Christentum zu verkünden (Apg 16,9–10). Wie bereits erwähnt, segelte Paulus mit seinen Begleitern von Alexandria Troas über die Insel Samothraki nach Neapolis/Kavala, von wo sie landeinwärts nach Philippi zogen, um zu predigen. Außerdem soll neben Silas und Timotheus nun auch Lukas mit im Bunde gewesen sein, der erst ab Troas zu den dreien gestoßen war. Sie waren also zu viert, wie es ja auch wir seit einigen Tagen mit unserem Blacky sind.

Ein Hund und drei Männer erleben ein wahres Pilgerabenteuer auf der Suche nach den Paulusspuren auf dem Römerweg von Troas nach Assos, so wäre die treffende Überleitung.

Unweit von Alexandria Troas halten wir uns bei der T-Kreuzung rechts, um der Landstraße entlang des Küstenverlaufes folgen zu können. Der Weg ist schön und abgeschieden und gibt immer wieder Blicke auf das nahe gelegene Meer frei. Nach 15 Kilometern treffen wir auf eine Ortschaft mit dem für uns nahezu unaussprechlichen Namen Tavakliiskelesi. Hier entdecken wir nicht nur einen kleinen Markt zum Bevorraten und Befüllen unserer Rucksäcke, sondern auch ein neu errichtetes Strandrestaurant, wo wir uns ein verspätetes Frühstück gönnen.

Auch Blacky kommt nicht zu kurz, für ihn fällt neben Wurst und Weißbrot auch eine kühle Dusche mit dem Gartenschlauch ab. So sitzen wir alle gut versorgt im Gastgarten und kommen mit der Chefin über unsere Pilgerreise ins Gespräch. Sie ist sehr interessiert, und so zeige ich ihr auf ihrem Privatcomputer neben der Küche einige Fotos von unserer Webseite, die sie gespannt verfolgt. Die Gunst des Augenblicks nutzend frage ich, ob ich noch kurz den weiteren Wegverlauf auf Satellitenkarten im Internet überprüfen darf.

Da Paulus nicht mit dem Schiff nach Assos fuhr, sondern die damalige Römerstraße benutzte, und diese sicher nicht im Umweg entlang der Küste verlief, wollte ich herausfinden, wo sie verlaufen sein könnte. Beim Recherchieren stoße ich tatsächlich auf eine mögliche Route, zwar über die Bergdörfer anstelle wie geplant der Küste entlang, dafür jedoch kürzer. Außerdem würden wir da möglicherweise auch die Reste dieser Römerstraße entdecken.

„Wir gingen voraus zum Schiff und fuhren nach Assos, wo wir Paulus an Bord nehmen sollten; so hatte er es angeordnet, weil er selbst zu Fuß gehen wollte. Als er in Assos zu uns stieß, nahmen wir ihn an Bord ..." (Apg 20,13–14)

David und Otto schließen sich dem Vorschlag nach kurzem Überlegen an und sind ebenfalls begeistert davon, nur unser Blacky weiß noch nichts von dem bevorstehenden Abenteuer. So brechen wir auf! Unmittelbar vor dem Anstieg machen wir in Kösedere, fernab jedem Touristen, noch einen kurzen Zwischenstopp in einem Teehaus.

Bei dieser Pause vernehmen wir wieder einmal den Ruf des Muezzins zum Gebet. Der Zustrom zur Moschee hält sich allerdings in Grenzen. Wortlaut und Ablauf des Gebetsrufes ist übrigens genau festgelegt und stellt sich wie folgt dar: „Allah (Gott) ist groß; ich bezeuge, dass es keine Gottheit gibt außer Gott; ich bezeuge, dass Mohammed Gottes Gesandter ist; eilt zum Gebet; eilt zur Seligkeit dem Heil/Erfolg; eilt zum besten Werk; das Gebet ist besser als Schlaf; Gott ist groß; es gibt keine Gottheit außer Gott."

Wir sind durch viele Dörfer gekommen und haben viele Male den Ruf zum Gebet gehört und festgestellt, dass dem Ruf des „Murzl", wie wir ihn inzwischen liebevoll abkürzen, offenbar nur wenige Menschen folgen. Hierbei können wir Parallelitäten zum Christentum entdecken, wo die Glocken zum Gebet läuten und auch immer weniger Menschen in die Kirche kommen. Es scheint fast so, als hätten die beiden großen Weltreligionen, das Christentum und der Islam, ähnliche Probleme zu bewältigen.

Wie auch immer, mit einem Glas Cay in der Hand lächeln wir in die Runde der anwesenden Männer, die sich über die fremden Gesichter ebenso freuen wie wir. Der halbe Ort versammelt sich und wird bildlich verewigt, nur die Frauen fehlen.

Ihnen ist es nicht gestattet, in öffentlichen Lokalitäten zu verkehren, weswegen sie sich privat in den Häusern zum Tratsch treffen.

Überhaupt sind Frauen in abgelegenen Dörfern, außer beim Einkauf oder beim Verrichten von Arbeiten, selten anzutreffen, dafür laufen uns lächelnd und lärmend immer die Kinder entgegen und dann und wann auch nach, um etwas zu „erbetteln". Wenn wir ihnen nichts geben, sind sie enttäuscht oder werfen sogar mit Steinen nach uns, und wenn sie etwas bekommen, wollen sie immer mehr. So haben wir keine Patentlösung, wie wir in diesen Situationen reagieren und entscheiden je nach Gefühl.

Wie auch immer. Wieder dürfen wir eine besonders nette Begegnung erleben und erzählen dabei auf Englisch ein wenig von unserem Vorhaben, während ein Einheimischer auf Türkisch übersetzt.

Ausnahmslos erleben wir stets die gleichen unglaubwürdigen Reaktionen und Blicke, so auch jetzt. Wenn wir gelegentlich noch zusätzlich auf unserer Landkarte den geplanten Wegverlauf zeigen, wird jedes Mal verständnisvoll genickt. Aber wenn wir kurz erwähnen, dass unser nächstes größeres Ziel auf dem Weg beispielsweise die 300 Kilometer entfernte Stadt Izmir sei, bekommen wir einhellig als Antwort: „Izmir ist viel zu weit weg und unmöglich zu Fuß zu erreichen!".

Und wenn wir uns nach dem Verabschieden die Rucksäcke wieder umhängen, werden wir häufig noch gestikulierend gefragt: „Wo sind nun euer Auto oder die Fahrräder?" So haben wir uns angewöhnt, als Ziel meist einfach die Stadt Jerusalem anzugeben, dies erspart lange Erklärungen, und wir ernten darauf ein zustimmendes und freundliches Nicken.

So relativ scheint alles zu sein. Als sei Jerusalem eh gar nicht mehr so weit weg, obwohl es von hier noch immerhin etwa 2.400 Kilometer entfernt liegt, weswegen ich mich wieder einmal an den Spruch des Nachbarn erinnere: „Bis Grein is eh leicht, oba dann ziagt sich da Weg."

Am Ende des Dorfes holt uns einer der Männer vom Dorfplatz mit dem Motorrad ein und überreicht uns voll Freude einen Plastiksack, in dem sich frisches Fladenbrot, Schafskäse und Ziegenwurst befinden. Unglaublich! Wir bedanken uns und werden bei der nächsten Pause die unverhoffte Mahlzeit gemeinsam verzehren – auch Blacky wird seine Ration abbekommen.

Nun beginnt die „Bergetappe", der Weg führt nach links sehr steil verlaufend auf einen Höhenrücken zu, bis wir später nur mehr einer Sandstraße in die vor uns liegende Bergsiedlung Kestanelik folgen.

Beim Dorf angekommen, sehen wir ein paar Bewohner vor ihren ärmlichen Behausungen auf dem Boden sitzen, dazwischen laufen verschiedene Haustiere frei herum. Im Hintergrund ist eine unscheinbare Moschee zu sehen. Also, hier war noch nie ein Fremder, sagen wir einhellig. Bevor wir aber in die Siedlung hineinkommen, führt uns aber schon eine Schotterstraße steil abfallend rechts in das Tal hinunter und entlang eines Baches wieder bergan. Etwas später entdecken wir einen geeigneten und idyllischen Platz zum Verzehr unserer Jause, bevor der weiche Käse in der Hitze noch mehr auszudünsten beginnt und ungenießbar wird. David kann sich Blacky fast nicht erwehren, der schon längst die Witterung des Plastiksackerlinhalts aufgenommen hat. Nur Otto mag prinzipiell keine Milchprodukte, so bekommt eben unser Vierbeiner seine Ration ab.

Kurz danach wandern wir durch ein ebenso armes, wie entlegenes Dorf. Otto fotografiert einen Mann, der vor seiner Behausung steht und den Gehstock zum Gruß hebt.

Wir entdecken sogar eine Parabolantenne – auf dem Foto zwischen der linken Hand und dem Kopf erkennbar – also Satellitenfernsehen in der Einschicht.
Warum dieses schmale Sträßchen asphaltiert ist, erklärt sich wenig später von selbst, aber wir hätten in dieser verlassenen Gegend absolut nicht damit gerechnet. Denn wir passieren einen links in den Schutz der Berge eingebetteten „geheimen" Militärstützpunkt, in dem sich ein Raketenlager samt Abschussrampe zu befinden scheint. Die Wachsoldaten mit ihren Maschinengewehren rufen uns „no photo" zu, und wir ziehen weiter. Es geht bergauf, bis wir den Pass auf 672 Meter über dem Meeresspiegel erreichen und körperlich geschafft sind.
Ein atemberaubender Ausblick bis an den Horizont bietet sich, in der Ferne glitzert das Meer, gesäumt von Pinienwäldern und anderen Nadelbäumen. Unsere Mühen wurden mehr als belohnt! Wir können aber nur wenige Minuten verweilen, denn es ist schon nach 19 Uhr. Langsam bricht die Dunkelheit herein und wir sehen noch nichts von Tamis. Hoffentlich schaffen wir es bis zu dem Ort, bevor es stockfinster wird, und die Gefahr besteht, dass wir die Orientierung verlieren. So gehen wir im schnellen Schritt vom Pass hinunter und hoffen, nach jeder Kurve oder Kuppel doch endlich Lichter einer Siedlung zu erkennen.
Nach 38 Tageskilometern und zahlreichen Höhenmetern bei Temperaturen wie zu Hause im Hochsommer, vernehmen sich wir in der Einsamkeit der Bergstraße nähernde Motorengeräusche. Wir drehen uns um und sehen Scheinwerferlichter. Es ist jetzt fast dunkel und so versuchen wir, dieses Fahrzeug zu stoppen. Es gelingt! Der PKW-Lenker, ein englischsprechender Lehrer, hält tatsächlich an und nimmt uns mit. Wir können unser Glück kaum fassen, als wir im Fahrgastraum des türkischen Fiats und Blacky im engen Kofferraum neben dem Reserverad Platz nehmen.
So fahren wir mit der unverhofften Mitfahrgelegenheit zum nahen Bergdorf Kulfal, und was wir dort erleben, ist wahrlich ein Geschenk! Der Lehrer ist gerade von der Schule auf dem Weg nach Hause und fährt zum allabendlichen gemeinsamen Ramadan-Fastenessen, wozu er uns spontan einlädt. Während der Fahrt erzählt er, dass in diesem Jahr die Fastenzeit exakt 29 Tage dauert, und es verboten ist, zwischen Sonnenauf- und -untergang etwas zu essen oder zu trinken, auch kein Wasser!

Im Dorf angekommen hält er bei einem der Häuser und bald darauf schon sitzen wir inmitten einer Männerrunde zu Tisch und fühlen uns mehr als willkommen! Die Gastfreundschaft der Türken ist unübertrefflich. Es wird reichlich aufgetischt, und auch Blacky hat ein unverhofftes Festfressen.

Gegen 21 Uhr steht plötzlich einer der Männer auf, geht zur angebauten Moschee und öffnet die seitliche Zugangstür zum Minarett. Mithilfe eines alten simplen Verstärkers, der behelfsmäßig mit einer Autobatterie betrieben wird, ruft der junge Mann durch ein Mikrofon zum Gebet: Seine Stimme hallt unüberhörbar durch die Nacht! Verstärkt wird der Schall durch die vielen im Umkreis des Dorfes an allen erdenklichen Stellen montierten Lautsprecher.

So haben wir es schon erlebt, dass irgendwo auf dem Weg plötzlich der Ruf des Muezzins erklang, obwohl von einem Gebetshaus weit und breit nichts zu sehen war. Wir waren verwundert, bis wir zum Beispiel an einer Straßenlaterne einen Lautsprecher entdeckten. Gut organisiert!

Der Muezzin wird abwechselnd von verschiedenen Männern aus dem Dorf gestellt, denn der Imam, der islamische Vorbeter, ist hier oben nur selten zugegen, wird uns erklärt.

Danach sitzen wir noch eine Weile im Freien beisammen und tauschen Gedanken über Gott und Religionen aus – ein verbindendes Gespräch zwischen Menschen und Brüdern, so würde ich es auf den Punkt bringen. Zum Abschluss gibt es ein gemeinsames Foto samt dem Bürgermeister der 200 Seelen zählenden Gemeinde und anschließend bringt uns unser „Taxi" noch hinunter nach Behramkale, dem antiken Assos. In einer der zahlreichen Beherbergungsbetriebe finden wir leicht eine günstige Unterkunft und legen uns müde, aber sehr glücklich in die Betten. Kurz lasse ich den erlebnisreichen Tag im Geiste Revue passieren und schon schlafe ich ein.

Eigentlich erübrigt es sich anzumerken, dass wir tags darauf wieder mit einem Fahrzeug dorthin zurückkehren, von wo wir in der Nacht gestoppt hatten, um unseren Weg fortzusetzen. Auch für Blacky gibt es in Anlehnung an das Sprichwort keine Ausnahme: „Mitgegangen, mitgefangen, mitgehangen" und weiter geht die Suche nach dem alten Römerweg.

Sowohl der einheimische Taxifahrer als auch die Männer im Bergdorf Tamis geben zu verstehen, dass außer der schmalen Asphaltstraße kein Weg direkt über das unter uns liegende Tal nach Korubasi führen würde. Auf meiner GPS-Karte ist jedoch ein Pfad eingetragen, und so irren wir den Auskünften zum Trotz auf Schaf- und Rinderpfaden umher und geben die Suche nicht auf.

Und tatsächlich stoßen wir irgendwann auf einen ins Flusstal führenden Pfad und werden für unsere Beständigkeit reich entschädigt! Unvermutet schreiten wir plötzlich auf den Resten der 2.000 Jahre alten Römerstraße, die sich uns kurz vor dem Erreichen des Tales erschließt. Wir können es kaum fassen, hier war mit Sicherheit Paulus zu Fuß unterwegs und in den letzten Jahrzehnten außer Hirten wohl kein Mensch mehr. Dieser Weg ist für uns eine große Belohnung, wir halten inne, führen uns die Zeit von damals vor Augen und die alten Steine vor die Kameralinse. Was diese wohl an Geschichten zu erzählen hätten?

Im Tal angekommen stehen wir vor einem kleinen Fluss, nicht nur die Römerstraße, sondern auch der Pfad, der uns hierher führte, ist abrupt zu Ende. Also, die ganze Strecke zurück hinauf zum Dorf werden wir nicht gehen, darüber sind wir uns einig. Wegen der Hitze beschließen wir, im vor uns liegenden natürlichen Staubereich dieser idyllischen und menschenleeren Gegend, uns ein Bad zu genehmigen. Auch Blacky hat sichtlich seine Freude im Wasser, kein Wunder haben wir ihn doch am Meer kennengelernt.

In der Hoffnung, eine Brücke oder zumindest eine geeignete Stelle zum Übersetzen zu finden, folgen wir nun schon seit einer Stunde dem Flussverlauf, können aber nichts Geeignetes erkennen. Allzu viel Zeit haben wir nicht mehr für diese Suche, immerhin wollen wir heute noch Assos erreichen. Langsam kommt Ratlosigkeit und etwas Verzweiflung auf und die Frage, ob wir nicht doch wieder zurück zum Dorf gehen sollten?
Und plötzlich geschieht ein Wunder – zumindest kommt es mir in diesem Augenblick so vor! Denn als wir uns schon zur Umkehr entschlossen haben, bemerkt uns ein Rinderhirte, der uns von der anderen Uferseite laut zuruft. Also, wenn da drüben ein Hirte ist, sollte es zumindest einen Pfad für die Tiere geben, der hinauf nach Korubasi führt – Gott sei Dank müssen wir nicht wieder alles retour gehen.
Der Hirte zeigt uns eine seichte Stelle, und so waten wir mit den Schuhen in der Hand durchs Wasser auf die andere Flussseite. Nahezu unglaublich, wie sich im letzten Moment immer wieder alles wunderbar zusammenfügt. Seinen Erklärungen können wir entnehmen, dass er hier wochentags mit seinen Tieren in der Wildnis lebt und nur am Wochenende hinauf ins Dorf kommt. Er beschreibt uns den Weg, verabschiedet sich freundlich und winkt uns nach, während er vor seiner Baumbehausung steht. Ein unvergesslicher Moment für uns!

Wir antworten wie meist mit „Güle Güle", was auf Deutsch in etwa „auf Wiedersehen" beziehungsweise „Tschüss" heißt und schreiten frohgestimmt bergan.

So erreichen wir am späten Nachmittag das besagte Bergdorf und unmittelbar darauf wieder den Römerweg, der hier sogar ausgesprochen gut erhalten ist und eine kurze Strecke parallel unterhalb der Asphaltstraße verläuft. Nun können wir bereits in der Ferne Assos erkennen. Welch ein Gefühl mag wohl Paulus gehabt haben, als er an dieser Stelle auf seiner dritten Missionsreise ebenfalls die antike Stadt in der Ferne sah?

Links im Hintergrund ist die Akropolis, der Burgberg von Assos zu sehen.

Ich kann mich nur aus ganzem Herzen bedanken, dass wir hierher zu Fuß gekommen sind und dies alles erleben dürfen.

Die antike Stadt Assos liegt auf einem Vulkankegel und erwartet uns mit einem atemberaubenden Ausblick auf das Meer und die gegenüberliegende Insel Lesbos, untermalt vom nun einsetzenden Sonnenuntergang.

Die Gründung der Stadt geht auf das siebte Jahrhundert v. Chr. zurück. 348 bis 345 v. Chr. lebte und lehrte der griechische Philosoph Aristoteles in Assos.
Unter anderem legen die prächtige Stadtbefestigung, der Tempel der Göttin Athena, das imposante Theater mit Blick in Richtung Hafen bzw. ihre Ruinen Zeugnisse der bedeutenden Vergangenheit ab. Der Athenatempel soll darüber hinaus der einzige Kleinasiens sein, der in dorischer Säulenanordnung gebaut wurde.
Wegen der ausgesprochen schönen Lage zählt die Besichtigung der Ruinen dieser mehrfach zerstörten Stadt zu den imposantesten Höhepunkten unseres Weges durch die Türkei.
Unterhalb des Burgberges, direkt am Fuß der Akropolis des antiken Assos, liegt malerisch der in Behramkale umbenannte Hafenort.

Die kilometerlange Stadtmauer war mit zwei Haupttoren und zahlreichen Türmen versehen.

Somit sind wir am Ende der gebirgigen Troas-Halbinsel angekommen, und allein was wir hier in den letzten Tagen erlebt haben, wäre schon die ganze Pilgerreise wert gewesen.

Der Abschied von unserem Schäferhund und Freund steht bevor! Blacky fühlt sich sichtlich wohl bei den reichlichen Fischabfällen im Hafen und außerdem würde der Eigentümer eines Restaurants ihn gerne bei sich aufnehmen. „Über die Grenze nach Syrien können wir ihn sowieso nicht mitnehmen, besser, wir lassen ihn hier, wo es ihm gut geht", versuchen wir unser Gewissen zu beruhigen und uns zu trösten. Obendrein werden wir bald mit einem kleinen Fischerboot auf die andere Seite der Bucht übersetzen, und Blacky scheint Angst vor der kleinen schaukelnden „Nussschale" zu haben. So stehen wir drei traurig und gerührt auf dem Deck des Bootes und unser Freund an der Kaimauer. Wir blicken uns gegenseitig in die Augen, und wegen des Niveauunterschiedes sind wir sogar fast auf gleicher Augenhöhe – neben Blacky steht sein neues Herrchen. So legen wir ab, fahren langsam rückwärts, um zu wenden und denken an die schöne und ereignisreiche Zeit mit ihm zurück. Wie schnell sind doch die letzten Tage vergangen …
Da springt Blacky plötzlich in einem Satz über die Mauer ins Meer und schwimmt uns nach. Kommando halt und retour! Nach mehreren Versuchen gelingt es uns, den nassen und schweren Vierbeiner über die Reling ins Boot zu hieven.

Mit lautem Bellen tut er seine Freude kund und schüttelt seinen ganzen Hundekörper derart durch, dass auch wir nass sind. Welch ein Glücksgefühl für uns alle. Also Blacky – willkommen auf der ersten Bootsfahrt in deinem Hundeleben! Schön, dass du wieder bei uns bist.

Vielleicht ist er gar der erste Hund, der auf vier Pfoten die Türkei durchquert? Mag sein, dass es verrückt klingt, aber wir haben ihn sehr lieb gewonnen und möchten ihn nicht missen. Während der Fahrt versucht er ab und an einer Möwe nachzujagen und beginnt dabei nervös zwischen Back- und Steuerbord herumzulaufen. Dies wiederholt sich einige Male, bis er nach etlichen Fehlversuchen endlich seine Chancenlosigkeit einsieht. So erreichen wir vier bei Sonnenuntergang den gegenüberliegenden Hafen von Ayvalik.

Wegen Bairam, dem Fest des Fastenbrechens am Ende des Ramadans, herrscht zurzeit ausgelassene Stimmung im ganzen Land, weswegen wir in der Stadt nur mit Mühe und Not eine Unterkunft bekommen.

Die Nacht war etwas zu kurz und zu laut, deshalb gehen wir eher unausgeschlafen die Nationalstraße D550 entlang bis nach Dikili und später über Esentepe zum Bade- und Tourismusort Candarli an der Ägäisküste. Wir wollen am morgigen Ruhetag nicht nur die Tagebücher nachtragen und die Webseite aktualisieren, sondern haben hoffentlich auch Gelegenheit, das Meer zu genießen. Die vergangene Woche war nicht nur sehr erlebnisreich, sondern auch sehr anstrengend. Außerdem sind die Temperaturen noch immer bei fast 35 Grad Celsius. Die Regenerationspause ist wichtig, um nicht zu sagen notwendig und dementsprechend freuen wir uns darauf.
Bei einer Pause am Weg erhalte ich auf dem Handy eine Kurznachricht eines Arbeitskollegen, und noch bevor ich diese öffne, sage ich spaßeshalber zu Otto: „Hey, Otto, schau mal, unsere Kollegen haben uns anscheinend noch immer nicht vergessen." Doch dann. welch ein Schock! Wir erhalten soeben die zweite Todesnachricht auf dem Weg. Ein Kollege ist gestern, am Freitag, dem 10. September 2010, durch einen Herzinfarkt aus dem Leben gerissen worden. Wir sitzen sprachlos da und starren auf das Telefon, während es mir eiskalt über den Rücken läuft. Es ist der zweite Kollege mit gut 40 Jahren, der seit unserem Aufbruch in der Heimat gestorben ist. Wir sind zwar etwas angeschlagen, denn die Strapazen haben ihre Spuren hinterlassen, umgangssprachlich würde ich es als ein wenig „fußmarod" bezeichnen, aber was ist dies schon im Gegensatz zu der schrecklichen Nachricht?! Wir denken über das Leben nach und darüber, dass es immer wieder heißt, Abschied zu nehmen.
Der österreichische Schriftsteller Hans Sterneder vergleicht das Leben in seinem Hymnus „Der Sang des Ewigen" mit den Jahreszeiten. So wie Frühling, Sommer, Herbst und Winter zeitlos Hand in Hand gehen, ist auch die Natur und unser Leben durchzogen vom ewigen Kommen, Werden, Sein und Gehen. Es ist ein fortwährendes Abschiednehmen, um dadurch wieder neu „geboren" werden zu können.
In wenigen Tagen werden wir Izmir, das antike Smyrna, erreichen, wo es bis heute noch eine Handvoll katholischer Kirchen gibt. Dort werden wir im Gedenken an ihn ein Gebet sprechen und eine Kerze anzünden. Hoffentlich werden wir selbst noch lange auf unserem Lebens- und jetzigen Pilgerweg dahinschreiten dürfen …

Mit diesen Gedanken kommen wir in Candarli an und finden schnell eine günstige und saubere Pension direkt am Strand des eher kleinen Ortes mit seiner ruhigen und romantischen Bucht. Es ist erst früher Nachmittag und wir entschließen uns kurzerhand, einen Ausflug in das nahe gelegene Bergama, zur berühmten und bedeutsamen Stadt Pergamon, zu unternehmen.
Die ehemals griechische, später römische Metropole war einst eines der bedeutendsten Kulturzentren des Hellenismus. Sie erstreckte sich über den tafelbergförmigen Burgberg (Akropolis) und dessen Hänge. An seinem Fuß befand der größte antike Einzelbau der Stadt, der wegen seiner gewaltigen Ausmaße zu einem der mächtigsten Bauwerke Kleinasiens gerechnet wird. Heute sind nur der zum Teil freigelegte Ostteil sowie das monumentale Hauptgebäude der sogenannten „Roten Halle" zu sehen. Dieses hat eine Grundfläche von 60 x 26 Meter, ist 19 Meter hoch und besteht aus roten Backsteinziegeln, die einst mit Marmor verkleidet waren.

Ursprünglich diente dieses Gebäude als Kultstätte für ägyptische Gottheiten, in byzantinischer Zeit wurde eine Basilika eingebaut. Der Rest des Komplexes ist unter den Häusern der heutigen Stadt Bergama zu finden, weshalb dieser bisher nicht freigelegt werden konnte.
Die Besiedelungen auf dem 335 Meter hohen Hügel gehen auf das 8. Jh. v. Chr. zurück. Heute kann man beispielsweise noch die Säulenreste des oben thronenden Trajan-Tempels besichtigen, die Ruinen des Tempels der

Göttin Athena sowie das Fundament des weltberühmten Zeus-Altares. Dieser aus dem 2. Jh. v. Chr. stammende Pergamonaltar wurde gegen Ende des 19. Jh.s im Zuge von Ausgrabungen nach Berlin verschifft und ist bis heute dort zu besichtigen.

Blick von der Roten Halle auf Ruinen der Akropolis.

Von der einst zweitgrößten Bibliothek der Antike, welche 200.000 Schriften beherbergt haben soll und den Namen des Pergamentpapieres prägte, ist nicht viel übrig geblieben. Pergament wurde aus gegerbter Tierhaut hergestellt. Und als Ägypten die Ausfuhr von Papyrus verboten haben soll, da die Bibliothek von Pergamon sehr berühmt war und Alexandria um die Vormachtstellung fürchtete, soll in Pergamon das Pergament erfunden worden sein. Nach dem Brand der Bibliothek von Alexandria im Jahr 41 v. Chr. soll die Bibliothek von Pergamon als Geschenk für Kleopatra an Alexandria gegangen sein.
Sehenswert sind noch die Ruinen verschiedener Königspaläste und das äußerst imposante Hangtheater, nicht zu vergessen, das Museum in der Stadt Bergama. Dort haben wir einen guten Gesamtüberblick gefunden, außerdem ist auch eine Miniaturnachbildung des sich in Deutschland befindlichen Zeus-Altares ausgestellt.

Aus der Sicht des christlichen Pilgers ist zu erwähnen, dass Pergamon eine der sieben Christengemeinden ist, an die das Sendeschreiben in der Offenbarung des Johannes gerichtet war. Den Inhalt dieser Schriftstücke soll Jesus dem Evangelisten Johannes diktiert haben, um die Menschen im Glauben zu ermutigen, aber auch zu ermahnen. Daraus resultiert auch der Name Johannesapokalypse.

„Sie sprach: Schreib das, was du siehst, in ein Buch und schick es an die sieben Gemeinden: nach Ephesos, nach Smyrna, nach Pergamon, nach Thyatira, nach Sardes, nach Philadelphia und nach Laodizea." (Offb 1,11)

Erwähnenswert ist, dass drei weitere dieser genannten Gemeinden, und zwar Smyrna, Ephesos und Laodizea auf unserer geplanten Route liegen. Ich bin gespannt, was wir dort zu sehen bekommen, sofern von diesen Stätten etwas bis in unser 21. Jahrhundert erhalten geblieben ist.

Mit derart vielen historischen Eindrücken fahren wir mit einem Taxi retour, als Otto plötzlich aufschreckt, weil er bemerkt, dass er seine Wanderstöcke nachmittags am Strand von Candarli stehen gelassen hat. Dort muss er leider feststellen, dass bereits jemand anderer diese Stöcke brauchen konnte! Otto ärgert sich gelinde gesagt „ein bisschen"!

Aber was er nicht weiß ist, dass David bereits eine Idee hat, um die Angelegenheit wieder ins Lot zu bringen, denn Otto feiert am kommenden Montag, dem 13. September 2010, seinen 56. Geburtstag! Folglich können sowohl David als auch Otto ihr jährliches Geburtsjubiläum auf dem Weg feiern, aber ich werde den meinen voraussichtlich nicht auf dieser Pilgerreise verbringen. Denn ich habe erst nächstes Jahr im März Geburtstag, und da sollten wir doch schon in Jerusalem angekommen sein.

Heute tragen wir, wie sonntags üblich, unser Tagebuch, besser gesagt das „Wochenbuch", nach, lesen diverse Informationen und studieren das Kartenmaterial. Dazu genießen wir Kaffee mit Blick auf das Meer. Abends sitzen wir in einer Strandbar und

warten „sehnsüchtig" darauf, dass es Mitternacht wird, um Otto gratulieren zu können. Endlich ist es soweit: David schenkt Otto völlig überraschend seine beiden Wanderstöcke! Er hat bisher ohne diese das Auslangen gefunden und sie stets nur, außen am Rucksack befestigt, mitgetragen. Otto kann es kaum fassen und ist überglücklich, denn um seine Knie zu schonen, möchte er nicht ohne Stöcke gehen. So sitzen wir bei Bier und Raki, dem Nationalgetränk mit Anis, zusammen und lassen den Abend – oder besser gesagt die Nacht – gemütlich ausklingen.
Aber auch Blacky kommt nicht zu kurz, für ihn gab es heute Nachmittag ein Halsband! Genaugenommen handelt es sich um das rot-weiß-rot-gemusterte Tuch unseres Jausenpinkerls vom Bürgermeister aus Arbing. So hat jeder seine Freude!

Entlang der stark befahrenen D550 gehen wir über Aliaga und Menemen auf Izmir zu, der drittgrößten Stadt der Türkei.
Seit einigen Tagen wird das Pilgern mit Blacky immer schwieriger für uns, besonders dann, wenn wir neben einer Hauptstraße gehen müssen. Um der sengenden Sonne zu entgehen war es bisher so, dass er unzählige Male unter einem Gestrüpp hechelnd stehen blieb, seine Zunge fast bis

zum Boden raushängen ließ, sich niederlegte und kurz rastete. Ich bin mir über seine tatsächlichen Kräfte absolut nicht im Klaren! Denn auch wenn er sich noch so müde oder bemitleidenswert gibt, hat er genügend Energie, um einer Katze, einem Schaf oder einem zehn Meter über ihm fliegenden Vogel nachzustellen. Auch kam es schon öfters vor, dass er gerade noch hechelnd auf dem Boden lag, dann aber plötzlich von hinten bellend zu mir nach vor schoss, anschließend wieder zurück bis zu David oder Otto lief und ihm keine Müdigkeit anzumerken war. Wir haben uns daran gewöhnt, auch an seine Zickzack-Taktik, um Schatten zu finden. So verlangsamten wir halt unser Tempo oder warteten auf ihn.
Aber jetzt hat ihm scheinbar jemand den Floh in sein Hundeohr gesetzt, anstelle mit uns am Bankett, exakt auf der weißen Randlinie oder gar entlang der Leitlinie mitten auf der Straße zu laufen. Was bei einigen Fahrzeugen bereits zu lautem Hupen oder waghalsigen Brems- und Ausweichmanövern geführt hat. Wir dürfen gar nicht daran denken, was dadurch alles passieren könnte. Auch wenn er uns zu- und nachgelaufen ist, sind wir bei einem Unfall vielleicht sogar rechtlich belangbar, zumindest sicher moralisch. Und wenn wir ihn an seinem „neuen" Halsband festhalten, legt er sich einfach hin und läuft nicht weiter.
So erreichen wir zu viert mit viel Glück unversehrt mittwochs die etwa drei Millionen Einwohner zählende Metropole. Sie ist zugleich unsere größte Stadt auf dem Weg in das Heilige Land.

Die Millionenstadt liegt am Golf von Izmir an der Ägäis. Homer soll hier nicht nur gewirkt haben, sondern auch geboren worden sein. Doch vieles um seine Person ist nicht belegt, und so stellt auch dieser Ort als Geburtsort eine Mutmaßung dar. Durchzogen ist die Metropole von Palmenalleen und großen Parkanlagen, insgesamt haben wir den Eindruck einer modernen Stadt, und vor allem die junge Bevölkerung scheint offen und westlich geprägt zu sein.
Erste Besiedelungsspuren gehen bis ins dritte vorchristliche Jahrtausend zurück. Obwohl das ehemalige Smyrna im Jahr 1426 von den Osmanen erobert wurde, lebten bis in das 20. Jahrhundert christliche und jüdische Gemeinden hier. Anfang 1920 war die Stadt für kurze Zeit von Griechenland besetzt, wurde aber im Jahr 1922 von den Türken wieder rückerobert. Als „Abschiedsgeschenk" wurde sie von den Griechen niedergebrannt und fast völlig zerstört. Als Folge dieser Kriegshandlungen sind zahlreiche Nichtmuslime vertrieben worden oder wanderten ab, weshalb die Kirchen und Synagogen jetzt beinahe leer stehen.
Die Gründung der Christengemeinde in Smyrna geht auf die Zeit des Apostel Paulus zurück. Smyrna gehörte wie Pergamon zu den sieben ersten christlichen Gemeinden in Asien (Offenbarung des Johannes). Das älteste christliche Gotteshaus ist die St. Polycarp Kirche (im Stadtteil Konak), die im Jahr 1620 erbaut wurde. Polykarp war im 2. Jh. n. Chr. Bischof, starb als Märtyrer und gilt als direkter Schüler des Apostels Johannes, dem Jünger von Jesus.

Bei unserem eineinhalbtägigen Aufenthalt in Izmir besichtigen wir die zwei anglikanischen Kirchen St. Mary Magdalene (im Stadtteil Bornova) und St. John Evangelist (im Stadtteil Alsancak). In der römisch-katholischen St. Helen Kirche (im Stadtteil Karsiyaka) werden wir nicht nur freundlich empfangen, sondern erhalten vom Pfarrer sogar zwei verschiedene Stempel.
Dies sind unsere ersten türkischen Stempel einer katholischen Kirche! Wir bedanken uns bei dem herzlichen Priester und versuchen dann noch, dem Erzbistum Izmir einen Besuch abzustatten. Dort stehen wir jedoch vor verschlossener Türe und erfahren, dass der in Italien gebürtige Erzbischof in seiner Heimat weilt und sonst niemand hier im Büro ist.

In einer der Kirchen finden wir Gelegenheit zum Entzünden einer Kerze, im Gedenken an unseren kürzlich verstorbenen Arbeitskollegen.
Bevor wir in Richtung Ephesos weiterziehen, lassen wir noch das Flair des Bazars und des Hafens auf uns wirken. Ja, Izmir ist wirklich eine reizvolle und saubere Metropole.

Wir verlassen Izmir nach Süden hin und finden dabei die protestantische St. John Baptist Johannes der Täufer Kirche (im Stadtteil Buca), wo wir sogar zum Mittagessen eingeladen werden.

Beim Essen führen wir mit dem Helfer des Pastors ein hochinteressantes Gespräch. Er ist vom Islam zum Christentum konvertiert und schildert uns aus eigener Erfahrung die schwierige Lage für Christen in der Türkei. Auch erzählt er uns, dass ganz in der Nähe, quasi ums Eck, eine katholische Kirche sei, die ebenfalls Johannes dem Täufer geweiht ist.

Dort angekommen gibt es leider keinen Einlass für uns, nur durch die geöffnete kleine „Luke" in der schweren Eisentüre erspähen wir einen Blick hinter die hohe Mauereinfriedung. „Der Pfarrer ist krank – Sie können die Kirche nicht sehen", erklärt uns eine Frau etwas schroff, vermutlich die Haushälterin.

Noch ein schnelles Foto, schon ist die Öffnung wieder verriegelt. Wir finden die Situation eigenartig, weil wir weder zum Besichtigen noch zum Beten einen Priester brauchen und wir uns außerdem als Pilger ausweisen. Ist ein Gotteshaus ein Privathaus?

Es kann in der Türkei oft recht mühsam sein, in die meist hinter hohen Mauern oder Zäunen versteckt liegenden Kirchen zu gelangen. Die wenigen noch vorhandenen christlichen Gotteshäuser sind daher schwierig auszumachen und nicht wie in Europa immer öffentlich zugänglich, dafür aber auch für Diebe nicht so einladend. Nur mit einer Portion Glück konn-

ten wir bisher, sofern uns überhaupt nach dem Läuten an der Türglocke geöffnet wurde, die eine oder andere Kirche besuchen. So standen wir des Öfteren auch vor verschlossenen Toren beziehungsweise Türen und zogen unverrichteter Dinge weiter.
Aber alles ist gut wie es ist. Je weniger wir im Leben von anderen Menschen erwarten, desto weniger können wir enttäuscht werden. Resultieren nicht die seelischen Verletzungen im zwischenmenschlichen Bereich zumeist aus Erwartungen, die der andere nicht erfüllen kann oder will?
So schreiten wir drei Männer mit unseren staubigen Schuhen, den großen Rucksäcken und dem Hund weiter voran ins Ungewisse unseres Lebens- und Pilgerweges.
Auf dem Weg zum gut 60 Kilometer entfernt gelegenen Ephesos können wir endlich wieder die Nationalstraße verlassen. Dabei passieren wir den links liegenden Stadtflughafen und ein riesiges Fabriksgelände im Vorstadtbereich, wo zum Teil noch recht einfach gearbeitet wird.

Nun wandern wir auf einer einsamen Straße, gesäumt von Baumwoll- und Maisfeldern, durch das landwirtschaftlich geprägte Gebiet. Für Blacky ist wieder ausreichend Raum für seine Entdeckungstouren vorhanden, und er erkundet sichtlich interessiert sein erstes Baumwollfeld und den Müll am Wegrand.

Übrigens ist der nicht ganz reinrassige deutsche Schäferhund laut einem Tierarzt aus Izmir, der ihn auf Krankheiten hin untersuchte, etwa zwei Jahre jung. Dies erklärt, warum er so enorm verspielt ist und keine Gefahren kennt, auch nicht die der Autos. Blacky ist unser Baby. Er ist nun bald zwei Wochen bei uns und hat ein paar hundert Kilometer auf seinen vier Pfoten zurückgelegt, irgendwie fast unglaublich! Wir beschützen uns gegenseitig, wobei er doch meist mehr Angst vor wilden Hunden hat als wir, aber BELLEN kann er sehr gut. Somit ist er eine super Alarmanlage.
In der Dämmerung erreichen wir ein Dorf namens Pancar, wo wir zuallererst die Moschee ansteuern, um gleich nach einer Unterkunftsmöglichkeit zu fragen. Glücklicherweise ist der Imam anwesend. Er geht mit uns zum nahe gelegenen Teehaus auf einen Cay und versucht dort, für uns ein Privatzimmer zu vermitteln.
Nach einiger Zeit erklärt sich einer der Männer bereit, dass wir im Haus von seiner Oma schlafen könnten. Sie sei 100 Jahre alt und habe sicher nichts dagegen, aber sie erwarte dafür etwas Geld, gibt er uns zu verstehen. Kein Problem, wir hätten sowieso etwas gegeben.

Das Zimmer bietet nur für zwei von uns Platz und stellt sich als ebenso alt wie dessen Besitzerin heraus, ganz zu schweigen von der sanitären Einrichtung. Wegen seiner „Schnarcherei" entschließt sich David, auf dem Balkon, zwischen dem Sperrmüll, zu schlafen …

Nach einer nostalgischen Nacht verabschieden wir uns von der Oma, die sich gerade eine Morgenzigarette gönnt.

Die heutige Etappe zählt zu den ursprünglichsten Abschnitten unserer Reise durch die Türkei. In Karakuyu werden wir zu einem Dorffest eingeladen. Der Duft des Eintopfes steigt uns in die Nase, aber wir können leider nur kurz bleiben, da wir bis am Abend Ephesos erreichen möchten und noch immer mehr als 30 Kilometer vor uns liegen.

Rings um uns nur Steppengras und vereinzelt ein paar Bäume, so zeigt sich uns die menschenleere Gegend außerhalb des Dorfes. Je näher wir jedoch zur Ägäis gelangen, umso hügeliger und bewaldeter wird das Gebiet, und es ergibt sich für Otto die eine oder andere Gelegenheit, sich doch als Bergkönig zu etablieren.

Die Zeit schreitet voran und die Schatten werden bereits länger, als wir ein Stück nach Gülova wieder einen Blick auf die Ägäis bekommen. So begleitet uns eine schöne und getragene Stimmung, als wir am Meer ankommen.

Auch wenn uns Blacky auf der Hauptstraße große Probleme bereitet hatte, stellt sich sein Charakter als sozial und kameradschaftlich heraus. Mal läuft er in der Mitte neben Otto, kommt dann nach einiger Zeit zu mir nach vorne, um später wieder zurück zu David zu laufen. Er lässt keine „Bevorzugungen" aufkommen, außer er nimmt Witterung zu unserer Jause und seinem vermeintlichen Fressen in einem der Rucksäcke auf.

Während ich an unseren Vierbeiner denke, erreichen wir die Kreuzung unmittelbar vor Ephesos und entschließen uns, wegen des einsetzenden Sonnenunterganges in der 15 Kilometer südlichen Küstenstadt Kusadasi zu schlafen. Ein gerade vorbeikommender Linienbus bleibt stehen und nimmt uns mit, so erreichen wir noch vor Einbruch der Dunkelheit die Tourismushochburg.

Den morgigen Ruhetag wollen wir hier verbringen. Es sind unsere letzten Tage an der Ägäis, wir werden erst nach knapp 1.000 Kilometern in der Provinz Mersin wieder auf das Mittelmeer stoßen.

Die paar Kilometer von der Kreuzung nach Ephesos werden wir am Montag absolvieren und dann die bedeutendste und wichtigste Ausgrabungsstätte der Türkei besichtigen. Folglich liegt nicht nur der absolute Höhepunkt auf dem Weg durch Kleinasien unmittelbar vor uns, sondern Ephesos stellt auch eine Krönung des gesamten Jerusalemweges dar.

Wir verbringen also den Sonntag sowohl in der Stadt als auch am Strand und bemerken dabei, dass Blacky einige vierbeinige Freunde gefunden hat, mit denen er herumtollt. Er wird uns doch nicht abtrünnig werden? Außerdem wartete er morgens nicht wie üblich vor der Haustür auf uns, was aber auch deshalb sein kann, weil der Eigentümer des Motels ihn in der Nacht öfters vom Eingang verjagt hatte. Verständlicherweise wollte er keine Probleme mit den anderen Gästen heraufbeschwören, die vielleicht Angst vor einem Schäferhund haben könnten.

Wie auch immer, jedenfalls scheint sich Blacky hier wohl zu fühlen, kein Wunder, er liebt das Meer. Wegen der zum Teil recht brenzligen Situationen, die wir mit ihm an stark befahrenen Straßen erlebt hatten, sind wir jetzt über unsere gemeinsame Zukunft nachdenklich geworden.

Wie soll es mit ihm und uns weitergehen? Ist es möglich, mit ihm bis zur syrischen Grenze zu gehen, hält er durch und was dann? Die Einreise wird für uns ohnehin schwierig genug werden, und wie soll sie sich erst mit einem Hund gestalten, für den wir keine Papiere besitzen? Außerdem führt ab der kommenden Woche unser Pilgerweg nach Osten in Richtung Zentralanatolien und dann über das Taurusgebirge. Somit verlassen wir langsam die Ägäisregion und werden erst in etwa eineinhalb Monaten wieder das Meer erreichen.

Vielleicht sollten wir ihn hier lassen, wo er wieder sein geliebtes Meer hätte und den Möwen nachjagen und andere Hunde und volle Mülltonnen finden könnte.

Für ihn ist hier schlichtweg ein Hundeparadies, reden wir uns zumindest ein. Unser Entschluss ist nach gründlicher Abwägung gefallen, wir trennen uns nach dem Abendessen von Blacky. Der Abschied fällt uns schwer, denn wir haben uns schon sehr an ihn gewöhnt, aber nun scheint der richtige Zeitpunkt gekommen zu sein, und wir können ihn mit gutem Gewissen hier lassen. Wie sich herausstellt, ist das Bild mit Blacky, wo wir gemeinsam zum Meer hinabgehen, sein Abschiedsfoto auf dem Weg für uns. Lieber Blacky – willkommen im „Paradies" und alles Gute für dein weiteres Hundeleben von David, Otto und Johannes!

Als wir am Montagmorgen zum antiken Ephesos aufbrechen, ist Blacky zum Glück nicht beim Motel zu sehen, so bleibt uns ein weiterer Kampf wegen der Trennung erspart.
Welch ein geschichtsträchtiger Boden befindet sich nun unter unseren Füßen, wo wir heute am 20. September 2010 auf die imposanten und wahrhaft kolossalen Überreste dieser einst so mächtigen Stadt treffen. Ephesos war einst eine der größten und bedeutendsten griechischen Städte in Kleinasien, seine Geschichte reicht bis ins 5. Jahrtausend v. Chr. zurück.

Im Bild die beeindruckende Celsus-Bibliothek.

Ab 133 v. Chr. gehörte Ephesos zum römischen Reich, erlebte in dieser Zeit seine Blüte und wurde zu einer der größten und wichtigsten Metropolen des Imperiums.
Es liegt mir am Herzen, diese wichtige Stadt besonders zu erwähnen und werde im Folgenden näher auf ihre Geschichte eingehen. Zudem ist sie nach Pergamon und Smyrna bereits unsere dritte Christengemeinde aus der Johannesapokalypse.
Ephesos (lat. Ephesus) wäre für sich allein gesehen bereits eine Reise in die Türkei wert, die Besichtigung der eindrucksvollen Ruinen stellt sicher

ein Highlight für jeden Touristen dar. Zeugen der ruhmreichen Vergangenheit der Stadt sind u. a. die terrassenförmigen Hanghäuser, die Celsus-Bibliothek, die Markt- und Versammlungsplätze (Agoren), die Kuretenstraße, die Hafenstraße, der Hadriantempel, das große Theater, die alte Marienkirche und die Paulusgrotte.
Von diesen historischen Zeugnissen abgesehen, hat sich aus dem Blickwinkel von uns Jerusalempilgern hier Bedeutsames ereignet.
Denn nach der Kreuzigung und Auferstehung Jesus zog sein Lieblingsjünger, Apostel Johannes, zusammen mit Maria, der Mutter von Jesus, nach Ephesos. Maria soll die letzten Jahre ihres Lebens in einem Haus in den Bergen nahe der Stadt verbracht haben, und der Apostel Johannes ist hier sogar begraben!
Um Christi Geburt sollen in der Stadt rund 200.000 Menschen gelebt haben, davon zeugt beispielsweise das riesige Theater mit Platz für 25.000 Personen. Somit war Ephesos auch für Paulus eine logische und wichtige „Schnittstelle" zum Verkünden der neuen christlichen Lehre. Paulus lebte und lehrte hier ab etwa 53 n. Chr. drei Jahre lang, und erst durch seine Missionstätigkeit bekam das wenig bekannte Christentum viele Anhänger. Auch in Ephesos wurde Paulus für seine Missionstätigkeit – genauso wie in Philippi – eingesperrt.
Paulus wusste, dass jede Revolution ihre Zeit braucht, um Fuß zu fassen und ging somit strategisch vor. Er bereiste daher die damaligen Metropolen, um dort zu predigen, wo er genügend Zuhörer finden konnte und sich seine Worte auszubreiten vermochten.
Immer wieder geschahen durch Paulus auf seinen Missionsreisen Wunder, so auch in Ephesos: „Auch ungewöhnliche Wunder tat Gott durch die Hand des Paulus. Sogar seine Schweiß- und Taschentücher nahm man ihm vom Körper weg und legte sie den Kranken auf; da wichen die Krankheiten und die bösen Geister fuhren aus." (Apg 19,11 und 12)
Dass er nicht nur auf Zustimmung und Liebe stoßen würde, war ihm klar, aber er ließ sich nicht abbringen und blieb sich und seinem Herzen treu. So bekam er beispielsweise durch den Aufstand der Silberschmiede große Schwierigkeiten. Diese fürchteten um ihre Einkünfte, denn sie stellten die Devotionalien für die Verehrung der Göttin Artemis her. Paulus aber trat vehement gegen das Anbeten heidnischer Götzenstatuen auf. Der

Absatz der Devotionalien ging massiv zurück, weshalb der Silberschmied Demetrius seine Arbeitskollegen zusammenrief und gegen Paulus aufhetzte.
Der Aufruhr erfasst bald die ganze Stadt. Die verärgerte Menschenmenge wurde immer größer, da offenbar durch Paulus die Göttin beleidigt wurde. „Groß ist die Artemis von Ephesos" rufend zogen die Aufgebrachten lautstark weiter und versammelten sich im Theater, bis durch das Geschick eines hohen Stadtbeamten das Volk zum Schweigen gebracht und die Versammlung aufgelöst werden konnte. Vielleicht war der Beamte insgeheim ein Anhänger der Lehren von Jesus, die Paulus predigte? Jedenfalls hätte die aufgehetzte Menge vermutlich Paulus oder/und seine Begleiter in der Folge gelyncht.

Die Hafenstraße und im Hintergrund auf dem Hügel ist das Paulus-Gefängnis zu sehen.

Ob Paulus nach diesem Vorfall im Gefängnis landete oder bereits zuvor wegen seiner Verkündigungen einsitzen musste, wird widersprüchlich dargestellt. Jedenfalls konnte er in der Haftzeit Briefe verfassen und Menschen empfangen, was wiederum auf Sympathisanten unter den römischen Stadtherrschern deutet. Wieder in Freiheit, verließ er endgültig Ephesos und kehrte nicht mehr zurück.

Aus seiner späteren Gefangenschaft in Rom habe Paulus den sogenannten Epheserbrief geschrieben (Eph 1,1). Dazu ist anzumerken, dass dieses „Rundschreiben" wohl nicht von Paulus selbst, sondern von einem seiner Schüler verfasst worden ist, da der Stil nicht mit den Paulus-Briefen übereinstimmt.

Wir sind beim Gefängnis – im Hintergrund die Hafenstraße und das Theater.

Oberhalb von Ephesos ist am Hang des Bülbüldag Berges (Nachtigallenberg) eine antike Höhlenkirche, mit alten Fresken von Apostel Paulus und der Heiligen Thekla, zu finden. Die vornehme Frau war zur Christin geworden und folgte Paulus, worauf mehrmals versucht wurde, sie zu töten. Dies misslang jedes Mal auf wunderbare Weise, und so lebte sie schließlich versteckt in einer Höhle bei der Stadt Silifke, wo ein Wallfahrtsort entstand.

Wir wollen nun das Haus Marias besuchen, das ganz oben auf diesem Nachtigallenberg liegt und beschließen, die etwa sieben Kilometer lange, in Serpentinen angelegte Asphaltstraße per pedes zu absolvieren. Es gäbe zwar genügend Taxis, die mit uns ihr Geld verdienen möchten, wir drei einigen uns jedoch auf eine „salomonische Lösung", indem wir die gegangenen Kilometer bei der morgigen Etappe abziehen werden. Denn die kommenden Tage bis Denizli werden wir wieder entlang der Hauptverkehrsroute D550 und später der D320 gehen, da ist uns diese anstrengende, aber ruhige Bergetappe lieber. Ja, Pilger sind einfallsreich.

Verschwitzt und glücklich kommen wir nach zwei Stunden oben auf dem 450 Meter hohen Hügel an, wo Maria die letzten Jahre ihres Lebens verbracht haben soll. Zur Entdeckung dieses Hauses hatte die inzwischen seliggesprochene Nonne Anna Katharina Emmerich (1774–1824) aus Westfalen beigetragen, die selbst ihre Heimat nie verlassen hat. Ihre Visionen führten 1891 zur Auffindung der Reste des Hauses. Ein Grab Marias wurde bisher jedoch nicht entdeckt. „Dieses Grab muss unter der Erde noch bestehen und wird einst zutage kommen", soll die Seherin gesagt haben.

Unter dem Schutt wurde tatsächlich jene Feuerstelle entdeckt, die Emmerich als Herd samt Kamin in ihrer „Vision" beschrieben hatte. Das abgelegene Haus der Mutter Jesu ist jetzt eine kleine Kirche. Es ist sowohl für Christen als auch für Muslime zu einer vielbesuchten Pilgerstätte geworden, weshalb wir auf Wallfahrer der verschiedensten Länder treffen. Im Islam wird Jesus als Prophet Isa und seine Mutter unter dem Namen Meryem verehrt, wodurch die Beschilderungen zu diesem Haus auf Meryemana (Mutter Maria) lauten.

Darüber hinaus wird beispielsweise auch Johannes der Täufer im Islam als Prophet gewürdigt, weswegen Christen und Muslime doch „Brüder" sind!
Sowohl der im Jahr 2005 verstorbene Papst Johannes Paul II. als auch sein Nachfolger Papst Benedikt XVI. waren hier oben zum Gebet. Dies unterstreicht die christliche Bedeutung des Wallfahrtsortes. Zweifelsohne sind wir an einem einzigartigen und wunderbaren Platz zu Fuß angekommen. Als ein Schwung an Buspilgern abgefahren ist, nehmen wir uns Zeit zu beten und finden eine Stelle, wo wir wieder Kerzen anzünden können. Für Angehörige, Freunde, Menschen, die uns bisher auf dem Weg geholfen haben sowie auch für uns.
Zu guter Letzt waschen wir uns bei der nahe gelegenen Quelle Gesicht sowie Hände und befüllen mit dem „Marienwasser" auch unsere Trinkflaschen – denn die nächste Pilgeretappe kommt bestimmt.

Bevor wir am nächsten Tag Ephesos verlassen, besichtigen wir zuerst noch eines der sieben Weltwunder der Antike, den unmittelbar vor Selcuk liegenden weltberühmten Artemistempel! Aber zu bestaunen gibt es nicht viel, einsam ragt eine einzige Säule als Erinnerung an dieses gewaltige Bauwerk in den Himmel.
Zu Ehren der griechischen Göttin Artemis ließ König Krösus von Lydien (Kroisos), welcher zuvor Ephesos erobert hatte, um das Jahr 550 v. Chr. einen kolossalen Tempel errichten oder zumindest unterstützte er den Bau finanziell. König Krösus soll sagenhaft reich und spendabel gewesen sein und prägte damit die bis heute gebräuchliche Redensart: „Reich wie ein Krösus ..." Die Bauzeit des Tempels betrug gut 100 Jahre, weshalb weder Baumeister noch König die Fertigstellung des größten Tempelbaus der Antike erlebten.
Der Tempel war vollständig aus Marmor und hatte in etwa die riesige Grundfläche eines Fußballfeldes (68 x 105 Meter) mit 19 Meter hohen Säulen. Inmitten des Tempels stand ein mächtiges Abbild der Göttin Artemis. Knapp 100 Jahre später erfolgte dessen Zerstörung, jedoch nicht durch ein Erdbeben, sondern durch einen Brandstifter. Ein Hirte zündete aus Geltungssucht am 21. Juli 356 v. Chr. den Tempel an. Er wollte „unsterblich" werden, was ihm definitiv gelang, denn es ging nicht nur sein

Name Herostratos in die Geschichte ein, sondern es wurde auch das exakte Branddatum überliefert.

Der Tempel wurde in einer ebenfalls rund hundertjährigen Bauzeit wiedererrichtet und schließlich Mitte des dritten Jahrhunderts n. Chr. von den Goten zerstört.

Artemis wurde in Ephesos als Fruchtbarkeitsgöttin verehrt, ihre Darstellung zeigt ihren Oberkörper mit vielen Brüsten, die oft auch als Stierhoden gedeutet werden.

Links von der einsamen Tempelsäule befindet sich die Isa Bey Moschee und darüber auf dem Hügel weht die türkische Nationalflagge auf der Zitadelle von Selcuk. Dort gab es die ersten Besiedelungen und somit auch das ursprüngliche Ephesos. Rechts unterhalb dieser Festung ist die Grabeskirche von Apostel Johannes zu sehen, die wir zum Abschluss besuchen.

Dazu folgen wir gleich am Beginn der Kleinstadt Selcuk nach links der Beschilderung St. John (Johannes) hinauf bis zum Tor der Verfolgung. Zum Schutz wurde die Johanneskirche von einer Verteidigungsmauer eingefasst, weshalb unser Zutritt zu den Resten der „ummantelten" Basilika durch das erwähnte Tor erfolgt.

Das „Tor der Verfolgung" – dahinter liegt die Johannesbasilika samt Grab.

Ob Apostel Johannes, der Lieblingsjünger von Jesus, auch der Evangelist Johannes war, ist nicht eindeutig belegt. In der kirchlichen Lehre wird dies so ausgelegt, weswegen am 27. Dezember der Namenstag des Apostels und Evangelisten Johannes gefeiert wird. Bevor er Jünger von Jesus war, soll er ein Schüler des Wegbereiters Johannes des Täufers gewesen sein. Jedenfalls scheint gesichert, dass der Lieblingsjünger in der Zeit nach der Kreuzigung gemeinsam mit Maria nach Ephesos kam, weil es in Jerusalem zu gefährlich geworden war.

„Bei dem Kreuz Jesu standen seine Mutter und die Schwester seiner Mutter, Maria, die Frau des Klopas, und Maria von Magdala. Als Jesus seine Mutter sah und bei ihr den Jünger, den er liebte, sagte er zu seiner Mutter: Frau, siehe, dein Sohn! Dann sagte er zu dem Jünger: Siehe, deine Mutter! Und von jener Stunde an nahm sie der Jünger zu sich." (Joh. 19,25–27)

Demnach war Johannes bereits hier und predigte von Jesus, bevor Paulus die Christengemeinde gründete. Nachdem Paulus in Rom um das Jahr 62 n. Chr. enthauptet worden sein soll, hat Johannes die nun gewachsene christliche Gemeinde übernommen und geleitet. Aber weder

Paulus noch Johannes waren Priester im heutigen Sinne. Vielmehr waren sie spirituelle Begleiter und Wegbereiter, sie waren ortsungebunden und besitzfrei – eben Apostel!
Daher sind sowohl Johannes als auch Paulus die Leitfiguren der Verkündung des Christentums in Kleinasien gewesen.
Johannes soll in Ephesos auf wunderbare Weise einem Giftmordanschlag entgangen sein und seiner Hinrichtung durch siedendes Öl in Rom. Er wurde auf die Insel Patmos verbannt, wo er das Johannesevangelium verfasste. Es heißt, dass Johannes als alter Mann aus dem Exil nach Ephesos zurückkehrte und auf diesem Festungshügel das Evangelium (Offenbarung) fertiggestellt beziehungsweise veröffentlicht habe. Nach seinem Tod um das Jahr 100 wurde sein Grab bei diesem Hügel errichtet, und der Kreis scheint sich zu schließen. Er war der einzige Jünger, der eines natürlichen Todes starb.
Über dem Grab von Johannes wurde zuerst ein Mausoleum und dann im sechsten Jahrhundert n. Chr. eine riesige Basilika errichtet. Die Kuppelkirche wurde in Form eines überdimensionalen Kreuzes gebaut und war so gewaltig, dass sie neben der Hagia Sophia in Konstantinopel (Istanbul) zur größten des Reiches zählte.

Es ist ein ergreifender Augenblick, und ich halte inne, als wir wenige Minuten nach dem Betreten der riesigen Anlage, vor der Inschrift über dem restaurierten Grab von Apostel Johannes stehen.
An den Ausgrabungen in der Türkei ist nicht nur in Ephesos das Österreichische Archäologische Institut (ÖIA), federführend, sondern auch an weiteren historischen Stätten.
Abschließend sei erwähnt, dass nach Rom und Alexandria die Städte Ephesos und Antiochia am Orontes die wichtigsten und größten römischen Zentren darstellten. Dieses antike Antiochia liegt ebenfalls auf unserer Route und stellt einen noch weit vor uns liegenden Höhepunkt dar.
Mit vielen wunderbaren Eindrücken führt unsere Route weiter über Aydin nach Nazilli, wo in der monotonen Landschaft wieder Ruhe einkehrt. Wir sind „nur" zu dritt – ohne Blacky – er fehlt uns! Inzwischen sind die Tage kürzer geworden, so gehen wir heute die letzten zwei Stunden mit der Taschenlampe am Straßenbankett. Es ist sehr praktisch, dass David seine Stirnlampe so befestigen kann, dass diese bei Bedarf auch nach hinten blinkt. David ist somit nachts unser wichtigster Mann. In der Dunkelheit erreichen wir um 21.30 Uhr die Stadt Nazilli, es ist der 23. September 2010 und daher ist morgen Halbzeit!

Seit drei Monaten herrscht Hochsommer mit Temperaturen von ausnahmslos über 30 Grad Celsius. Das war eine besondere Erfahrung, aber auch Prüfung, da wir in Mazedonien und Griechenland fast zwei Wochen hindurch bis um die 40 Grad Celsius hatten. Wir haben knapp 2.500 Kilometer zu Fuß und mit dem Schiff zurückgelegt, somit sind wir noch etwa 2.000 Kilometer von Jerusalem entfernt. Wie wird es uns durchs türkische Hinterland und im Taurusgebirge ergehen?
„Inschallah" – so Gott will, wird und darf es gut gehen!
Jetzt suchen wir jedenfalls ein Zimmer, dann duschen wir und anschließend stoßen wir auf diesen Jubiläumsabend an. Es ist ein guter Abend mit intensiven Gesprächen, bei denen wir die bisherigen Höhen und Tiefen Revue passieren lassen und erst weit nach Mitternacht ins Zimmer kommen …
Warum das Aufstehen heute schwer fällt, erübrigt sich zu beschreiben. Der Weg ist seit Selcuk eher flach und eintönig, so bringt ein Familienausflug auf „Türkisch" kurz Abwechslung in unseren monotonen Pilgeralltag auf der endlos wirkenden Nationalstraße.

Die vor uns liegenden 80 Kilometer nach Denizli erweisen sich als ermüdend und langatmig, noch dazu, weil auf der neu ausgebauten vierspurigen D320 sogar das Bankett asphaltiert ist. Somit gibt es keine Dämpfung von einem Kies- oder Schotterbankett, und das Gehen ist daher alles andere als angenehm für die Gelenke und die ohnehin heißen Fußsohlen. Dafür gibt es aber einige Ortschaften und moderne Tankstellen, wo wir uns tagsüber mit Schwarztee, Wasser, Chips, Cola, Schokolade und Fladenbrot versorgen können. Zusätzlich erwartet uns am Wegrand der eine oder andere Obststand mit frischen Vitaminen in Form von Feigen, Birnen, Granatäpfeln und Pflaumen. Also ist es wie bei fast allem im Leben, auch dem Pilgern entlang einer stark befahrenen Hauptverkehrsroute kann man etwas Positives abgewinnen. David als alter Schiprofi würde sagen: „Jede (Gold) Medaille hat zwei Seiten."

Geografisch gesehen ist Denizli übrigens am Ostende der Ägäisregion und mit einer halben Million Einwohner die nächste Großstadt auf dem Weg. Unser Ziel ist aber nicht die knapp vor uns befindliche Metropole, sondern das wenige Kilometer nördlich gelegene Laodizea (Laodikeia am Lykos). Dessen antike Reste sind im Gebiet der heutigen Kleingemeinde Goncali zu finden, genaugenommen zur linken Hand an der Straße nach Pamukkale. Das riesige Areal ist umzäunt und bewacht, umfangreiche Ausgrabungsarbeiten sind im Gange.

Die Gründung Laodizeas geht in die Mitte des 3. Jh.s v. Chr. zurück, wobei die wirtschaftliche Stärke aus dem Leinen- sowie Baumwollanbau und aus der Herstellung medizinischer Salben resultierte. Sie ist die siebte, also die letzte der Gemeinden aus der Johannesapokalypse und war die einzige, die kein Lob erhalten hatte. Denn sie soll durch ihren Reichtum unter Selbstüberschätzung gelitten haben.

Bis vor einigen Jahren war von der einstigen Handelsmetropole fast nichts auszumachen, jetzt kommen nach und nach die freigelegten Ruinen ans Tageslicht. Schließlich haben mehrere Erdbeben und die Eroberung durch die Muslime ihren Beitrag zum Untergang geleistet – man könnte also sagen: Hochmut kommt vor dem Fall.

Ungeachtet unseres zeitlich engen Rahmens unternehmen wir einen Abstecher zur nur mehr zehn Kilometer entfernten Touristenattraktion Pamukkale, wo wir auch übernachten werden.

In der Türkei gibt es die sehr praktischen Sammeltaxis. Ein Dolmus, wie so ein Sammeltaxi heißt, übrigens auch „Minibüs" genannt, bietet Platz für mindestens 12 Personen und stellt das typische Basistransportmittel dar. Zum Mitfahren gibt es in jedem Ort eigene Sammelplätze und außer Orts genügt es zumeist, einen Arm zu heben und schon wird angehalten. Bezahlt wird im Minibüs, wobei sich der Tarif nach Zonen richtet und so ausgelegt ist, dass sich diesen auch ärmere Menschen leisten können. So stoppen wir einen der zahlreichen Kleinbusse, und kurze Zeit später stehen wir bereits vor den weltbekannten weißen Kalksinterterrassen.

Das türkisfarbig schimmernde Wasser ist nicht nur angenehm warm, sondern bietet auch einen wahren Augengenuss. Allerdings ist im Laufe der Zeit der Stein durch den Massentourismus grauer und schmutziger geworden und angeblich fließt auch das Thermalwasser nicht mehr so reichlich. Als Resümee würde ich sagen, für uns ist es ein schöner und netter Ausflug, aber einmal gesehen scheint doch zu genügen.

Aber nicht nur diese Sinterterrassen, sondern auch die Ruinen der antiken Stadt Hierapolis liegen auf dieser Hochebene. Hierapolis war in römischer Zeit wegen der zahlreichen Kurgäste und durch die Wollverarbeitung eine blühende Stadt. Heute ist hier neben den Ausgrabungen die größte Nekropole (antike Grabstätte) Kleinasiens, mit über 1.000 Gräbern, zu sehen.

Morgens fahren wir mit einem Minibüs retour zur Hauptstraße und setzen unseren Weg ostwärts fort, bis uns nach zwei Stunden Gehzeit ein Hinweisschild ins Auge fällt: „Colassae". Wir sind also in der Nähe des antiken Kolossä. Der Stadtname ist vor allem durch den sogenannten Kolosserbrief bis heute in Erinnerung geblieben (Kol 4,18). Nach Erkenntnissen der Bibelforschung wurde, wie auch beim Epheserbrief erwähnt, der zu den paulinischen Schriften zählende Kolosserbrief wahrscheinlich nicht von Paulus, sondern von einem seiner Schüler verfasst.

Wir halten uns an der besagten Kreuzung rechts und werden bereits nach drei Kilometern, auf dem halben Weg zur Kleinstadt Honaz, fündig. Obwohl fündig sehr großzügig formuliert ist, da außer einem riesigen und haushohen Grashügel samt einer Orientierungstafel absolut nichts zu erkunden ist. Also klettern wir auf diese Erhebung, wo sich uns zwar ein schöner Panoramablick auf die Berge bietet, aber etwas Antikes oder Ruinen bei Gott nicht zu sehen sind.

Vielleicht stehen wir ja auf den Überresten einer eingestürzten Kirche, geht mir der unaufhaltsame Lauf der Zeit durch den Kopf. Wieder einmal wird uns nicht nur die eigene Vergänglichkeit, sondern auch die von großen Städten, Ländern und ganzen Kulturen bewusst gemacht. Ich bin froh, dass ich mich trotz des starken Widerstandes zur beruflichen Auszeit durchgerungen habe und dem Wunsch meines Herzens gefolgt bin. Wer weiß, ob es in ferner Zukunft überhaupt noch (m)eine Polizeidienststelle zur Verkehrsüberwachung gibt? Jedenfalls war vor 2.000 Jahren mit Sicherheit kein Bedarf dafür gegeben, und über Österreich wird vielleicht irgendwann auch nur mehr in den Geschichtsbüchern etwas zu lesen stehen. Es sind ja schon größere Nationen von der Landkarte verschwunden. Wir wissen es nicht, und es ist gut so. „Wer weiß, dass er nichts weiß, weiß mehr als der, der nicht weiß, dass er nichts weiß." (Sokrates)

Wieder zurück an der autobahnartigen Nationalstraße, die seit Aydin unser Weggefährte ist, kommt nun langsam Abwechslung ins Straßen- und Landschaftsbild. Mehr oder weniger spürbar führt sie uns kontinuierlich bergauf und, kaum zu glauben, die gut sichtbare Bergkette kommt näher! Waren wir noch bis vor einigen Tagen auf Höhe des Meeresspiegels unterwegs, lag Denizli bereits auf gut 350 Meter und das vor uns liegende Dazkiri hat bereits eine Höhe von etwa 830 Metern. In zwei bis drei Tagen werden wir im Bereich dieser Kleinstadt endgültig die D320 verlassen und versuchen, über diverse Bergdörfer in der Direttissima nach Isparta zu gelangen.

So schreiten wir zügig voran, und ich komme kurz auf den Dritten Kreuzzug zurück. Für das Heer gestaltete es sich immer schwieriger, vorwärts zu ziehen, es hatte die damalige Ostgrenze des byzantinischen Reiches erreicht. Die ungewohnte Hitze und der große Durst bereiteten Probleme, Krankheiten brachen aus. Auch wurde das Heer im gebirgigen Gebiet immer wieder aus dem Hinterhalt von Seldschuken angegriffen. Auch die Lebensmittel waren knapper geworden, weshalb nicht nur die Pferde geschlachtet und verzehrt wurden, sondern in der Not einige der Männer neben dem Eigenurin auch das Blut verendeter Pferde getrunken haben sollen. Außerdem war der Materialtransport wesentlich kräfteraubender als im Flachland. Das Heer begann sich langsam aufzureiben.
Doch zurück zu uns. Nach der ununterbrochenen Hitzewelle seit Mazedonien holt uns heute, am 30. September 2010, ein Unwetter mit Sturm und beginnendem Regen ein.

Weit und breit gibt es in dieser kargen Gegend keine Möglichkeit zum Unterstellen, nur der große und langgezogene Acigöl-Salzsee, mit den weißlich schimmernden Salzbergen, ist bei diesem diffusen Licht zu erkennen. Die Windböen sind so stark, dass wir schräg zur Windrichtung gehen, um nicht allzu sehr seitlich versetzt zu werden. Es ist uns nahezu unmöglich, den Regenschutz anzuziehen, als wir dies dann doch schaffen, hat der Niederschlag voll eingesetzt, und wir sind bereits total durchnässt.
Inzwischen steht das Wasser auf der Fahrbahn, mit dem wir durch die vorbeifahrenden Lastkraftwagen in hohem Bogen angespritzt werden. Wir versuchen den Naturgewalten so gut es geht zu trotzen und setzen Schritt vor Schritt, bis wir kurz vor Dazkiri schließlich eine Tankstelle erspähen. Hier können wir uns nicht nur umziehen, sondern auch mit einer warmen Suppe und Tee aufwärmen.
Die restliche Strecke bis ins Stadtgebiet nieselt es ein wenig. Wir kommen am späten Nachmittag an und nehmen das erstbeste Motel, das wir finden. Die lange, heiße Dusche ist eine Wohltat. Während wir die nasse Kleidung im Zimmer ausbreiten, bahnt sich draußen schon wieder die Sonne ihren Weg durch die Wolken. Daher beschließen wir, jetzt doch noch die 12 Kilometer bis Basmakci zu gehen, um die morgige über 40 Kilometer lange und sicher anstrengende Bergetappe zu verkürzen.
Gesagt getan. Wir wandern schnurstracks auf der einsamen Landstraße nach Osten, vorbei an mehreren großen Hühnerfarmen und aggressiv bellenden Hunden, auf das vor uns liegende Taurusgebirge zu. Kurz vor dem Dorf begegnet uns ein Bus, den wir anhalten können, und der uns wirklich zum Motel zurück mitnimmt. Der Reisebus ist voll mit Einheimischen, die zu einem Theater in die Stadt Denizli fahren. In diesen wenigen Minuten an „Bord" begutachten sie uns neugierig, worauf wir etwas von unserer Pilgerreise erzählen, und sie uns währenddessen unglaubwürdig mustern. Wie auch immer, jedenfalls ist für Gesprächsstoff auf ihrer Fahrt in die Stadt gesorgt, und die drei Österreicher haben wohl einen bleibenden Eindruck hinterlassen.
Jetzt endlich bekommen wir unser wohlverdientes Abendessen, das meistens aus Hühner- oder Bohnensuppe, Hühnerfleisch in allen Variationen, Lammfleisch, Reis, Kartoffeln, Tomaten, grünem Salat und viel Weißbrot

besteht. Dazu essen wir Pfefferoni und immer viel Biber, das türkische Chiligewürz, denn seit wir sehr scharf essen, gibt es beinahe keine Verdauungsprobleme mehr. Die Erinnerung an die Zeit in Griechenland ist noch zu frisch und unangenehm, so würzen wir lieber bis es im wahrsten Sinne des Wortes zweimal brennt!
Mit einem Bewohner der Stadt fahren wir morgens retour in Richtung Basmakci und decken uns im Supermarkt reichlich mit Lebensmitteln für die bevorstehende abenteuerliche Etappe ein. Gut gerüstet, passieren wir am Ortsende das Gebäude der Jandarma (die türkische Gendarmerie) und folgen dort nach rechts dem Schild Sariköy, wo schon bald das schmale Asphaltsträßchen recht stark bergauf führt.
Es ist so schwül, dass wir in Sariköy bei einem Brunnen, direkt an der Abzweigung nach links Richtung Ekinlik, rasten. Wegen der Hitze sind wir überaus froh, dass wir gestern noch ein Stück gegangen sind, und auch die Pause ist in diesem Moment goldrichtig. Nach der Rast wandern wir auf einem sehr steilen, unwegsamen Schotterweg weiter bergauf, vorbei an Ziegenherden und Föhren, bis wir auf einer Höhe von etwa 1.600 Metern den Scheitelpunkt erreichen. Wir haben somit den Weiler Körpeli gefunden und sind zwar total erschöpft, aber glücklich, angekommen zu sein. Es bietet sich nicht nur ein atemberaubender Ausblick, sondern auch die Gewissheit, unser vermutlich entlegenstes Gebiet bisher erreicht zu haben, erfreut unser Gemüt.

Hierher hat sich noch kein Tourist verirrt, sind wir uns einig. Nun läuft eine etwas breitere Schotterstraße rechts bergab nach Gülköy, wo sogar ein ganz kleiner Minimarkt vorzufinden ist. Der Besitzer des Ladens offeriert uns einen Cay, den er in der Zwischenzeit mit dem Gaskocher zubereitet, während wir uns der verschwitzten Kleidung entledigen.
Nach einem Erinnerungsfoto müssen wir leider weiter, denn die Dämmerung setzt bereits langsam ein.

Der asphaltierte Weg windet sich alsbald in Serpentinen, ist prächtig in die Gebirgslandschaft eingebettet und führt ins Tal nach Kozluca zur Nationalstraße hinab.
So erreichen wir in der Dunkelheit wieder die „Zivilisation", und ich schreibe in mein Tagebuch: „Wunderschön und enorm fordernd – so zählt dieser Tag zu den eindrucksvollsten Etappen der bisherigen Pilgerreise nach Jerusalem!"
Die verbleibenden 30 Kilometer nach Isparta legen wir am nächsten Tag zurück, wobei ich dank Google-Maps wieder einmal eine kürzere Strecke fernab jeden Verkehrs finden kann. Eine Nebenstraße führt uns über Koctepe und einige kleine Pässe auf eine Höhe von 1.300 Meter, von wo aus wir am 2. Oktober 2010 erstmals auf Isparta blicken. Dort werden wir den morgigen Sonntag verbringen. Die auf einer Höhe von 1035 Meter gelegene Hauptstadt der gleichnamigen Provinz zählt über 400.000 Einwoh-

ner und liegt am Nordrand der Mittelmeerregion im Taurusgebirge. Das Gebirge erstreckt sich auf einer Länge von etwa 1.500 Kilometern quer durch die Türkei, durchzieht somit im Süden das Land von Ost nach West und die höchsten Gipfel reichen auf 3.700 Meter.

Am Stadtrand werden wir von einer Skulptur, einer überdimensionalen Rose, wahrhaft blumig empfangen. Isparta ist die Provinz der Rosen, Seen und Äpfel. Wie üblich, versuchen wir auch hier, mit den Einheimischen ins Gespräch zu kommen, um mehr von Kultur und Leben vor Ort zu erfahren. Dadurch kommen wir des Öfteren abends sehr spät ins Bett oder bleiben tagsüber bei dem einen oder anderen Cay in einem Teehaus hängen. Aber wir erfahren auch viel – zum Beispiel, dass in der Provinz Isparta Unmengen an Rosen angebaut werden.

Dieser Anbau erfolgt aber nicht nur zur Freude des Betrachters, oder besser gesagt des weiblichen Auges, sondern vorwiegend, zur Gewinnung von Rosenöl! Etwa vier Tonnen der handgepflückten Rosenblätter werden benötigt, um ein Kilogramm reinstes Rosenöl durch Destillation zu erzeugen. Ein Kilogramm kostet circa 6.000 Euro und ist somit eines der teuersten ätherischen Öle, wird uns während des Abendessens erzählt. Es wird von der Parfümindustrie verwendet und in Kosmetikprodukten weiterverarbeitet.

Wegen ihrer Farbenpracht sollen die Rosen von Isparta weltweit bekannt und begehrt sein, zur Erntezeit in den Monaten Mai und Juni ist die Stadt umgeben von blühenden Rosenfeldern. Natürlich ist anfangs Oktober nichts davon zu bemerken. Dafür wird aber in den Straßen und Geschäften dieses Öl, ob rein oder zu Produkten verarbeitet, feilgeboten und verbreitet so einen lieblichen Duft. Jede Saison hat ihren besonderen Reiz, und so erleben wir bereits zwei Tage später unvermutet anstelle eines Rosenfestes das bunte Apfelfest! Der Herbst ist auch in der Türkei eine sehr fruchtbringende und farbenfrohe Jahreszeit.

Nach dem Ruhetag verlassen wir heute, am Montag, die Stadt und ziehen zum gut 30 Kilometer entfernten Egirdir-See weiter. Als wir am Abend eintreffen, können wir nur mehr über das prächtige Panorama und die Idylle des zweitgrößten Süßwassersees der Türkei, der uns nun zu Füßen liegt, staunen. Apropos Füße! Wegen eines aufziehenden Gewitters mussten wir die letzte Pause auslassen und mehrere Stunden in einem Stück durchgehen. Nun tun die Füße wirklich weh, als wir endlich bei der vorgelagerten Insel ankommen. Dafür finden wir auf der kleinen Halbinsel sogar ein Zimmer direkt am See und gönnen uns als Belohnung einen gegrillten Flussbarsch zum Abendessen. Und selbstverständlich sorgen wir dafür, dass er schwimmt.

Nach der gewittrigen und stürmischen Nacht wollen wir frühmorgens privat mit einem Fischerboot den See der Länge nach überqueren, um auf die Straße nach Yalvac zu gelangen. Noch immer herrscht eine starke Brise und der Wellengang ist entsprechend rau. Fünf Stunden wird die Fahrt zum Nordende dauern, teilt uns der „Kapitän" mit. „Das kann ja heiter werden", denke ich mir, als wir die „Nussschale" betreten. Meine Vorahnungen erfüllen sich sogleich, denn wir sind bereits nach wenigen Minuten von der Gischt nassgespritzt. Auch schaukelt das Boot gewaltig auf und ab, und der Motor heult wegen der durchdrehenden Schiffsschraube auf. Von einer sanften Seepassage ist keine Rede! Dass mir nach kurzer Zeit das Frühstück langsam hochkommt, ist nicht verwunderlich.

Diese Prozedur noch stundenlang durchzuhalten, ist uns zu viel. Wir beschließen, geradewegs das andere Ufer anzusteuern. Auch unser „Kapitän" ist sichtlich erleichtert, bei der Witterung nicht viele Stunden auf dem Boot ausharren zu müssen. Nach einer qualvollen halben Stunde sind wir am Ufer angekommen, trocknen unsere Regenkleidung, und der Magen beginnt sich langsam zu beruhigen.

Wir sind froh, das Abenteuer heil hinter uns gebracht zu haben und wieder die vertraute Asphaltstraße unter den Schuhen zu spüren. Diese läuft entlang des Ufers des türkisfarben, in der Sonne glänzenden Sees. Im Hintergrund erhebt sich die kahle Bergkette, und wir sind umgeben von Apfelbaumplantagen. „Fresh & Smart" steht neben den verschiedenen bunten Apfelsorten auf Reklametafeln zu lesen. Träumen wir oder sind wir im Apfelland? Es bietet sich ein wahrer Augen- und Gaumenschmaus!

Immer wieder werden uns Äpfel gereicht, und nach einiger Zeit haben wir ein paar davon schon im Bauch „verwahrt", auch der Rucksack wird langsam aber doch schwerer und schwerer. Die Ernte ist voll im Gange, Berge von reifen Äpfeln türmen sich farbenprächtig und warten darauf, verladen zu werden.

Obwohl die zahlreichen Erntehelfer fleißig an der Arbeit sind, ist kein Stress zu spüren. Im Gegenteil, die Menschen laufen uns zum Teil sogar nach oder halten mit dem Traktor an, um uns „nur" einen Apfel zu überreichen. Es sind einfache Menschen, die sich trotz des saisonal enormen Arbeitsaufwandes sogar noch Zeit für die drei Fremden nehmen.

„Das Außergewöhnliche findet sich am Weg der gewöhnlichen Menschen." (Paulo Coelho) Übrigens haben Otto und ich den brasilianischen Schriftsteller, der mit seinen „Sinnsucher Fabeln" weltweit viele Menschen inspiriert, vor ein paar Jahren in Wien persönlich kennengelernt. Es war für uns eine außergewöhnliche und spannende Begegnung mit „einem Krieger des Lichts", so würde ich ihn in Anlehnung an seinen Buchtitel kurz skizzieren.

Denn wir alle haben diesen friedvollen Krieger in uns, der nicht gegen das Böse kämpft, sondern sich für das Gute einsetzt. Dies ist ein kleiner, aber maßgeblicher Unterschied. Wenn wir gegen etwas Negatives ankämpfen, lenken wir unsere Aufmerksamkeit und Gedanken darauf, und wo unsere Aufmerksamkeit ist, dort ist unsere Lebensenergie. Wenn ich aber die Aufmerksamkeit auf etwas für mich Positives lenke und dies stärke, wird dadurch automatisch das Negative geschwächt. Je mehr wir also versuchen, „Licht" zu sein, desto stärker wird dieses Licht in uns, in unserem Umfeld, und folglich haben negative Kräfte und Gedanken immer weniger Macht über uns.

Mit diesen Gedanken im Kopf, vielen Äpfeln in Bauch und Rucksack und mit Freude im Herzen wandern wir bis in die frühen Abendstunden hinein bis nach Gelendost. Der Marktplatz ist bunt geschmückt, und viele Menschen sind auf den Straßen. Die Vorbereitungen für das Apfelfest sind im Gange.

Mittlerweile sind wir nur mehr eine Tagesetappe von den antiken Ruinen von Antiochia in Pisidien (nicht zu verwechseln mit dem berühmteren Antiochia am Orontes) entfernt. Es liegt oberhalb des Stadtrandes von Yalvac, wo wir am 6. Oktober 2010 eintreffen.

Die Luft ist heute so feucht und schwül, dass die Besichtigung der weitverstreuten Ruinen mühevoll ist. Es sind nur wenige Touristen da. So können wir wenigstens in Ruhe alles erkunden und kommen mit einem türkischen Archäologen ins Gespräch. „Die einstige Metropole ist beinahe vollständig verschüttet, und so werden die Ausgrabungsarbeiten noch über 100 Jahre dauern. Nach derzeitigem Wissensstand ist es sogar möglich, dass das riesige Areal noch größer als jenes in Ephesos ist", erklärt er uns.

Die Stadtgründung soll im 3 Jh. v. Chr. erfolgt sein, jedoch reichen die Besiedelungen in der strategisch günstigen Region Pisidien Jahrtausende zurück. Nachdem Antiochia von den Römern erobert worden war, gründeten sie in der Gegend mehrere Kolonien und Antiochia wurde deren Hauptstadt. Sie war für Paulus ein wichtiger Standort, weshalb er dreimal zum Predigen herkam.

Die auf einem Hügel gelegene Stadt war sicherlich nicht einfach einzunehmen, verlor aber wegen der Abgeschiedenheit zusehends an Bedeutung. Im Lauf der Zeit wurde sie von den Türken aus wirtschaftlichen Gründen ins fruchtbarere Tal verlegt. Zu sehen sind beispielsweise die Reste antiker Straßen, Bäder und eines Theaters. Äußerst imposant sind die Steinbögen des kilometerlangen Aquäduktes, in dem das Wasser aus den fernen Bergen in die Stadt geleitet wurde. Die Lage hier oben im Taurus ist wunderschön und bestimmt eine Reise und einen Besuch wert!

Übrigens ist hier auch das Ende eines Paulus-Wanderweges, der auf den Spuren seiner ersten Missionsreise vom Mittelmeerbereich in Antalya über die antiken Städte Perge oder Aspendos hierher führt.
Für Paulus bedeutete Antiochia einen entscheidenden Wendepunkt auf seiner ersten Missionsreise. Als er hier das erste Mal um das Jahr 47 n. Chr. gemeinsam mit Barnabas predigte und die beiden regen Zulauf aus der nichtjüdischen Bevölkerung hatten, wurden sie von den ansässigen Juden vertrieben. So zogen sie weiter nach Ikonium (Konya) und legten ihr Augenmerk bei der Verkündigung des Evangeliums besonders auf diese „Heiden". Alles braucht seine Zeit, und schließlich wurde auch Rom nicht in einem Tage erbaut. So vergingen Jahrhunderte, bis in Antiochia, nachdem im Jahr 313 n. Chr. die Religionsfreiheit eingeführt worden war, sogar ein Christenzentrum entstand. Paulus hatte dafür den Grundstein gelegt, wovon bis heute die Reste der alten Paulus Basilika zeugen.
Auch unser nächstes Ziel ist das 160 Kilometer entfernte Konya. Aber freiwillig, ohne vertrieben worden zu sein, folgen wir den Spuren von Paulus auf dem Weg ins Zentraltaurusgebirge.

Über Nacht scheint der monatelang anhaltende Hochsommer plötzlich zu Ende gegangen zu sein. Als wir vormittags die Stadt auf der D320 in südöstlicher Richtung verlassen, weht uns ein eisiger Wind entgegen. Die Temperaturen sind von den gestrigen knapp 30 Grad auf 10 Grad Celsius gefallen! So trage ich über meinem ausgeblichenen blauen Wanderhemd die dünne Fleece-Weste und eine Fleece-Jacke mit Windstoppfunktion. Die abnehmbaren Hosenbeine sind seit Langem wieder einmal angezippt, und darüber trage ich die Gore-Tex Regenhose. Das Sonnentuch verwende ich nun als Kälteschutz, und wenn der Wind gar zu arg pfeift, ziehe ich die Kapuze der Jacke so eng wie möglich über den Kopf. Die Ausrüstung ist gut und funktionell, mit der Zeit wird uns beim Gehen auch trotz der Kälte warm. Aber ehrlich gesagt habe ich warme Temperaturen lieber, sofern es nicht wieder 40 Grad sind.
Wir erreichen abends bei starken Windböen und leichtem Nieseln die Kleinstadt Sarkikaraagac. Nach einem Blick zum Himmel beginnen wir unvermittelt zu laufen und können uns gerade noch unterstellen, als es schon zu schütten beginnt was das „Zeug hält". Es regnet die ganze Nacht durch! Ich friere derart im kalten Zimmer unserer Pension, dass ich lange Zeit unter der warmen Dusche bleibe.
Als wir morgens wieder mit der Regenkleidung losgehen und der eisige Wind uns um die Ohren pfeift, kann ich meinen Augen fast nicht trauen: 5 Grad Celsius zeigt das an einem Geschäft angebrachte Thermometer an.

Nun ist die Zeit gekommen, wo wir feststellen müssen, wie praktisch es wäre, Handschuhe im Rucksack zu haben. Es hilft nicht, darüber zu grübeln, wir müssen weiter, denn das Pilgerleben ist, wie der Alltag zu Hause, nicht nur von Sonnenschein geprägt.
Bis auf Höhe Hüyük folgen wir der Nationalstraße und wandern dann nach rechts über eine Abkürzung durchs Hinterland. Schafherden, wilde Hunde, Steppengras und vereinzelte Bäume prägen die Landschaft. Auf dem Weg treffen wir auf einen alten Schäfer, der nach einem kurzen Wortwechsel plötzlich in die Jackentasche fasst und eine Pistole hervorzieht. Wir erstarren vor Schreck!

Wortlos hält er sie mit dem Lauf nach oben, bis er nach einiger Zeit erklärt, dass er diese zum Abschrecken von Wölfen und wilden Hunden bei sich trage. Ich denke, er wollte testen, wie wir auf die gezogene Waffe reagieren. Jedenfalls scheinen wir den „Test" bestanden zu haben und ziehen mit einem leicht mulmigen Gefühl weiter.

Vorbei an schneebedeckten Bergen, erreichen wir über die Dörfer Selki und Yenidogan eine Nationalstraße.

Dieser Abschnitt unseres Wegs war entlegen und hügelig, aber wir fanden immer wieder Dörfer am Weg. Jedoch auch diese Hauptstraße zeigt sich jetzt recht karg in ihrer Umgebung. Über mehrere Pässe verlaufend führt sie in einem ständigen Auf und Ab nach Konya. Mit den kräfteraubenden Pässen haben wir gerechnet, dass jedoch auf fast 60 Kilometern der D330 nicht einmal eine Tankstelle zu finden sein würde, konnten wir nicht ahnen. Bisher war in der Türkei auf den Hauptverbindungsrouten die Infrastruktur gut, nur auf Nebenstraßen gestaltete es sich schwierig, Essen oder Getränke zu bekommen. Somit müssen wir mit dem Trinkwasser haushalten und können uns bei unseren Pausen nirgendwo aufwärmen. Die Kälte hält fast die ganze Woche an, untermalt von Sturm, Nebelschwaden, Regen und Gewittern. Das Taurusgebirge zeigt sich uns gegenüber nicht gerade von seiner „wärmsten" Seite.

In der Mühseligkeit und Endlosigkeit des Weges komme ich wieder auf die Geschichte des Dritten Kreuzzugs zurück. Wir haben nach knapp vier Monaten die Gegend von Konya erreicht, wofür die Kreuzfahrer fast ein Jahr gebraucht haben. Und nach all den Bedrängnissen, Krankheiten und

Schwierigkeiten bereits der Kräfte beraubt, stand nun auch noch eine große Schlacht bevor. Noch dazu hatte ein Teil des Heeres erst eine gute Woche vorher bei der Schlacht in Philomelion, heute Aksehir, schwere Kämpfe auszufechten. Doch die gut aufgestellte Vorhut konnte sich durchsetzen und den seldschukischen Angreifern schwere Verluste zufügen.
Am 18. Mai des Jahres 1190 stand das Heer der Kreuzfahrer auf offenem Feld vor den Toren der Stadt Ikonium einem zahlenmäßig überlegenen Heer von türkischen Seldschuken gegenüber. Obwohl der Kreuzzug im Laufe der Zeit ein Ausmaß von bis zu 100.000 Teilnehmern erreicht haben soll, wird die Zahl der bewaffneten Ritter auf lediglich 20.000 geschätzt. In dieser aussichtslosen Situation teilte Friedrich Barbarossa das Heer in zwei Gruppen auf.
Ein Teil griff unter der Führung seines Sohnes, dem Herzog von Schwaben, Friedrich V., die Stadt an. Barbarossa war mit der anderen Gruppe auf offenem Felde geblieben und wurde in der Zwischenzeit von den Seldschuken umzingelt. Dank der Tapferkeit und Entschlossenheit des 68-jährigen Kaisers und seines Heeres konnte die Schlacht gewonnen werden. Zeitgleich konnte der Herzog Ikonium erstürmen, womit die Hauptstadt eingenommen war. Insgesamt sollen 60.000 Menschen ihr Leben gelassen haben, zwei Drittel davon waren gefallene Seldschuken. Der Sieg brachte den Kreuzfahrern frische Pferde und ausreichend Nahrung sowie freies Geleit in das christliche Nachbarland, das armenische Königreich von Kilikien.
Blicken wir kurz geschichtlich etwas weiter zurück, auf jene Zeit, als Paulus mehr als 1.000 Jahre vor Barbarossa, auf seiner ersten Missionsreise hierhergekommen ist. Er und Barnabas waren aus Antiochia in Pisidien vertrieben worden und erreichten in der Folge diese Stadt. Als sie jedoch eines Tages vor einer Judenschule predigten, mussten sie, um nicht gesteinigt zu werden, wiederum fliehen und kamen schließlich nach Lystra (Apg 14,1–6).

Wir drei Jerusalempilger erreichen am 12. Oktober 2010, vom Hanönü Pass kommend (1.560 Meter,) die Millionenstadt Konya im Taurusgebirge. Heute gehört die Metropole zur Region Zentralanatolien und ist zugleich Hauptstadt der größten gleichnamigen Provinz der Türkei. Sie liegt auf einem Hochplateau, zwischen Gipfeln eingebettet auf einer Höhe von 1.016 Metern. Wir können nach etwa 3.000 zurückgelegten Kilometern auch diese Stadt auf dem Weg nach Jerusalem mit einem unserer Aufkleber friedlich „erobern".

Ich erinnere mich noch an einige Gespräche an der türkischen Ägäisküste, wo uns erzählt wurde, dass wir in dieser Region eine konservative Bevölkerung antreffen werden. In der Tat tragen hier mehr Frauen als in den bisherigen Städten unserer Reise die Burka. Für uns ist kulturell ein deutlicher Ost-Westunterschied zu bemerken. Je näher wir zu den arabischen Ländern kommen, umso größer wird die Differenz zu Europa. Izmir war zum Beispiel so westlich geprägt, dass wir, abgesehen von Suqs und Moscheen, fast das Gefühl hatten, in einer europäischen Hauptstadt zu sein.

Jeder von uns nimmt ein Einzelzimmer in einem schlichten Hotel unweit des Stadtparks. In der Unterkunft räumen wir sogleich die Rucksäcke aus, damit unsere feuchten Sachen gut trocknen können und setzen uns danach in den Garten eines Cafés am Fuß der Zitadelle. Wir genießen jetzt die wärmenden Strahlen der Sonne, die endlich wieder durchgekommen ist. Auf dem Hügel über uns befindet sich die noch aus der Zeit der Seldschuken stammende Alaeddin Moschee. Es gäbe viel zu besichtigen, wie das Basarviertel, das Mausoleum des Philosophen und Mystikers Mevlana, das zugleich das Stadtwahrzeichen ist, und andere Moscheen.

Am Todestag dieses Ordensgründers finden übrigens alljährlich im Dezember die Wirbeltänze der Derwische in ihren weiten Gewändern statt. Als Anhänger des Sufismus gehören sie einer muslimisch asketischen Ordensgemeinschaft an.
Es steht also genug für uns auf dem Programm, und wir schieben einen zusätzlichen Ruhetag ein, denn auch die Webseite aktualisiert sich nicht von selbst. In gewohnter Manier verbringen wir einige Stunden in einem der Internetcafés, wobei ich beim Recherchieren für die Fototexte auf eine katholische Pauluskirche stoße. Also sind bis heute die Spuren von Paulus erhalten geblieben. Von dieser Kirche haben wir bislang gar nichts gewusst. Wir versuchen daher, mit einem Bildschirmfoto bestückt, die Lage dieser Kirche auszukundschaften.

Nach einigen Auskünften stehen wir bald darauf vor dem Gotteshaus, wo auch die Paulusbegleiter Thekla und Timotheus verehrt werden. Wir läuten an der Glocke, und kurz danach öffnen uns zwei Schwestern der Bruderschaft „Jesus der Auferstandene", die das Gotteshaus betreuen, das Tor. Im Gespräch erfahren wir, dass sich der Priester im Mutterhaus des Ordens in Italien aufhält. Irgendwie erinnert dies an den Erzbischof von Izmir, der ebenfalls in der italienischen Heimat verweilte. Die beiden Nonnen nehmen uns dennoch herzlich in Empfang und führen uns herum, und wir erfahren, dass sich eine italienische Buspilgerreisegruppe in einer Stunde zur Messe angekündigt hat. So feiern wir Gottesdienst in einer Kirche, von der wir bis vor Kurzem noch nicht einmal wussten, dass es sie gibt.
Bevor wir uns verabschieden, erhalten wir nach langer Zeit wieder einmal einen Stempel in unsere Pilgerpässe. Pilgerherz, was willst du mehr!

Nun erkunden wir die Stadt und gelangen durch mehrere Gassen zu einem großen alten Basar. Teppiche, Schuhputzer, Geschirr, Kleidung, Gold- und Silberschmuck, Parfum sowie exotische Öle und was sonst alles das Herz begehrt, ist zu finden. Frisches Obst und Gemüse und der intensive Duft von Gewürzen hüllen uns ein.

Wir lernen einen Taxifahrer kennen, der früher Chauffeur eines hier forschenden Archäologen war. Mit seiner Hilfe begeben wir uns auf die Suche nach Lystra, wo Paulus gesteinigt wurde. Denn als Paulus hier predigte und einen Gelähmten heilte, zog er den Zorn der Juden auf sich, die das Volk zur Steinigung des Apostels aufwiegelten. Als man Paulus schließlich für tot hielt, schleppte man ihn aus der Stadt hinaus. Doch Paulus überlebte und zog am nächsten Tag mit Barnabas nach Derbe weiter (Apg 14,8–20). Das antike Lystra liegt heute etwa 35 Kilometer südwestlich von Konya neben dem Dorf Hatunsaray.

Als wir voller Neugier eintreffen, werden wir gelinde gesagt enttäuscht. Wie schon bei so manchen antiken Städten zuvor, ist auch hier nur ein hoher Grashügel auszumachen. Wir „besteigen" den Erdwall – es ist unglaublich, nichts, absolut nichts erinnert an eine einstige Siedlung oder

gar an eine Stadt! Es ist schade, wir hatten uns schon so auf diese geschichtsträchtige Stelle gefreut. Wie bei so vielem im Leben, dürften auch hier die nötigen finanziellen Mittel fehlen, um den Hügel abzutragen und archäologisch zu untersuchen.
Enttäuscht verlassen wir das Areal in der steppigen Landschaft Nahe der alten Königsstraße nach Ikonium.
Unser geschichtlich versierter Taxifahrer erzählt uns jedoch, dass unweit von Lystra die bizarren und imposanten Felsen- und Höhlensiedlungen des antiken Kilistra zu finden sind.

Die Höhlensiedlungen und ganz links im Bild ist eine Zeremonienstelle.

Die Höhlen wurden in Vulkanstein gehauen und sollen zur Zeit Paulus geheime Zufluchtsstätten der frühen Christen gewesen sein. Von Lystra aus gesehen, liegen sie 12 Kilometer in nordöstlicher Richtung beim heutigen Dorf Gökyurt. „In Kilistra ist nicht nur Paulus, sondern auch Timotheus gewesen", erklärt der gebildete Chauffeur. Er zeigt uns sogar eine Zeremonienstelle, welche nach Paulus benannt ist und an der sich früher eine kleine Kirche befunden haben soll. Wir klettern im felsigen Gelände umher und können nur staunen über das, was wir hier zu sehen bekom-

men. Wunderbar fügt es sich zusammen, und das „Nichtvorhandensein" von Lystra haben wir schon vergessen.
Nach diesem erlebnisreichen „Ruhetag" kommen wir erst spät abends nach Konya zurück. Morgen werden wir wieder zu Fuß den Weg auf Paulus' Spuren nach Derbe fortsetzen.

So gehen wir am Vormittag in südöstliche Richtung auf einen endlos und eintönig wirkenden Weg zu und erleben dabei ein Aufeinandertreffen von Kulturen, wie sie gegensätzlicher nicht sein können.

Die zum Teil asphaltierte Straße verläuft 40 Kilometer schnurgerade und wird einzig und allein durch die ungefähr in der Hälfte des Weges gelegene Stadt Cumra unterbrochen. Wir befinden uns in einer flachen Einöde, ab und zu passieren wir ein landwirtschaftliches Gehöft, und ich stelle mir die Frage, wovon die Bevölkerung hier eigentlich lebt. Für Ackerbau ohne Bewässerung ist es eindeutig zu trocken, und die vereinzelten Schafe finden sicher auch nicht viel zu fressen.

Durch die Monotonie der Landschaft bleibt für jeden von uns genügend Zeit, um die Erlebnisse der vergangenen Tage nochmals im Geist Revue passieren zu lassen.

Auch ist es ein stimmiger Zeitpunkt, um mich meiner Gebete und Rituale, die ich auf dem Pilgerweg zwar nicht täglich, aber regelmäßig anwende, zu besinnen. Ich finde die Erfahrung sehr interessant, dass ich nach einer gewissen Zeit des Gehens oftmals nicht mehr wahrnehme, dass ich überhaupt gehe oder was es ringsum zu sehen gibt. Die Gedanken kommen und gehen, manches davon bleibt einige Zeit vor dem geistigen Auge, bis es gelöst oder ungelöst wieder weiterzieht. Es ist so, als wäre ich zwar körperlich hier, aber meine Aufmerksamkeit wird vom Außen nicht beeinflusst. In diesen Momenten ergeben sich mitunter völlig neue Einsichten oder ungelöste „Probleme" beginnen sich zu „lichten". Manchmal entsteht spontan Klarheit. Seit meinen Erfahrungen auf dem Jakobsweg, versuche ich, täglich in der Natur zu sein. Doch ist jeder Tag nicht gleich und birgt, vom energetischen Standpunkt her, auch nicht dieselbe Qualität in sich, was vor allem auch für das Pilgern gilt. Hier sind wir ohne Zweifel einer außergewöhnlichen Herausforderung ausgesetzt, in der wir an un-

sere Grenzen geführt werden und diese mehr oder weniger notgedrungen auch überschreiten.
Meiner Erfahrung nach kann sich der Zustand einer inneren angenehmen Leere mit oder ohne Gebet ausbreiten! Der Unterschied besteht für mich darin, dass ich nach einem bewussten Ritual oder Gebet Geborgenheit und ein unendliches Glücksgefühl verspüre. Aber eben nur dann, wenn ich mich dazu entschließe, dieser inneren Sehnsucht nachzugehen.
So schreiten wir dahin, jeder für sich in seiner „Welt", David ist gerade in meiner Nähe und Otto weit entfernt hinter uns, als wie aus dem Nichts drei große Hunde mit lautem Zähnefletschen auf uns beide zustürmen. Innerhalb kürzester Zeit sind wir umzingelt. Im Affekt rufe ich „Jack" zu Hilfe! Bisher habe ich den geheimen, aber sehr verlässlichen und äußerst gefährlichen Gefährten noch nicht preisgegeben. Nun ist seine Zeit gekommen, wobei ich ihn vor einigen Tagen bei dem Hirten mit der Pistole sicherheitshalber auch rief und vor mir her schickte. Jack ist der Name für meinen imaginären Wolf! Seit vielen Jahren ist er bei mir, kennengelernt habe ich ihn auf dem Weg nach Spanien.
Wir sind damals mit Christian, einem pensionierten Schweizer Lehrer, mehrere Wochen auf dem französischen Teil des Pilgerwegs gegangen. Als wir eines Tages über angebliche Hundeattacken auf dem Camino sprachen, erzählte er mir: „Weißt du Johannes, ich habe auf meinen Reisen immer einen imaginären und starken Freund mit. Es ist ein Wolf, der mir gedanklich auf dem Weg folgt, und wenn ich in eine brenzlige Situation komme, dann rufe ich ihn beim Namen und schicke ihn vor! Speziell wenn ich auf freilaufende Hunde treffe, erwies mir dieser Gedanke gute Dienste. Ich vermute, dass im Augenblick einer Gefahr meine Ausstrahlung gefasster ist und ich dadurch weniger Angst vermittle. Dies spüren die Hunde. Wie auch immer – mir hilft es!" Mir leuchtete seine Idee ein, und seitdem visualisiere ich ebenfalls einen Wolf und rufe ihn Jack. Ich hatte schon einmal ein unangenehmes Erlebnis mit Hunden, und da hat es mir ein gutes Gefühl gegeben, dass Jack bei mir war.
Also stelle ich mir so gut es gelingt vor, dass Jack nur wenige Meter vor mir läuft und halte dabei meine Wanderstöcke fest in beiden Händen. Zugleich versuche ich, ruhig durchzuatmen und so wenig wie möglich Angst zu zeigen. Obwohl ich nicht zu genau auf die etwa 15 Zentimeter langen

Metallstacheln blicken darf, die sie an ihrem Halsband haben. „Ich bin auf keinen Kampf mit ihnen aus, aber ich werde mich zu verteidigen wissen", sage ich zu mir. Dass wir gebissen werden könnten, sehe ich nicht als die große Gefahr, im Falle eines Angriffes würde ich ihnen meine Stöcke übers Fell oder den Schädel ziehen. Viel schlimmer wäre es, wenn einer von ihnen mit den Metallspitzen unser Bein oder einen anderen Körperteil aufschlitzen würde. Daran denke ich besser nicht, in diesem Fall wäre die Pilgerreise jetzt schlagartig zu Ende.

Wir versuchen, ruhig zu bleiben und nachdem wir uns einige Male langsam im Kreis gedreht haben, um die Situation unter Kontrolle zu bringen, spricht David beruhigend auf die Hunde ein. Währenddessen hat er die ehemalige Hundeleine von Blacky, bei der an einem Ende eine massive Metallöse angebracht ist, in die Hand genommen. David hatte sie außen am Rucksack befestigt, und ich habe sie ihm inzwischen zu seiner Verteidigung gereicht. Schließlich gehen wir ruhig und langsam weiter, wobei uns die Hunde in gleichbleibendem Abstand lautstark bellend verfolgen. Allmählich wird der Abstand größer, doch als wir zurückblicken, haben sie bereits Witterung zu Otto aufgenommen. Otto hat ziemlichen Respekt vor Hunden, denn vor Jahren wurde er von einem Diensthund der Zollwache in die rechte Hand gebissen, und seither ist er „vorsichtig" im Umgang mit Hunden. Im Lauf der Jahre hatte ich ihm auch einmal von Jack erzählt, jedoch hielt er von dieser Idee nicht viel. Wir beobachten das Ganze aus etwa 200 Meter Entfernung und hoffen, dass die Meute Otto passieren lässt.

Doch Otto ist umzingelt und versucht verzweifelt, mit seinen Stöcken die Hunde in Schach zu halten, während er in den Straßengraben abgedrängt wird. Wir laufen zu ihm, rufen laut und schlagen die Stöcke zusammen. Die Hunde sind kurz abgelenkt, und als wir bei Otto sind, beginnt sich die Situation nach einiger Zeit halbwegs zu entspannen. Drei gegen drei – da ziehen sie allmählich ab. Es war für Otto sicher die schlimmste Situation auf unserem Weg und für ihn auch viel gefährlicher als der bewaffnete Hirte. So fertig habe ich ihn noch nie erlebt. Er wird den Nachmittag des 14. Oktobers 2010 nicht so schnell vergessen.

Gott sei Dank können wir gemeinsam weitergehen. Wir haben einen Fehler gemacht, denn nicht nur, dass wir einen zu großen Abstand zu einander hatten, hätten wir wahrscheinlich auch etwas früher reagieren sollen, als wir Ottos Bedrängnis merkten. Es war für uns alle eine dramatische und beinahe folgenschwere Situation.

So sind wir froh, als wir abends wohlauf in Cumra eintreffen und auch ein günstiges Zimmer sowie, wie in fast allen türkischen Orten, ein Internetcafé finden. Das World Wide Web leistete uns in Ergänzung zu den Satellitenkarten am Handy bis dato sehr gute Dienste: Indem ich Karten auf das Telefon speichere, dieses auf „offline" schalte und mittels des eingebauten GPS-Empfängers unsere Position lokalisiere, ist ein exaktes Navigieren möglich. Allerdings gestaltet es sich schwieriger als angenommen, die Lage von Derbe zu bestimmen. Von den Einheimischen bekommen wir zwar zahlreiche, aber verschiedene Hinweise – sofern sie überhaupt etwas von der antiken Stadt wissen.

Also werde ich die Infos in der größten Bibliothek der Welt überprüfen, wodurch sich zwei plausible Stellen herauskristallisieren. Erstens: Das offizielle Derbe, das 25 Kilometer nordöstlich der Stadt Karaman beim Ort Ekinözü liegt. Zweitens: In den Bergen bei Madensehri, gut 40 Kilometer nördlich von Karaman. Wir beschließen, in geografischer Reihenfolge die beiden Möglichkeiten zu besichtigen.

Somit halten wir uns tags darauf ab Arikören links, um über die Berge nach Madensehri zu gelangen. Ringsum sind riesige Felder zu sehen, die zum Teil gerade abgebrannt werden, um sie für den Ackerbau vorzubereiten. Um den Weg zum in der Ferne sichtbaren Süleymanhaci abzuschneiden, unternehmen wir eine Abkürzung über eines der Felder. Die vielen Disteln wachsen hier wohl nicht nur zum Leidwesen der Bauern, denn auch unsere Socken und Unterschenkel werden schmerzhaft malträtiert.

Gleich zu Beginn des abgelegenen Dorfes finden wir zur rechten Hand ein altes Teehaus, wo wir bei einem Cay mit den Männern ins Gespräch kommen. Dabei lernen wir einen jungen Mann namens Bayram kennen und können es kaum fassen: Er spricht deutsch! „Ich lebte viele Jahre in Deutschland, bevor ich den elterlichen Bauernhof hier übernommen habe", sagt er uns stolz und voller Freude. Ich finde es ungewöhnlich aber bewundernswert, dass er aus einer Wohlstandsgesellschaft wieder hierher in diese entlegene Gegend gezogen ist, da ja auch in der Türkei, wie in anderen Ländern, viele junge Männer von den Dörfern in die Städte ziehen, um dort ihr Glück zu versuchen.

Bayram erzählt uns viel über das Leben der Menschen in dieser Abgeschiedenheit. Wir berichten ihm von unserer Pilgerreise nach Jerusalem und der aktuellen Suche nach der antiken Stadt Derbe. Daraufhin bietet er uns unerwartet seine Hilfe an, denn er schlägt vor, uns morgen vormittags mit dem Traktor seines Vaters nach Madensehri zu bringen. „Aber

Vater darf nichts davon mitbekommen, der Diesel ist teuer", fügt er an. Für uns drei steht natürlich fest, dass wir ihm sowieso den Treibstoff finanziell ersetzen.
Wir sind uns einig, dass der Traktor ein Geschenk des Himmels ist, und er entspricht unseren selbst festgelegten Transportmitteln. Es wird sicher ein Abenteuer werden und wir bekommen dadurch unverhofft mehr Zeit zum Erkunden der Berglandschaft. Wer weiß, vielleicht gibt es dort ja tatsächlich antike Ruinen?
Dies wäre wunderbar – wir können nur darauf hoffen. Dazu haben wir für unseren Pilgeralltag eine Philosophie aufgestellt: Wir wissen nicht, wohin wir am nächsten Tag kommen; ob wir auf Asphalt, Schotter- oder Feldwegen bergauf oder bergab gehen, wo wir etwas zu essen oder zu trinken bekommen oder kaufen können, und wir wissen schon gar nicht, wo wir schlafen werden. Aber wir wissen, dass es gut gehen wird! In diesem Vertrauen schreiten wir in den Tag hinein, und immer wieder fügt es sich zusammen.
Außerdem können wir mit Hilfe des Traktors die Stadt Karaman rechtzeitig bis zum Abend erreichen. Denn der morgige Samstag ist nicht irgendein Pilgertag in der Türkei, sondern ein ganz spezieller! Mehr dazu, wenn wir abends hoffentlich wie geplant an unserem Etappenziel eintreffen. Zuerst stellt sich aber noch die Frage, wo wir die heutige Nacht verbringen werden. Wie sich bald herausstellt, ist dies kein unlösbares Problem! Einer der Freunde Bayrams fährt uns mit dem Auto in einen größeren Ort zu einer Bleibe und auch morgens wieder zurück. Nahezu perfekt für uns, auch wenn der Wagen derart desolat ist, dass dieser in Österreich nach einer Verkehrskontrolle sicherlich direkt auf einen Schrottplatz verfrachtet werden müsste.
In der Nacht schüttete es in Strömen und jetzt, wo wir gegen 9 Uhr vor dem Bauernhof von Bayram stehen, nieselt es glücklicherweise nur ein wenig. Das Wetter scheint halbwegs mitzuspielen, und der Traktor steht bereit. Es kann losgehen! Bayram nimmt auf dem Fahrersitz Platz, Otto und David auf den beiden seitlichen Sitzen, und ich stehe hinten auf der sogenannten Ackerschiene. Dies ist zwar ein wenig gefährlich, aber wir werden hoffentlich nicht zu schnell unterwegs sein. Außerdem halte ich mich ohnehin mit beiden Händen an den Metallbügeln der Kotflügel fest.

Während der Fahrt zieht jedoch plötzlich der Himmel zu, es wird immer grauer, und es sieht schon wieder nach starkem Niederschlag aus. Vorausschauenderweise haben wir zwar die Regenbekleidung bereits am Morgen angezogen, aber ein Regen wäre das Letzte, was wir jetzt brauchen könnten!

So fährt uns Bayram die Schotterstraße bergauf, während uns der kalte Wind ins Gesicht bläst, der aber gleichzeitig auch die Wolken ein bisschen aufreißen lässt. Das Wetter scheint auszuhalten, es ist zwar kalt, die Sicht bessert sich jedoch erfreulicherweise. Nach zehn Kilometern kommen wir zu einer Kreuzung, wo Bayram auf das Dorf Madensehri, zusteuert. „Halt", rufe ich zu, während ich ihm wegen des Motorlärms zusätzlich auf die Schulter klopfe. Rasch bremst er ab und ich erkläre ihm, dass wir laut GPS-Signal rechts abbiegen und weiter hinauf müssten. OK! Wir drehen um und weiter geht die wilde Fahrt in den Berghängen des erloschenen Kardag-Vulkans, dessen Gipfel auf gut 2.200 Meter reicht. Ob wir noch richtig sind, weiß nur Gott, auch unser ortskundiger Fahrer ist mit seinem Latein am Ende. Bei einem Bergbauernhof hält er an, um zu fragen, und wir werden weiter bergauf geschickt. Ein Schild am Wegrand mit der Aufschrift Degle deutet zumindest auf eine gewisse Namensgleichheit zu Derbe hin.

Nach einigen weiteren Kurven ist der Weg abrupt zu Ende, vor uns befindet sich eine Tafel mit der Aufschrift Ückuyu, und wir stehen mit dem Traktor inmitten antiker Ruinen. Eine grandiose Aussicht bietet sich uns. Die gesamte Anhöhe ist mit Resten von Gebäuden und Kirchen übersät. Ohne Bayram wären wir nie hierhergekommen, das steht fest. Ob hier Derbe war oder es dem nahe gelegenen Gebiet der zahlreichen Gotteshäuser von Binbirkilise (1001 Kirchen genannt) zugerechnet wird, ist für uns ohne Bedeutung. Endlich gibt es wieder etwas zu entdecken – nicht nur ein Schild vor einem Hügel mit einer Aufschrift wie: „Schließen sie die Augen, hier war einmal ..."

Können wir das soeben Erlebte noch toppen? Vielleicht, wenn ich jetzt noch erzähle, dass wir danach in Madensehri die Ruinen von einstmals riesigen christlichen Kirchen und Klöstern sehen und vom Bürgermeister zum Essen eingeladen werden? Es klingt unwahrscheinlich, aber genauso ist es! Bayram, wir und der Traktor erweisen sich als ein super Team.

Das Dorfoberhaupt ist ein Verwandter Bayrams und gastfreundlich wie alle Türken sind werden wir ins Haus geladen. Wir ziehen unsere dreckigen und durchnässten Wanderschuhe aus und betreten durch den niedrigen Türrahmen den großen, unmittelbar hinter der Eingangstür gelegenen Raum. Wir nehmen auf dem Boden Platz, der mit verschiedenen Teppichen und den Sitzkissen gemütlich wirkt. An der Wand steht ein brauner Holzofen und vor uns ein großer Teller mit Oliven, Weintrauben, Pfefferoni, verschiedenen Schafkäsesorten, Butter und ein Glas Nutella! Dazu werden uns warme Brotfladen gereicht, welche die Hausherrin neben uns auf einem Gascampingkocher erwärmt.

Alles schmeckt wirklich gut, und zudem fühlen wir uns richtig wohl. Nur Otto mag keine Milchprodukte, weswegen er hauptsächlich die Haselnusscreme vertilgt. Aber auch David und ich langen bei der süßen Verführung kräftig zu, ein solcher Energieschub schadet nie. Im Gespräch erfahren wir, dass nur Rüden das furchterregende Metallhalsband angelegt bekommen, da Hündinnen von den Wölfen nicht angegriffen werden.

Der Magen ist voll und das Herz erfüllt, aber es wird Zeit aufzubrechen, um bis zum Abend Karaman erreichen zu können. Von ganzem Herzen bedanken wir uns bei unseren Gastgebern, und Bayram bringt uns noch nach Dinek. Welch unvergessliche Fahrt erleben wir, als wir im Leerlauf mit dem Traktor die abschüssige Straße tollkühn hinunterdonnern. Herzlich bedanken wir uns für seine Hilfsbereitschaft und die abenteuerliche Fahrt. Es folgt eine kurze Umarmung mit etwas Geld für den Treibstoff, und schon entschwindet das Gefährt mit lautem Motorengeräusch in den Bergen.

Allein was wir in den letzten Tagen erlebten, bietet genügend Stoff, um ein Buch zu füllen.

Wir marschieren gut gelaunt einige Zeit auf der flachen Landstraße Richtung Süden, als wie bestellt ein alter Autobus daherkommt, den wir stoppen. Die Zeit in den Bergen ist wie im Flug vergangen, aber wir treffen rechtzeitig in der Stadt ein und werden die gefahrenen Kilometer nächste Woche zu Fuß nachholen. Der Grund für unsere Eile ist, dass Otto und ich ein Ticket für die Nachtfahrt mit einem türkischen Reisebus zum Meer nach Manavgat haben. Jedoch nicht, um in der etwa 300 Kilometer entfernten Tourismushochburg schwimmen zu gehen, sondern um meine Eltern zu besuchen, die dort auf Kurzurlaub sind. David bleibt inzwischen hier und nutzt die „geschenkte" Zeit für Besichtigungen, sein Tagebuch und das Internet.

Meine Eltern sind aber nicht zufällig in der Nähe, sondern um uns mit allerlei Notwendigkeiten zu versorgen und auch die Schuhe zu tauschen! Genaugenommen bekommen wir wieder jene, mit denen wir bis Griechenland gegangen sind. Bei unseren Wanderschuhen wurden in der Zwischenzeit die Absätze fachmännisch gedoppelt. Sie sind daher wieder so gut wie neu. Auch mein Notebook haben meine Eltern mitgebracht. Eine Sicherheitskopie unserer zahlreichen, von Otto mit unermüdlicher Konsequenz, fotografisch dokumentierten Erlebnisse ist angesagt. Den Chip mit den Aufnahmen von David haben wir selbstverständlich mit dabei, auch diese werden auf einen Datenträger gebannt. Schließlich ist es beinahe eine kleine Ewigkeit her, als wir letztmalig in Budapest alle Daten sicherten.
Erst spät in der Nacht erreichen wir Manavgat und es ist beinahe unmöglich, ein Zimmer zu bekommen. Es ist alles ausgebucht! Glücklicherweise treffen wir gegen 2 Uhr morgens zwei russische Kellner, die uns ein Stockbett in ihrem verrauchten und vergilbten Personalzimmer verschaffen. Somit haben wir wieder unsere Pilgerunterkunft, auch wenn wir uns lieber etwas „Anständiges" gegönnt hätten.
Die Nacht in den durchgelegenen Schaumstoffmatratzen war alles andere als erholsam. Etwas müde erledigen wir tagsüber den geplanten „Materialnachschub" im elterlichen Hotelzimmer. Aber selbstverständlich geht sich ein Sprung ins warme Mittelmeer aus, und schon ist die Müdigkeit vergessen. Zum Abschluss werden wir von meinen Eltern zu einem ausgiebigen, feudalen Abendessen eingeladen. Pilger sind auch Genießer – ein Badeurlaub wäre jetzt ein Traum!
Aber weil für uns halt kein anderer geht, müssen wir selber weitergehen.

Ich finde es schön, dass meine Eltern in ihrem Alter die Reise auf sich nehmen, und wie sehr sie uns seit Beginn der Reise unterstützen. Obwohl sie meine Idee, nach Jerusalem zu gehen, noch vor einigen Jahren gar nicht verstehen konnten. Ob ich denn noch ganz normal sei, fragten sie damals, worauf ich mit: „Was ist schon normal", antwortete. Wie pflegte dies der chinesische Philosoph Konfuzius zu sagen: „Um an die Quelle zu kommen, muss man (auch) gegen den Strom schwimmen."
Mit der Zeit konnten sie meinem Entschluss doch etwas abgewinnen, und so gab es jetzt für uns alle ein erfreuliches Wiedersehen. Vor der Rückfahrt mit dem Bus bedanken Otto und ich uns von Herzen für ihre Unterstützung. Und ich rede ihnen noch gut zu, sich nicht sehr zu sorgen, denn sie „leiden" scheinbar mehr unter der Pilgerreise als ich.
Aber wie sagt David öfters? „Es gibt für mich keine größere Herausforderung, als zu versuchen, zu Fuß nach Jerusalem zu gehen." Also, so sei es.
Während der Fahrt können wir ein wenig schlafen, bis wir schließlich wieder gegen Mitternacht in Karaman eintreffen.

Nach dieser kurzen Nacht besichtigen wir vormittags die Stadt und auch das Museum. Dort sind Exponate der geschichtsträchtigen Vergangenheit der Stadt und auch einige Funde vom antiken Derbe ausgestellt. Erwähnenswert ist, dass das hier lebende sogenannte Karamaniden Volk nicht nur den Stadtnamen prägte, sondern auch Türkisch als Amtssprache einführte. Dies war im 13. Jh. n. Chr. Obwohl dieses Volk sehr mächtig ge-wesen sein soll, wurde es nach rund 200 Jahren von den Osmanen unterworfen und ihr Gebiet als Provinz in das osmanische Reich eingegliedert.
Jetzt heißt es für uns, die „fehlenden" Kilometer vom Samstag nachzuholen. Wir unternehmen später als Abschluss natürlich den Abstecher zum nahe gelegenen Derbe, besser gesagt, zu dessen offizieller Lage. Als wir eintreffen, bestätigen sich unsere in der Zwischenzeit eingeholten Informationen. Wie zuvor in Lystra ist auch hier lediglich ein etwa 15 Meter hoher Hügel zu sehen.
Nachträglich schreibe ich in das Tagebuch: „Unsere Bergetappe über Madensehri ist ein Genuss für Herz und Seele und stellt einen weiteren Höhepunkt auf dem Weg nach Jerusalem dar!"

Paulus und Barnabas reisten übrigens von Derbe den gleichen Weg, den sie hierher genommen hatten, wieder zurück – nach Lystra, weiter nach Ikonium und wieder hoch nach Antiochia in Pisidien. Anschließend in südwestliche Richtung über das Taurusgebirge nach Perge und zu dem heutigen Antalya, von wo aus sie mit dem Schiff über das Mittelmeer nach Antiochia am Orontes zurücksegelten, dem Beginn und dem Ende der ersten Missionsreise (Apg 14,21–26). Es ist unglaublich für mich, dass sie in diese Städte zurückkehrten, um wieder zu predigen, nach all dem, was ihnen zuvor widerfahren war. Auch wenn die Beharrlichkeit zu den Tugenden zählt, stößt diese bei den Mitmenschen mitunter bis heute auf teilweise großen Widerstand.

Es ist soweit, wir drei sind wieder in alter, bewährter Pilgermanier, aber mit den „neuen" Wanderschuhen ausgestattet, unterwegs in das vor uns liegende Unbekannte. Wir brechen auf, um das Zentraltaurusgebirge in südlicher Richtung über Silifke in Richtung Adana zu überqueren. Diese Route dauert etwas länger, als nach Osten durch die Kilikische Pforte das Taurusgebirge zu verlassen. Jedoch gibt uns dieser Weg weiterhin die Möglichkeit, den Spuren des Dritten Kreuzzugs zu folgen, und wir erreichen außerdem früher den warmen Mittelmeerraum. Die Kälte in den Bergen ist nicht gerade sehr gemütserhellend.

So schreiten wir auf der D715 dahin, als plötzlich Nebel einfällt und wieder Sturm und Regen aufziehen. Einmal mehr werden wir von einer Kaltfront eingeholt. Inzwischen haben wir uns ja schon fast an die Wetterkapriolen im Taurus gewöhnt und blicken mit dem Kopf unter der Kapuze, trotz des unwirtlichen Wetters, innerlich nach vor. Im richtigen Moment zeichnet sich in der Ferne unerwartet eine Tankstelle ab, und so finden wir Gelegenheit, uns ein wenig unterzustellen.

Bei einem heißen Cay wärmen wir uns, müssen aber wieder aufbrechen, um unsere vorgenommene Tagesetappe einzuhalten.
Die Straße führt zum Teil wieder anstrengend über mehrere Pässe und ist von einem ständigen Auf und Ab gekennzeichnet. Wie bestellt beruhigt sich beim Erreichen des höchsten Punktes auf 1650 Meter das Wetter ein wenig, und können wir diesen wichtigen Augenblick mit Fotos und Filmaufnahmen zelebrieren.

Dann beginnt letztendlich der Abstieg zur Stadt Mut auf 250 Meter hinunter, wobei am Weg an der linken Seite hoch oben auf einem steilen Felsen, die Steinreste des byzantinischen Klosters Alahan zu sehen sind. In engen Serpentinen führt eine zwei Kilometer lange, schmale Asphaltstraße hinauf. Irgendwie hat keiner von uns Lust, jetzt auch noch auf diesen Berg zu wandern und so haben wir Glück und ein Motorradfahrer bringt jeden von uns separat mit seinem Motorrad hinauf. „Aber nur für eine entsprechende finanzielle Gabe", lässt er uns wissen.
Der Ausblick und auch die Ruinen sind grandios. Wir sind froh, das Angebot angenommen zu haben.

Für uns erweist sich die anstrengende Strecke durch den Zentraltaurus als recht „atemberaubend". Es ist einer der landschaftlich reizvollsten Abschnitte auf dem Jerusalemweg!

Als Belohnung führt uns die letzte Etappe vor der Stadt Silifke sogar noch durch den wildromantischen Göksu-Canyon, wo sich der gleichnamige Gebirgsfluss im Laufe der Jahrtausende seinen Weg durch die Ausläufer des Gebirgsmassives gebahnt hat.

Schließlich stehen wir gegen Ende dieser Schlucht, am 23. Oktober 2010, vor einem Gedenkstein, der an ein folgenschweres Ereignis erinnert. Unweit dieser Stelle löste sich mit dem Tod von Kaiser Barbarossa sein Kreuzzugsheer auf!

Drei Wochen nachdem das Kreuzfahrerheer Ikonum erobert hatte, ertrank Barbarossa am 10. Juni des Jahres 1190 in diesem kalten Gebirgsfluss, einst als Saleph bezeichnet. Dies ereignete sich vor den Augen seines Heeres im verbündeten christlichen armenischen Königreich von Kilikien und fast in Sichtweite der Stadt Seleucia (Silifke). Ob der beinahe 70-jährige Kaiser beim Baden einen Herzinfarkt erlitt oder beim Überqueren des Flusses vom scheuenden Pferd stürzte und ertrank, ist spekulativ. Jedenfalls ist davon auszugehen, dass es ein Unfall war, und sein „Untergang" im Wasser bedeutete im weiteren Sinne auch den Untergang des Dritten Kreuzzugs. Es ist sehr bewegend, nun an dieser geschichtsträchtigen Stelle zu stehen.

Der Tod des Kaisers war für das Heer so demoralisierend, dass es Friedrich von Schwaben nicht gelang, die Truppe seines Vaters wieder vollständig zu motivieren. Die ersten Kreuzfahrer traten bereits im nahe gelegenen Silifke den Heimweg an, ein Großteil folgte dem Sohn noch bis zum heutigen Tarsus, dem Geburtsort von Paulus. Von dort zogen sie weiter

nach Antakya, wo sich später immer mehr Kreuzfahrer desillusioniert auf die Heimreise nach Europa begaben. Auch Krankheiten, wie Ruhr und Malaria, leisteten ihren Beitrag zur Dezimierung.
Das noch verbliebene Heer zog unter dem Kommando des Herzogs schließlich weiter bis zur Hafenstadt Akkon, nördlich der heutigen Stadt Haifa in Israel und unterstützte die Belagerung der Stadt. Schließlich trafen im Laufe des Frühjahres 1191 auch die Könige von Frankreich und England, Philipp II. und Richard Löwenherz, ein. Diese waren, wie zu Beginn erwähnt, auf dem Seeweg ins Heilige Land unterwegs gewesen. Dadurch kam Bewegung in die fast zweijährige Belagerung, und schließlich konnte die strategisch wichtige Stadt zurückerobert und lange gehalten werden.
Dies gilt als großer aber auch einziger Erfolg des Dritten Kreuzzugs: Jerusalem blieb in der Hand Saladins – das Ziel der Rückeroberung Jerusalems war verfehlt!
Jedoch wurde durch die Präsenz der Kreuzfahrer im Nahen Osten die Wiedererrichtung des Königreichs Jerusalem vorläufig gesichert, mit Akkon als neuer Hauptstadt. Somit war es gelungen, in der Zeit, als sich Saladin auf dem Höhepunkt seiner Macht befand, die drohende völlige Vernichtung der Kreuzfahrerstaaten zu verhindern. Zwei Jahre (1193) später verstarb Saladin, und die Wirren um seine Nachfolge verschafften den Kreuzfahrerstaaten eine weitere Atempause.
Ursprünglich wollte Friedrich von Schwaben seinen toten Vater in Jerusalem beisetzen, aber der Versuch, den Leichnam in Essig zu konservieren, soll misslungen sein. Danach wurde der Leichnam, beziehungsweise die Leichenteile in Fässern transportiert. Schließlich kam es zu einer Teilbestattung, die damals bei großen Persönlichkeiten durchaus eine gängige Praxis darstellte.
So wurden das Herz Kaiser Friedrich Barbarossas samt Eingeweiden in der Kathedrale von Tarsus, das Fleisch in der Peterskirche in Antakya und die Gebeine in der Kathedrale von Tyros, im Süden des heutigen Libanons, beigesetzt. Diese Orte wurden später von den Muslimen erobert und entweder zerstört oder nach islamischer Tradition umgebaut. Deswegen wurde an all diesen drei Beisetzungsstellen nichts von Überresten Barbarossas wiedergefunden.

Es ist eine Ironie der Geschichte, dass die Reliquien des Kaisers als verschollen gelten, nicht aber jene der Heiligen Drei Könige! Barbarossa hatte diese zu Lebzeiten als Kriegsbeute im Jahr 1164 von Mailand in sein Reich bringen lassen, wo sie bis heute im Kölner Dom verwahrt werden.
Spätabends erreichen wir drei Jerusalempilger Silifke, aber gesund und wohlauf! Hier verbringen wir nicht nur die Nacht, sondern auch den folgenden Sonntag.
Neben den üblichen Dingen, die uns meist an einem Ruhetag „begleiten" (Ausschlafen, Tagebuch, Besichtigungen, Webseite, Fotos sortieren …), nutzen wir die Zeit, um nochmals zurück zum Canyon zu fahren. Denn wir möchten uns diesen Fluss aus der Nähe ansehen und zumindest kurz das Wasser berühren.
Ein alter Taxifahrer, der uns von der Unterkunft abholt, weiß nichts von einem Fahrweg, der auf der anderen Flussseite verlaufen soll. Dieser ist aber auf meiner GPS-Karte eingezeichnet, und obwohl ich ihm die Karte zeige, vertraut er uns nicht. Bei jeder sich bietenden Gelegenheit hält er mit den Wagen an, um einen Bewohner nach dem Weg zu fragen. Schlussendlich lässt er sich von uns überreden und wir finden tatsächlich den schmalen Weg entlang der Schlucht. Bei einem kleinen Bauernhof ist auch dieser zu Ende, wir durchqueren nun zu Fuß eine kleine Orangenplantage und stehen fünf Minuten später am Göksu.

Unglaublich, wir befinden uns an jener Stelle, wo der Fluss in einer großen natürlichen Schlinge verläuft und das Heer hier einst den Fluss überqueren musste. Und direkt oberhalb des bewaldeten Canyons ist die Hauptstraße mit dem Gedenkstein zu sehen, wo wir am Samstagabend waren.
Wir verbringen hier eine Weile in der Stille des idyllischen Tales und lauschen dem Rauschen des Wassers. Was dieses uns wohl erzählen könnte? Ich bin dankbar und überglücklich, dass wir so vieles bisher erleben durften. Mir fehlen die Worte – die Ruhe sagt alles.
Auf der Rückfahrt beschließen wir, die nahe gelegene frühchristliche Wallfahrtsstätte Ayathekla zu besuchen. Hier lebte die heilige Thekla versteckt in einer Höhle, in der sie auch verstorben und begraben worden sein soll. Die vom Apostel Paulus getaufte Frau wurde zur Christin und sollte deshalb mehrmals getötet werden. Sie gilt als Schülerin und Begleiterin von Paulus. Über Stufen gelangen wir zu der nun als kleine Kirche ausgebauten Höhle, über der sich die Mauerreste einer alten Basilika befinden.
Neben Silifke reklamiert die Grabstätte der heiligen Thekla aber auch der syrische Gebirgsort Maalula für sich, wo ebenfalls in einer Höhle ein Wallfahrtsort samt einem Frauenkloster entstand. Wir können natürlich nicht klären, wo sich ihr Leichnam befindet, aber wir werden auf dem Weg durch das Anti-Libanon-Gebirge aller Voraussicht nach zu diesem Kloster gelangen – nach dem Motto, doppelt hält besser!
Den Abend lassen wir in einem Restaurant in Silifke gemütlich ausklingen. Als wir am nächsten Tag zu Fuß die Mittelmeerküste erreichen, können wir es kaum glauben, wie schnell die Wochen seit Kusadasi an der Ägäis vergangen sind! Damit haben wir die 160 Kilometer lange Bergstrecke von Karaman bis hierher zum Meer gut hinter uns gebracht und wandern ab nun entlang des Küstenbereiches. In der Nachmittagspause nutzen wir selbstverständlich die Gelegenheit, uns der verschwitzten Kleider zu entledigen und ins Wasser zu springen. Dies Ende Oktober bei 27 Grad Außen- und angenehm warmer Wassertemperatur. Fast unglaublich, wenn ich an die Gegend von Konya zurückdenke, wo es gar nur fünf Grad hatte und ein eisiger Wind wehte, denn hier ist nun Sommer! Wir sind froh, nun bei warmen Temperaturen in Strand- und Küstennähe gehen zu können.

Blacky kommt kurz in den Sinn – ob er es mit uns bis hierher geschafft hätte? Aber es geht ihm sicher gut am Meer, und außerdem sind ihm die wilden Hunde am Weg erspart geblieben, dafür hatte dann eben Otto mit ihnen seine liebe Not.
Entlang der Nationalstraße D400 durchschreiten wir etliche kleinere und größere Orte auf dem Weg nach Mersin, das mit fast einer Million Einwohnern auch Hauptstadt der gleichnamigen Provinz ist.
Leider werden Davids Probleme mit seiner lädierten Achillessehne immer größer. Nicht nur, dass er ganz hinten nachgeht und „hatscht", die Sehne ist mittlerweile so verhärtet, dass es auch für uns Laien unübersehbar ist. Für ihn sind das wirklich beinharte Tage!
Obwohl wir tausende Kilometer geschafft haben, liegt noch mehr als die Strecke des spanischen Jakobswegs vor uns. Jedem von uns ist vollkommen klar, dass ein schlecht gesetzter Schritt oder eine Verletzung am Fuß das Aus der Pilgerreise bedeuten kann. Es gibt keine Garantie für das Ankommen, und vor uns liegen noch fast zwei Monate bis Bethlehem.
David ist sich dessen bewusst. Es wäre für jeden von uns eine Katastrophe, nach vier Monaten und so vielen Strapazen aufgeben zu müssen. Er ist aber mental sehr stark und wird versuchen, den Schmerz durchzugehen, bis dieser verschwindet und Besserung eintritt.
Zurzeit sind wir alle etwas angeschlagen, die lange Etappe vom Taurus mit den schweren Rucksäcken bergab nach Mut zeigt Nachwirkung. Da der Einbruch der Dunkelheit bevorstand, gingen wir nicht nur zu schnell, sondern ließen auch die notwendige letzte Pause aus. Otto und ich laborieren an Muskelverspannungen, Blasen und einem leichten Ziehen der Achillessehne, aber es ist alles im grünen Bereich. Seit Sankt Pölten dehne ich morgens, abends und bei jeder Rast die Sehne, ich habe sie im Griff.
Aber merkwürdig finde ich, dass die rechte große Zehe noch immer geschwollen ist. Sie schmerzt etwas, aber nur, wenn ich daran denke oder sie nicht regelmäßig mit meinen Salben behandle. Also versuche ich, nicht daran zu denken, aufkommende negative Gedanken lasse ich ziehen, und mit Freude im Herzen blicke ich nach vorne. Mag sein, dass dies zu einfach klingt, aber es funktioniert, wenn man sich daran hält. Wir sind göttlichen Ursprungs, aber wir unterschätzen oft die Kraft unserer eigenen Gedanken, deren „Produkt" wir sind: mit einem Körper als Tempel der See-

le und einem Geist, der diesen lenkt. Kurz und knapp, du bist, was du denkst, und Gedanken erzeugen Materie!
Hermann Hesse hat dies wunderbar zum Ausdruck gebracht: „Jeder kann zaubern, jeder kann seine Ziele erreichen, wenn er denken kann, wenn er warten kann, wenn er fasten kann."
So trägt auch das Wissen um diese geistigen Prinzipien dazu bei, dass sich gesundheitliche Störungen bessern und wir gemeinsam Mersin erreichen. Nicht nur körperlich, sondern auch kameratechnisch sind Probleme zu lösen. In die Optik sind Staubteilchen eingedrungen, weshalb die Aufnahmen zum Teil kleine schwarze Flecken aufweisen. Daher ist ein Service dringend notwendig. Außerdem sind die Bedientasten vom Schweiß verklebt und sollten dringend gereinigt werden. Die vergangenen Monate haben auch an der Technik ihre Spuren hinterlassen. Wie sich alsbald herausstellt, haben wir Glück und finden im Stadtzentrum eine kleine Elektronikwerkstätte, die einen Servicevertrag mit der Marke unseres Camcorders hat. „Bis morgen ist sie abholbereit", wird uns mitgeteilt, also werden wir wie in derartigen Situationen üblich, bis abends weitergehen, anschließend mit einem Minibüs zurückfahren und uns hier in der Stadt ein Zimmer nehmen. Morgen vormittags können wir die Kamera abholen und sollten bis mittags Tarsus zu Fuß erreicht haben. Das klingt zwar etwas kompliziert, aber wir sind im Improvisieren schon fast weltmeisterlich …
Also wandern wir noch einige Stunden neben der vielbefahrenen Hauptstraße, und als wir zurückkommen, finden wir direkt gegenüber der Busstation ein komfortables und äußerst preiswertes Hotel. Unmittelbar daneben befinden sich mehrere der in der Türkei typischen Schnellimbiss-Restaurants, wo wir, wie so oft, den lauen Abend im Freien genießen. Bevor wir schlafen gehen, besuchen wir noch ein Internetcafé, wo ich Infos über Mersin und Tarsus einhole. Wie ich dabei auf eine türkische Seite mit Fotos von Kirchen komme, kann ich nicht sagen, ich weiß nur, dass neben einem der acht Bildchen das Wort Mersin zu lesen ist. In bewährter Weise fotografiere ich mit dem Handy den Bildschirm und zeige das Telefondisplay den Jungs im Internetladen. Nach kurzer Zeit gelingt es, die Adresse zu ermitteln und wir freuen uns auf den morgigen Besuch der Kirche und jetzt auf eine ruhige Nacht im Einzelzimmer!

Gleich nach dem Frühstück begeben wir uns auf die Suche nach dem Gotteshaus, das sich im Hafenbereich circa 500 Meter nordöstlich des Atatürk Parks befindet. Wir läuten an der Glocke neben dem eisernen Gittertor und hoffen auf Einlass in die römisch-katholische Antonius-Kirche.

Wir haben Glück, es wird geöffnet, und wir treffen auf zwei Priester! Der eine ist über 70 Jahre alt und stammt aus Italien, der andere ist ein etwa 40-jähriger Pole. Die beiden sind offen und sehr freundlich und nehmen sich für ein ausgiebiges Gespräch Zeit. Sie erzählen uns von der schwierigen Lage der Kirche in der Türkei, von Drohungen, die ihnen persönlich widerfahren sind, und von der gesellschaftlichen Ausgrenzung der „Handvoll" noch verbliebenen Christen.
Wir bekommen unseren Pilgerstempel, und sie sprechen für uns drei Jerusalempilger in der Kirche ein Segensgebet. Unser Besuch bringt auch ihnen Freude – wir ermutigen uns gegenseitig!
Bestärkt von dieser Begegnung und mit der inzwischen abgeholten Kamera im Gepäck, erreichen wir am frühen Nachmittag des 28. Oktobers 2010 das Stadtgebiet von Tarsus, der Geburtsstadt des Apostels Paulus! Ein lebendes Museum wäre eine passende Beschreibung für die etwa 250.000 Einwohner zählende Stadt, die auf eine 9.000-jährige Geschichte zurückblickt. Sieben Schichten wurden im Laufe der Jahrtausende übereinander gebaut, womit die Stadt als älteste Anatoliens gilt. Wir sind also dort angekommen, wo so vieles seinen Ausgang nahm.

Paulus soll um das Jahr 8 n. Chr. als Sohn einer jüdischen Familie hier geboren worden sein und sich seinen Lebensunterhalt als Zeltmacher verdient haben. Er war gebildet und anfangs ein Gegner der Christen. Eine wunderbare Begegnung mit dem auferstandenen Jesus auf dem Weg nach Damaskus veränderte sein Leben radikal, woraufhin er sich etwa im Laufe eines Jahrzehnts zum Missionar wandelte. Paulus wurde

von Jesus berufen. Fortan stand sein Leben im Zeichen der noch jungen Christenheit.
Wir trafen in der griechischen Stadt Kavala erstmals auf Paulus' Spuren. Seither sind mehr als zwei Monate vergangen, und wir haben stets versucht, seinen Spuren, so gut es uns gelang, zu folgen. Sie führten uns zu vielen wunderbaren und abgelegenen Orten, und wir durften wahrlich Einmaliges erleben. Um diese Gefühle zu beschreiben, fehlten oftmals die passenden Worte. Wir können „nur" Danke für das Erlebte sagen.

„Macht meine Freude dadurch vollkommen,
dass ihr eines Sinnes seid,
einander in Liebe verbunden,
einmütig und einträchtig,
dass ihr nichts aus Ehrgeiz
und nichts aus Prahlerei tut.
Sondern in Demut schätze einer
den anderen höher als sich selbst.
Jeder achte nicht nur auf das eigene Wohl,
sondern auch auf das der anderen."
(Auszug aus dem Brief von Paulus an die Philipper – Phil 2,2–4)

Ich denke, wenn es uns gelänge, diesem hohen Anspruch gerecht zu werden, wäre Friede nicht nur ein „überstrapaziertes" Wort, sondern Realität. Wer weiß, möglicherweise wird der „Jerusalemweg" zukünftig mehr als eine Alternative zum Jakobsweg sein, entweder in mehreren Etappen oder in einem Stück absolviert, und sich als Religionen übergreifender und Völker verbindender Friedensweg etablieren. Fakt ist, je mehr Menschen diese Sehnsucht verspüren und aufbrechen, umso besser können die Strukturen und Informationen auf diesem Weg werden. Bis hin zu entstehenden Herbergen oder gar das Revitalisieren von Kirchen und Klöstern oder deren Verwendung als Pilgerunterkünfte, ist alles möglich.
Schlussendlich werden für und durch jeden Pilger Ängste vor den fremden Kulturen ab- und Brücken zwischen Menschen und Religionen aufgebaut. Dadurch leistet jeder Jerusalempilger bewusst oder unbewusst einen aktiven Beitrag zum Frieden zwischen den Völkern und im Nahen Osten. Was Religionen und Völker trennt, können nur wir Menschen in Liebe verbinden.

Zur Person des Apostels Paulus meinte der Kölner Erzbischof Kardinal Joachim Meisner im Rahmen des Paulusjahres 2008/2009: „Ohne Paulus gäbe es keine Weltkirche, kein christliches Europa, keine Menschenrechte und keine Vereinten Nationen."
Zur historischen Ergänzung führe ich nachstehend wichtige Stationen im Leben von Paulus in chronologischer Reihenfolge an, wobei diese in den Quellen untereinander variieren und lediglich einen Umriss darstellen. Die folgenden Jahresangaben beziehen sich auf die Zeit nach Christi Geburt:

Um das Jahr 8 – Geburt in einer jüdischen Familie, wobei Paulus das römische Bürgerrecht vermutlich vom Vater geerbt hatte. Er soll eine Philosophieschule in Tarsus besucht, eine Ausbildung als Lehrer für die Tora (dem Hauptteil der hebräischen Bibel) absolviert und in Jerusalem religiöse Schriften und Überlieferungen studiert haben. Paulus, der als Intelektueller und als überzeugter Anhänger der Pharisäer galt, war daher ein Gegner der Lehren von Jesus. Abgesehen von dieser Ausbildung erlernte er nach jüdischer Sitte auch das Handwerk eines Zeltmachers; 30 – Kreuzigung von Jesus; 33 – Berufung von Paulus. In der Zeit vor diesem sogenannten Damaskuserlebnis verfolgte Paulus nicht nur die Christen, sondern war sogar an der Steinigung des Diakons Stephanus beteiligt, indem er damit einverstanden war (Apg 8,1). Dies soll bereits ein Jahr nach der Kreuzigung von Jesus geschehen sein, womit der heilige Stephanus als erster Märtyrer der christlichen Urgemeinde gilt; 36 – Reise nach Jerusalem, um Petrus kennenzulernen; 43 – Jakobus Zebedäus (der Ältere) wird durch Herodes Agrippa I. enthauptet, dieser ist der erste Märtyrer der zwölf Apostel. Sein im spanischen Santiago de Compostela vermutetes Grab, ist das Ziel des Jakobsweges; 45 – Zusammenkunft von Paulus mit der Gemeinde und den Angesehenen in Jerusalem; 46 bis 48 – erste Missionsreise gemeinsam mit Barnabas und anfangs Markus; 48 – Apostelkonzil in Jerusalem; 48 bis 51 – zweite Missionsreise, die Paulus wegen eines vorangegangenen Konfliktes mit Barnabas nun gemeinsam mit Silas unternimmt; 51 bis 55 – dritte Missionsreise, bei der Paulus nun offenbar allein aufbricht, aber unterwegs Reisegefährten bekommt; 58 – Gefangenschaft durch die römische Besatzungsmacht in Cäsarea; 59 – Überführung nach Rom mit anschließender Gefangenschaft und 62 – Martyrium unter Kaiser Nero, der ihn angeblich mit dem Schwert enthaupten ließ. Als römischer Bürger blieb ihm eine Kreuzigung erspart.

Wie war Paulus als Mitmensch? Wegen seiner Unnachgiebigkeit war er sicherlich ein schwieriger Zeitgenosse. Seine Eigensinnigkeit wird aber auch mit seiner hohen Bildung in Verbindung gebracht: Als „gesetzestreuer" Jude verfolgte er die Einhaltung religiösen Schriften und Gesetze streng und genau. Er sprach Hebräisch und Griechisch, die Sprache seiner Stadt. Seine Sprachkenntnisse waren ein großer Vorteil, weshalb er sich auf seinen Missionsreisen mit allen Menschen gut verständigen konnte.

Seine leidvollen Erfahrungen, das Urchristentum und die daraus resultierenden Widrigkeiten betreffend, beschrieb er im zweiten Brief an die Korinther: „Fünfmal erhielt ich von Juden die neununddreißig Hiebe; dreimal wurde ich ausgepeitscht, einmal gesteinigt, dreimal erlitt ich Schiffbruch, eine Nacht und einen Tag trieb ich auf hoher See. Ich war oft auf Reisen, gefährdet durch Flüsse, gefährdet durch Räuber, gefährdet durch das eigene Volk, gefährdet durch Heiden, gefährdet in der Stadt, gefährdet in der Wüste, gefährdet auf dem Meer, gefährdet durch falsche Brüder. Ich erduldete Mühsal und Plage, durchwachte viele Nächte, ertrug Hunger und Durst, häufiges Fasten, Kälte und Blöße." (2 Kor 11,24–27).
Als er in Jerusalem gefangen genommen wurde, soll er gebeten haben, auf Aramäisch sprechen zu dürfen, also wusste er auch die Sprache von Jesus anzuwenden. Paulus ist Jesus zu Lebzeiten jedoch nie begegnet – er war keiner seiner Jünger und gehörte somit nicht zum Kreis der Apostel! Durch sein Damaskuserlebnis verstand er sich aber selbst als ein direkter Gesandter von Jesus und somit als Apostel.
Erst vor einigen Jahren wurde vom Vatikan bekanntgegeben, dass bei Ausgrabungen in der römischen Basilika „San Paolo fuori le Mura" der Sarkophag des Apostels Paulus entdeckt beziehungsweise wiederentdeckt wurde. In der Pilgerkirche ist seit Ende 2006 dieses Paulusgrab wieder öffentlich zugänglich. Ob es zu einer Öffnung des Steinsarkophags kommt und dadurch festgestellt werden kann, ob es sich tatsächlich um die Gebeine von Paulus handelt, wird unter Wissenschaftlern angezwei-

felt. Die nahe oder ferne Zukunft wird vermutlich Licht ins Grabesdunkel bringen. Seine Kopfreliquie wird ebenfalls in Rom, in der Lateranbasilika, verehrt. Heute erinnern in Tarsus beispielsweise noch das Paulus- oder Kleopatrator, sein Geburtshaus und eine als Museum genützte Kirche an den weltberühmten Stadtbürger. Als wir bei diesem „Museum" eintreffen, sind wir glücklicherweise die einzigen Besucher und finden eine gute Gelegenheit, in der Stille beten zu können. Es sind übrigens Bestrebungen im Gange, das Gebäude wieder als Kirche zu nutzen. „Diese sind an der Bürokratie und den vielen unterschiedlichen Zuständigkeitsbereichen gescheitert", erzählt uns später ein Passant.

Pauluskirche von Tarsus.

Anschließend erkundet jeder für sich allein die Stadt, und wir vereinbaren einen Treffpunkt. So schlendere ich durch die ansprechende Altstadt, verbringe einige Zeit im Gastgarten eines gemütlichen Kaffeehauses und versuche, diesen Augenblick voll zu genießen. Es ist wieder wie ein Ankommen am Ziel für mich, mein Gefühl ist ähnlich von Freude erfüllt wie damals, als wir erstmals das Meer in Griechenland gesehen hatten.
Langsam realisiere ich, dass wir tatsächlich im Geburtsort von Paulus sind und wie weit uns die Füße in den vergangenen Monaten getragen haben. Es ist nun nicht mehr sehr weit nach Syrien, aber vor dem Satz „Zu Fuß bis nach Syrien" habe ich noch immer großen Respekt. Schritt für Schritt haben wir tausende Kilometer hinter uns bringen dürfen, und trotz der Strapazen kann ich nur sagen, dass diese Pilgerreise ein Geschenk für Körper, Geist und Seele ist.
Ich bin dankbar, dass mich mein Lebensweg zur Pilgerschaft und zu diesem bewussten Stillstand geführt hat. Dies geschah ohne einen massiven äußeren Anlass, wie zum Beispiel eine Krankheit oder einen Schicksalsschlag. Ich würde die Pilgerschaft als selbstauferlegte Entschleunigung

mit dem Vertrauen auf die göttliche Führung bezeichnen. Wo sollten wir uns, als Kinder der Mutter Erde, besser regenerieren als in der Natur? Für mich ist das „Weitwandern" eines der probatesten Mittel gegen die vielen psychischen Störungen und Krankheiten, die Disharmonien in unserer schnelllebigen Spaßgesellschaft. Denn wie sollen wir das Überschreiten unserer Grenzen, das bis hin zu einem Burnout führen kann, erkennen, wenn wir zeitlebens vor uns selber davonlaufen, um jeden Stillstand zu vermeiden?

Es zieht sich seit den letzten zehn Jahren wie ein roter Faden durch mein Leben, und ich komme immer wieder auf den gleichen Punkt, dass ich am meisten Glückseligkeit sowie Zufriedenheit in der „Einfachheit" verspüre. Ein Überangebot an allerlei Dingen verschafft oft nur kurzzeitig Freude und verkommt rasch zur Ersatzbefriedigung. Auch Wahrheit kann nur einfach sein und ist allen Menschen zugänglich. Durch Bildung, Theorie und Wissen allein werden wir wohl nicht zur Weisheit gelangen. Der Schlüssel zu uns und zur Göttlichkeit ist unser Gefühl und das Herz.

Weisheit ist die Wahrheit durch das Herz gesprochen oder wie es Antoine de Saint-Exupery im Buch „Der Kleine Prinz" beschrieb: „Man sieht nur mit dem Herzen gut. Das Wesentliche ist für die Augen unsichtbar."

Während ich im Gastgarten vor mich hin „philosophiert" habe, hätte ich beinahe die Zeit übersehen und gehe nun rasch zum nahe gelegenen Paulusbrunnen, um Otto und David zu treffen. Es ist ein besonderer Moment, denn obwohl der Aufseher offenbar bald den Zugang zum Areal schließen möchte, kommt er zu mir, als ich beim Brunnen stehe. Wir kommen ins Gespräch über unsere Pilgerreise, wobei ich ihm einen unserer Aufkleber reiche und damit auch den Zugang markiere.

Als Otto bei uns eintrifft, hat der Wächter bereits das Vorhangschloss an der Kurbel des Brunnens geöffnet und holt mit Hilfe der Seilwinde einen Eimer Wasser für uns herauf. Mit dieser Geste beschert er uns große Freude, und wir trinken nicht nur das angeblich heilbringende Wasser, sondern waschen uns damit Gesicht und Hände. Etwas später treffen wir auf David – das Pilgerteam ist wieder vollzählig.

Zum Glück hat Otto bereits am Nachmittag den Brunnen fotografisch festgehalten, jetzt ist es dafür zu dunkel.

Die Nacht werden wir in einem Hotel verbringen, aber davor lassen wir den Abend in einem Grillrestaurant gemütlich ausklingen.

Am Vormittag wandern wir weiter, wobei das bisher ohnehin starke Verkehrsaufkommen auf der Hauptstraße noch zunimmt und speziell der LKW-Verkehr enorm wird! Zwischen Mersin, der wichtigsten Hafenstadt des östlichen Mittelmeeres und Adana, dem Zentrum der türkischen Textilerzeugung, scheint der Verkehrsfluss nie abzureißen. Dies ist kein Wunder, denn das Industriegebiet begleitet uns den ganzen Tag und hat das Ausmaß einer Großstadt.

Wir sind uns einig, dass wir, sobald wir die Ortstafel Adana erblicken, mit einem Bus oder dergleichen in die Millionenstadt fahren und die „geschenkte" Zeit entsprechend nutzen werden.

Am Samstagmittag stehen wir freudestrahlend am Beginn des Stadtgebietes. Wir haben genügend Zeit, um die Metropole zu erkunden und verbringen auch den folgenden Sonntag in der Stadt. Dass wir am Wochenende hier sind, trifft sich ausgezeichnet,

denn David muss wegen der Abwicklung einiger Formalitäten für seine Firma zur österreichischen Botschaft nach Ankara fahren und der zentrale Busterminal zur türkischen Hauptstadt liegt in Adana. Daher kann er zwar am Montag nicht mit uns gehen, wird aber bereits am Ruhetag diese Etappe „absolvieren", womit wieder alles im Lot ist.
Die größte Stadt der südlichen Türkei erwartet uns mit einigen Superlativen! Die römische Tasköprü-Steinbrücke gilt weltweit als älteste, noch in Verwendung stehende Brücke, während die weithin sichtbare Sabanci-Merkez-Moschee die größte Moschee der Türkei ist!

Während David die kommende Etappe „vormarschiert", begeben Otto und ich uns durch die engen Gassen des Stadtzentrums auf die Suche nach der katholischen Sankt-Paulus-Kirche. Diese wurde mit den Jahren ringsum von Häusern verbaut, weshalb sie für uns schwer aufzufinden ist. Nur mit Hilfe mehrerer „Hinweise" stehen wir schließlich vor dem verschlossenen Eisentor der hohen Einfriedung und erblicken im Hintergrund eine liebevoll wirkende Marienstatue auf dem Giebel des Kirchendaches. Es ist kurz nach Mittag, und es scheint niemand anwesend zu sein, denn trotz mehrmaligen Läutens bekommen wir keine Antwort.

Währenddessen beobachten uns einige Jugendliche und geben uns zu verstehen, dass erst morgen vormittags wieder jemand hier sein würde. Das ist zwar schade, denn wir haben uns sehr auf den Besuch der Kirche gefreut, aber Montagmorgen passt auch und wer weiß, wofür es gut ist?! Die Jungs wirken sympathisch, und wir unterhalten uns miteinander, während Otto freudig mit der frisch servicierten Kamera fotografiert.
Dabei bietet einer der Burschen an, mit unserer Kamera ein Gruppenfoto zu machen, damit auch Otto auf dem gemeinsamen Foto zu sehen ist. Otto gibt ihm den Camcorder und dieser geht gut zehn Meter zurück, um uns samt der Kirche in den Bildausschnitt zu bekommen. Nach einigen

Aufnahmen dreht er sich aber blitzartig um und rennt mit unserer Kamera davon! Wir laufen ihm sofort nach, aber er ist in einer der vielen Gassen verschwunden. Was für ein Schock! Nicht nur, dass die Kamera sehr teuer ist, sind auf dem Chip die gesamten Fotos und Videos der letzten beiden Wochen gespeichert! Es sind unwiederbringliche Aufnahmen für uns! Eine Katastrophe!

Wir „schnappen" seine Freunde und gehen zur Polizei mit ihnen. Immerhin müssten sie seinen Namen wissen, und somit besteht eine theoretische Chance, den Kameradieb auszuforschen. Auf dem Weg zur Polizeidienststelle vermitteln die Jugendlichen einen kooperativen Eindruck und können selber nicht fassen, was ihr „Bekannter" getan hat. Sie wüssten allerdings nur seinen Namen und dass er psychisch labil sei. Aber wo er wohne, sei ihnen unbekannt. Bereits nach weniger als zehn Minuten sind wir bei einer Polizeidienststelle eingetroffen, und ich versuche, sogleich mit dem Kommandanten oder dem ranghöchsten anwesenden Polizisten zu sprechen. Der „Papierkram" samt dem Übersetzen der Personendaten kann auch später erledigt werden, jetzt geht es darum, den Dieb zu finden, schließlich könnte dieser inzwischen die Kamera weitergeben oder gar den Chip löschen.

Es erweist sich als Vorteil, dass wir Berufskollegen sind, denn es gelingt mir, dem Chef in Englisch die Tragweite des Diebstahls zu vermitteln. Dieser versucht, die Situation zu deeskalieren, indem er uns das Gefühl gibt, alles Menschenmögliche zu unternehmen, um das Diebesgut aufzufinden. Nach einer kurzen Befragung der „mitgebrachten" Jugendlichen schwärmt er zusammen mit zehn Polizisten aus, die Fahndung beginnt. Für uns brechen bange Stunden des Wartens auf der Dienststelle an. Plötzlich wird gegen 18 Uhr über Funk mitgeteilt, dass der Bruder des Diebes ermittelt werden konnte, und die Chancen nicht schlecht stünden. Für uns wäre es ein Wunder, könnte die Videokamera tatsächlich gefunden werden, ohne dass der Chip gelöscht wäre.

Nach insgesamt sechs ungewissen Stunden kommt die erlösende Mitteilung, dass der Vater des Diebes ausgeforscht wurde, und er die Kamera überbringen würde. Sein Sohn habe sie zuhause deponiert und sei seither spurlos verschwunden. Kurz darauf reicht uns der Vater unsere Kamera und entschuldigt sich für die Tat seines Sohnes. Irgendwie tut er uns leid, er schämt sich für seinen Sohn, der arbeitslos sei und Drogen nehme.

Wir kontrollieren als erstes den Chip und stellen fest, dass Gott sei Dank noch alle Aufnahmen gespeichert sind. Abschließend bedanken wir uns bei allen Kollegen für ihr Engagement und die rasche Aufklärung und nehmen uns vor, in den kommenden Tagen ein Dankesschreiben an das Polizeikommando in Ankara und Adana zu verfassen.
Und was lernen wir aus diesem Vorfall? Erstens: Gib niemals einem Unbekannten deine Kamera. Zweitens: Wenn doch, dann achte auf dein Schuhwerk, denn mit „Ruhetags-Sandalen" kannst du nicht schnell laufen. Drittens: Wenn du ein Dieb bist, dann vermeide tunlichst, die Kamera eines Polizisten zu entwenden.
Die Kollegen sind Helden für uns und werden mit einem Foto verewigt: die Polizei, dein Freund und Helfer!

Wir haben jedenfalls daraus gelernt und geben den Fotoapparat nicht mehr aus den Händen. Außer eventuell an David, weil er natürlich nur auf Schiern schnell ist. Eigentlich wollten wir am Nachmittag unser Tagebuch ergänzen, nach diesem Erlebnis ist die Energie dafür aber weg. Jetzt genehmigen wir uns mindestens ein Bier nach diesem ereignisreichen Tag, der zwar anders gekommen ist als wir dachten, aber immerhin ein gutes Ende genommen hat.

Wie ausgemacht, versuchen Otto und ich am Morgen unser Glück am Tor zur Pauluskirche, nun öffnet uns eine Frau. Sie teilt uns mit, dass in der nächsten halben Stunde eine Messe beginne und lädt uns zum Mitfeiern ein. Gerne nehmen wir das Angebot an und staunen nicht schlecht, als diese von dem alten italienischen Pfarrer aus Mersin zelebriert wird. Er erkennt uns natürlich auch sofort, aber dies ist kein Wunder, es nehmen ja nur acht Personen an der Messe teil. Nachher trinken wir gemeinsam einen Cay und mit einem weiteren Stempel im Pass brechen wir in Richtung Iskenderun auf.
Ursprünglich wollten wir nach Karatas, um von dort mit einem Boot die Bucht nach Iskenderun zu überqueren. Aber es gibt zwischen den beiden Städten keinen Schiffsverkehr, sodass unser Plan ins Wasser fiel.
Also sind wir in östlicher Richtung auf dem Weg nach Ceyhan und auch David ist wieder mit von der Partie, nachdem er in Ankara alles zu seiner Zufriedenheit erledigen konnte.
Auf dem Weg durch die Dörfer treffen wir auf ein anschauliches Beispiel wie wirtschaftlich einspurige Kraftfahrzeuge genutzt werden können.

Ab Ceyhan halten wir uns südlich und wandern später in Richtung Osten über die Dörfer Kurtpinar und Asagiburnaz bis wir vor der Stadt Dörtyol wieder auf eine Hauptstraße treffen. Einmal mehr erweist uns das GPS-Handy samt Kompass in der Abgeschiedenheit gute Dienste.

Im Bereich der Meeresbucht passieren wir zuerst ein riesiges Kohlewerk und wandern später in landwirtschaftlichem Gebiet mitten durch Orangen- sowie Mandarinenplantagen. Wir werden reichlich mit frischem Obst beschenkt.

Sommertemperaturen, ein idyllischer Feldweg und freundliche Menschen – also wenn das nicht die Zuckerseiten eines (Pilger)Lebens sind.
Ab Dörtyol ist es schließlich vorbei mit der Ruhe und Abgeschiedenheit der Dörfer und Obstplantagen. Wir werden nun neben dem LKW-Lärm auf der D817 auch vom Staub des riesigen Hafen- und Industriegebietes begleitet.
Als wir unmittelbar vor der Stadt Iskenderun in den Sonnenuntergang hineinwandern, passieren wir zur Linken eine mächtige Militärkaserne. Diese wurde nicht ohne Grund hier gebaut, stellt doch der Nachbar Syrien Besitzansprüche auf die Provinz Hatay, in der wir uns nun befinden.

Den lauten Pfiffen der Soldaten zum Trotz gelingt Otto ein Foto der Extraklasse!

Die 200.000 Einwohner zählende Hafenstadt ist auch Bischofssitz, und wir wollen die der Mutter Maria und dem Erzengel Gabriel geweihte katholische Kathedrale besuchen.
Ein junger polnischer Priester führt uns in der Kirche herum. Anschließend unterhalten wir uns im Garten mit ihm. Geschah doch vor wenigen Monaten in Iskenderum der Mord am römisch-katholischen Bischof Padovese. Die Nachricht über die grausame Tat seines Chauffeurs, der ihm mit einem Obstmesser die Kehle durchschnitt, ging um die Welt. Ob die Tat in Zusammenhang mit dem unmittelbar zuvor abgesagten Treffen mit Papst Benedikt XVI. stand, lässt jedenfalls Raum für Spekulationen offen.
Blicken wir lieber wieder in die Gegenwart, wo uns der Priester alles Gute für die Pilgerreise wünscht und unsere Pässe mit einem schönen Stempel bereichert. Nun verlassen wir das ehemalige Karmelitenkloster und treffen in der Nähe noch auf ein syrisch-orthodoxes Gotteshaus. Dieses ist aber verschlossen, und so schreiten wir voran. Am Ende der Stadt führt uns die D817 über Belen steil auf eine Höhe von 750 Meter. Nach dem Taurusgebirge gibt es hier wieder eine starke Steigung zu überwinden. Dafür bietet sich uns ein letzter Ausblick zurück auf das Mittelmeer sowie eine herrliche Sicht auf das vor uns liegende Grenzgebiet zu Syrien.

Unweit des Bergsattels erreichen wir in Kici bei angenehmen Spätsommertemperaturen verschwitzt eine Tankstelle, wo wir die verdiente Pause einlegen. Von hier oben ist nun der weitere Verlauf der in lang gezogenen Serpentinen gebauten Hauptstraße gut zu erkennen. Wir entschließen uns, durch die Olivenhaine direkt ins Tal zu wandern. Wegen des starken Gefälles, dem sandigen Boden und den schweren Rucksäcken stellt sich das bald als Abenteuer heraus! Immerhin können wir etwa fünf Kilometer abkürzen und fernab des Verkehrs wandern, und wir kommen unversehrt unten an.
Nun führt an einer großen Kreuzung die Straße nach rechts in südliche Richtung, wobei ein Baumwollfeld und das herzerfrischende Lächeln dieses Mädchens etwas Abwechslung in die schnurgerade und monotone D825 bringen.

Am Abend des 6. Novembers 2010 ist es soweit. Wir treffen in Antakya ein und sind damit nicht in irgendeiner Stadt auf dem Weg angekommen. Diese Stadt war einst das antike und weltberühmte Antiochia am Orontes!

Aus diesem Anlass werden wir den morgigen Sonntag und auch den Montag hier verbringen. Antiochia war zu Jesu Zeiten nach Rom und Alexandria eine der wichtigsten Metropolen der damals bekannten Welt, vom Rang vergleichbar mit Ephesos. Von dieser Stadt brach Paulus gemeinsam mit Barnabas und Markus zur ersten Missionsreise auf und kam am Ende auch wieder hierher zurück.
Hier war einst das frühchristliche Zentrum, wo die Jünger erstmalig Christen genannt wurden (Apg 11,26). Antakya gilt als der Ausgangspunkt für die Verbreitung des Christentums in der römisch-griechischen Welt! Dem nicht genug, gelangen wir jetzt oberhalb der Stadt zu einem weiteren Höhepunkt unserer Reise nach Jerusalem, wir stehen vor der Apostel-Petrus-Grotte: der ältesten Christenkirche der Erde!

In dieser Höhle sollen sich Petrus, Paulus und Barnabas nach der Kreuzigung von Jesus mit der Christengemeinde versammelt haben, um ihr „geistliche Nahrung“ zu bringen. Im 11. Jh. n. Chr. wurde sie von den Kreuzfahrern zur „Grottenkirche“ ausgebaut.

Lange Zeit verweilen wir in dieser Kirche, meine Freude und Dankbarkeit, nun an diesem denkwürdigen Ort sein zu dürfen, ist unbeschreiblich. Wir befinden uns an einer einzigartigen Stelle.
In der Stadt selbst gibt es noch weitere christliche Gotteshäuser zu besichtigen. Als wir zur Pauluskirche kommen, haben wir das Glück, der Messe einer amerikanischen Reisegruppe beiwohnen zu können. Die Buspilger sind über die unangekündigten „Zaungäste" erfreut und laden uns zur anschließenden Agape ein, wo wir über unsere vielen Erlebnisse plaudern. Spätestens ab jetzt wissen auch die US-Amerikaner, dass es einen Pilgerweg nach Jerusalem gibt.
Ungeachtet dieser religiösen Schauplätze, gab es hier, ganz im weltlichen Sinn, den größten Circus des römischen Imperiums. Darin sind einst die berühmten Wagenrennen und Gladiatorenkämpfe ausgetragen worden. Heute ist jedoch vom einstigen Ruhm und Einfluss der Metropole wenig zu spüren, und auch von den kolossalen Bauten ist nicht mehr viel zu erkennen. Zu erwähnen ist noch das Stadtmuseum, das eine der weltweit größten römischen Mosaiksammlungen beherbergt und sehenswert ist.

Nach zwei außergewöhnlichen Ruhetagen brechen wir gestärkt zu den letzten beiden Etappen des türkischen Abschnittes auf – wir befinden uns vor den Toren Syriens! Bei Sonnenschein wandern wir auf der D420 in

Richtung der Grenzstadt Reyhanli durch die kahle und steinige Landschaft. Wir gehen in einem größeren Abstand hintereinander. So wie jetzt sind wir oft in Sichtweite zueinander unterwegs, dadurch hat jeder ausreichend Freiraum. Auf diese Weise können Gedanken, Gefühle und Emotionen kommen und gehen, verbunden mit dem entsprechenden Freiraum für persönliche Gebete und Rituale. Jeder von uns kann dadurch mit sich allein sein, wir sind aber trotzdem gemeinsam unterwegs. Dieser Rhythmus hat sich in den vielen Monaten gut eingespielt.

Generell gestaltet sich unser täglicher Ablauf wie folgt: Wir versuchen spätestens um 8 Uhr morgens aufzubrechen. Dies gelingt uns fast immer, und wir konnten inzwischen David endgültig davon überzeugen, dass 6 Uhr eindeutig zu früh ist. Meistens stellen Otto oder David den Schlussmann, und ich gehe voran. So können die beiden fotografieren oder filmen, ohne dass einer von uns durchs Bild „läuft". Und ich kann mit Hilfe der Landkarten und der schriftlichen Aufzeichnungen, in Verbindung mit GPS und Kompass, vorausblickend die Route im Auge behalten. Aber auch das Kennzeichnen des Weges wird nicht außer Acht gelassen, indem jeder von uns die Aufkleber griffbereit verwahrt hat und dort den Jerusalemweg markiert, wo es ihm sinnvoll erscheint.

Als meine Gedanken wieder in die Gegenwart kommen – immerhin ist heute der letzte Tag in der Türkei angebrochen –, hält plötzlich ein Auto neben mir an. Der Lenker kurbelt die Seitenscheibe hinunter und gibt mir zu verstehen, dass ich mit ihm mitfahren könne. Ich grüße ihn freundlich, lehne dankend ab und gehe weiter. Es vergeht eine knappe Viertelstunde, als mir genau dieser Mann langsam zu Fuß entgegenkommt. Eigenartig! Benötigt er meine Hilfe oder führt er etwas im Schilde? Irgendwie kommt mir der Gedanke, ob das nicht ein Zivilpolizist sein könnte. Wie sieht eigentlich ein Polizist in Zivil aus, überlege ich noch. Als wir schließlich nur mehr einige Meter voneinander entfernt sind, sage ich unvermittelt auf Englisch, noch bevor er mich ansprechen kann: „Ich bin ein Polizist und komme aus Österreich."
Fast gleichzeitig zeigen wir uns unsere Dienstausweise! Offensichtlich verdutzt, mustert er mich von oben bis unten und antwortet: „Ich bin

Polizist!" Beim Satz „Reisepass bitte" hält er inne, das Eis ist gebrochen und wir beginnen beide zu lächeln. Er lässt es sich nunmehr nicht nehmen und besteht darauf, mich auf einen Tee zu seiner Polizeistation nach Reyhanli einzuladen. Wir warten kurz auf David und Otto und schon fahren wir im zivilen Dienstwagen zur Polizeistation.
Dort sitzen wir gutgelaunt im schattigen Garten vor dem Dienstgebäude und lassen uns jeder zwei Gläser Schwarztee (Cay) schmecken.

Links ist der „geheime" Polizist zu sehen ...

„Unser" Polizist lässt es sich nicht nehmen, uns die restlichen zehn Kilometer zur Grenze zu fahren. Wir genießen die kurze Fahrt in vollen Zügen, und anschließend ist er uns auch noch bei der Ausreise behilflich. Diesen unverhofften Vorteil an der Grenze nehmen wir natürlich gerne an! Was wir jedoch zu diesem Zeitpunkt noch nicht wissen ist, dass das sogenannte „Niemandsland" im Grenzbereich zu Syrien ein militärisches Sperrgebiet ist: Jegliche Aus- bzw. Einreise zu Fuß ist unmöglich und verboten!
Aber auch hierfür ergibt sich eine Lösung, denn einer der Grenzpolizisten vermittelt uns einen auf die Abfertigung wartenden Reisebus, und wir können mit diesem durch das Sperrgebiet fahren. Also, besser hätten wir es wohl nicht erwischen können.

ÜBERBLICK
RUMÄNIEN
BULGARIEN
REISEROUTE
Streckenabschnitt: etwa 1.800 Kilometer
1. Ipsala
2. Kesan
3. Gelibolu
4. Troja
5. Assos
6. Esentepe
7. Izmir
8. Ephesos
9. Nazilli
10. Denizli
11. Isparta
12. Yalvac
13. Konya
14. Karaman
15. Mut
16. Silifke
17. Tarsus
18. Adana
19. Iskenderun
20. Antakya
1.
2.
3.
4.
5.
6.
7..
8.
9.
10.

TÜRKEI
11.
12.
13.
14.
15.
16.
17.
18.
19.
20.
SYRIEN
LIBANON

ALEPPO, DIE TOTEN STÄDTE, SIMEONSKLOSTER, STEINWÜSTE, HAMA, KRAK DES CHEVALIERS, HOMS, OASENSTADT PALMYRA, MAALULA, ANTI-LIBANON-GEBIRGE, DAMASKUS, GOLAN, KAUKAB, BOSRA (SYRIEN)

Es ist soweit, nach zehn Wochen Gehzeit quer durch die Türkei erreichen wir zur Mittagszeit des 10. November 2010 das syrische Grenzgebiet und damit unser erstes arabisches Land. Mir war natürlich bewusst, dass sich der Staat Syrien irgendwo im Nahen Osten befindet, aber ich hätte nicht gedacht, dass ich jemals von Österreich zu Fuß hierher gehen würde. Obwohl der Satz „zu Fuß nach Syrien" zur Realität geworden ist, klingt dies für mich noch immer schwer begreiflich. Aber: „Auch die längste Reise beginnt mit dem allerersten Schritt." (Lao-Tse)

Nach unseren bisherigen Informationen hatten wir nicht gedacht, dass sich die Einreise nach Syrien nun relativ unkompliziert gestalten würde. Wir waren von verschiedensten Seiten gewarnt worden, dass wir mit einer genauesten Kontrolle sowie Befragung und auch mit einer eventuellen Zurückweisung rechnen müssten. Überraschenderweise wird jetzt aber lediglich unser Visum im Pass kontrolliert, das die syrische Botschaft grundsätzlich für drei Monate ausstellt. Unseres berechtigt sogar zur mehrmaligen Ein- und Ausreise und hat eine sechsmonatige Gültigkeit. Es war wohl Glück und Sympathie, die dazu beigetragen hatte, dass Otto und mir nach einer eingehenden Befragung von der syrischen Konsulin dieses „Sondervisum" ausgestellt wurde. Sie unterstrich dies mit der Bemerkung: „Sie sind die Ersten, denen ich dieses Visum ausstelle!"
Als wir wenige Wochen später auch noch mit David vor ihr erschienen sind, staunte sie nicht schlecht! Sie war mehr als verwundert, dass nun ein Dritter mit uns zu Fuß von Österreich über Syrien nach Jordanien zur Felsenstadt Petra gehen wollte. Folglich „musste" sie auch David diese Ausnahme erteilen. In ihren Augen hatten sich drei „Verrückte" gefunden. Eigentlich hat sie recht im Sinne von „ver-rückt", also abgerückt vom

„Mainstream" und den gesellschaftlichen Zwängen und Regeln: Drei auf dem Weg zu sich selbst.
Allerdings waren wir um eine Notlüge nicht herumgekommen, nämlich dass unser Ziel und Zweck unserer Reise eine „Kulturreise nach Jordanien" sei. Ich hatte mich zuvor eingehend informiert und wusste, dass wir weder Israel noch Palästina als Reiseziel angeben durften, und tatsächlich hatte sie uns auch eingehend darüber befragt. Auch würde ein israelischer Stempel im Pass ein unüberwindbares Problem darstellen! In diesem Fall würde die Einreise nach Syrien an der Grenze auch dann verweigert, wenn man ein gültiges syrisches Visum hat.
Syrien und Israel als ehemalige Kriegsgegner haben immer noch ein sehr angespanntes Verhältnis zueinander, die gemeinsamen Grenzübergänge sind geschlossen, die Golanhöhen stehen unter UNO-Kontrolle. Vielleicht haben wir in Damaskus Gelegenheit und Zeit, um dem österreichischen Militärkontingent auf dem Golan einen Besuch abzustatten. Ob es sich ausgeht und möglich ist, werden die kommenden Wochen zeigen. Jedenfalls würden wir uns sehr darüber freuen, und es wäre gemäß unserem Pilgermotto für Freude – Friede – Freiheit stimmig. Österreich als das Land der Friedensbringer!
Bei der Grenzkontrollstelle „läuft" alles wie am Schnürchen und bald spüren wir den syrischen Wüstenboden unter unseren staubigen Wanderschuhen. Wir sind im ersten arabischen Land auf unserer Pilgerreise angekommen.

Unsere Freude ist riesig, wir zelebrieren die Ankunft gebührend mit zahlreichen Fotos! Am frühen Nachmittag brechen wir mit einem beschwingten Gefühl auf und setzen die ersten Schritte auf der wenig befahrenen Straße in Richtung Aleppo. Diese führt uns durch das karge Kalksteingebiet, bis wir nach etwa eineinhalb Stunden erstmalig auf einen Ort treffen, welcher den Namen Bab al Hawa trägt – das klingt für uns fast nach einer Erzählung aus „1001 Nacht".

Apropos Nacht, es ist einige Minuten nach 16 Uhr, und der Sonnenuntergang setzt bereits ein! Wo sind die Zeiten geblieben, als wir fast bis 20 Uhr in der Sonne gewandert sind und manches Mal um diese Zeit die letzte Etappe sogar erst begonnen haben? Nur gut, dass viele Hinweistafeln auch in lateinischen Buchstaben angeschrieben sind, denn die arabische Schrift sieht zwar optisch schön und interessant aus, stellt jedoch für uns eine unlesbare „Zeichensprache" dar.

Zu diesen Zeichen gesellen sich die immer kürzer werdenden Tage als neue Herausforderung dazu. Wie bisher auch in der Dunkelheit zu gehen, scheint uns in Syrien zu gefährlich. Des Weiteren ist die Orientierung anhand unserer Satellitenkarten erschwert, weil diese nun weniger detailliert sind, und außerdem funktioniert die sehr hilfreiche Berechnung der Wegstrecke mit Google-Maps auch nicht mehr. Aber das ist kein Wunder, da die Einfuhr und Verwendung von GPS-Geräten verboten ist. Das Pilgerabenteuer kann also beginnen!
So märchenhaft der Name des Ortes klingt, stellt sich für uns doch heraus, dass wir hier keine geeignete Schlafstelle finden werden, soll heißen: ein Dach über dem Kopf, eine Dusche, und halbwegs saubere, günstige und vor allem nicht zu laute Zimmer. Wir haben auf dem Weg ohnehin sehr viele Entbehrungen auf uns zu nehmen. Für uns heißt es jetzt, wie bisher, improvisieren. In der Türkei gab es den „Minibüs", und dass auch Syrien eine ähnliche Einrichtung hat, konnten wir schon in Erfahrung bringen. Also haben wir bald die Gelegenheit, dies zu testen und gehen noch in die Dämmerung hinein, bis wir zu einem riesigen Kreisverkehr an der Hauptstraße nach Aleppo kommen. Hier versuchen wir unser Glück und können nach weniger als 15 Minuten ein syrisches Sammeltaxi in bewährter Art und Weise durch ein Armzeichen anhalten. Der Kleinbus sieht aus wie sein Pendant in der Türkei, nur ist der Tarif noch günstiger. Hm, damit könnten wir ganz günstig bis Jordanien fahren, oder? Aber wir sind Fuß- und nicht Buspilger und steuern daher doch lieber das 45 Kilometer entfernte Aleppo an. In der Millionenstadt finden wir sicher ein günstiges, ruhiges Zimmer und werden morgen wieder zurückkommen, um hier unseren „Marsch" fortzusetzen.
Am zentralen Busbahnhof der Großstadt angekommen, fällt die Orientierung zwischen den hohen Häusern schwerer als gedacht, wozu die Dunkelheit sowie die einheitlich graue Farbe auch ihren Beitrag leisten. Wie wir feststellen, sprechen viele der jüngeren Menschen Englisch und so beginnen wir, uns langsam aber sicher einen Überblick zu verschaffen. Im Reiseführer steht etwas von einem Hotel namens „Baron" und Otto sagt, dass es als nostalgisch und kostengünstig beschrieben sei. Also beginnt die Suche, und wir kommen mit Hilfe eines der unzähligen gelben Taxis schließlich auch an. Das Hotel stellt sich als wirklich „günstig" heraus, al-

lerdings für die rasche Entleerung einer vollen Brieftasche. Nach einer weiteren Suche finden wir schließlich ein unserem Budget entsprechendes Zimmer. Es ist sauber, nicht teuer aber dafür enorm laut! In den Straßen wird an allen Ecken und Enden gehupt, sodass sich der Schall so richtig an den Betonbauten bricht und durch die schlecht abgedichteten Fenster eindringt. Für eine Nacht reicht es. Wir werden uns morgen bei Tageslicht eine ruhigere Unterkunft für die nächsten Tage suchen. Immerhin müssen wir erst zu Fuß hier ankommen und werden uns zusätzlich zum bevorstehenden Ruhetag genügend Zeit für Besichtigungen nehmen. Um es positiv zu formulieren, hat es sich bisher als nicht sehr lustig herausgestellt, neben der Anstrengung, die der Weg bietet, beim Gehen auch noch unter Schlafentzug zu leiden.
Vor dem Schlafengehen besuchen wir eines der vielen Restaurants und bestellen gegrilltes Hühnerfleisch. Dabei stellen wir mit Bedauern fest, dass es als Brot nun in Plastik verpackte Fladen gibt, die wie dünne Palatschinken aussehen und absolut keinen Geschmack haben. Und dass wir auf das Erreichen unseres achten Landes auf dem Jerusalemweg nicht mit einem Bier anstoßen können, erwähne ich nur nebenbei. Im Nachhinein ein Lob an die türkische Küche und an das leckere Fladenbrot, trotzdem gute Nacht!

Morgens wieder am Busbahnhof angekommen, stellt sich die Rückfahrt nach Bab al Hawa als sehr kompliziert heraus. Unsere bisherige Vorgangsweise, mit dem Finger auf unserer Landkarte zum geplanten Zielort zu deuten, scheint hier nicht zu funktionieren. Die Befragten zucken nur mit den Schultern und können sich wegen der lateinischen Kartennamen nicht orientieren. Weit und breit ist kein englischsprachiger Jugendlicher zu sehen. Einer der Busfahrer will uns am liebsten in den vor uns stehenden Minibus zerren, ein zweiter in einen anderen Minibus! Es geht zu wie auf dem Basar. Es wird gefeilscht, und jeder möchte mit uns ein Geschäft abschließen. Schließlich entscheiden wir uns, zuerst den ohnehin geplanten Ausflug zum Simeonskloster zu unternehmen und von dort dann irgendwie nach Bab al Hawa zu gelangen. Die Himmelsrichtung stimmt ungefähr und außerdem wollen uns sowieso alle dorthin bringen, die Lösung ist für uns naheliegend und fast perfekt.

Also fahren wir etwa 35 Kilometer in nordöstlicher anstatt in östlicher Richtung und passieren dabei einige der bizarr wirkenden Kirchenruinen in der berühmten Landschaft der „Toten Städte". Damit sind die Reste der über 700 aufgegebenen byzantinischen Siedlungen, deren Blütezeit um das 5. Jh. n. Chr. war, gemeint. An die tausend Kirchen sollen hier im Nordwesten Syriens auf dem Kalksteinmassiv gestanden sein. In dieser unwirtlichen Gegend lebte die Bevölkerung neben der Viehzucht vor allem von riesigen Olivenkulturen, die auf dem rötlichen Steinboden betrieben worden sind. Durch die arabischen Eroberungen wurde die abgelegene Gegend um das 7. Jh. von den Menschen verlassen und ist seither unbewohnt.

Nach einer knappen Stunde Fahrzeit treffen wir im Gebiet von Deir Seman am prächtigsten „Überbleibsel" aus dieser Epoche ein: dem monumentalen Kloster Qualaat Seman, auch Simeonskloster genannt.

Hier lebte ein Asket namens Simeon über 30 Jahre in knapp 20 Meter Höhe auf einer Säule und ging als der erste christliche Säulenheilige in die Geschichte ein. In der Abgeschiedenheit verbrachte er im Stehen und Sitzen betend die Zeit auf einer etwa 2 x 2 Meter kleinen Plattform, die am Ende der Säule montiert war. Er entsagte allem Weltlichen. Zuvor hatte er sich schon beispielsweise in einem Zimmer einmauern lassen und auch zeitweilig in einem Brunnenschacht und in Erdhöhlen gelebt. Simeon soll Naturkatastrophen vorausgesagt und ein Seher gewesen sein, weshalb Kranke und Rat- und Hilfesuchende zu ihm kamen. Da sich Simeon aber dadurch in seiner Einsamkeit gestört fühlte, ließ er die Säule immer höher bauen, um Abstand und Ruhe zu gewinnen. Doch er wurde gerade deswegen auch immer berühmter und die Pilger strömten massenweise zu ihm. Nach seinem Tod im Jahr 459 n. Chr. entstand ein großes Kloster, das zu einem Wallfahrtszentrum wurde.

Eigentlich ist es paradox, dass der Bauernsohn, der zum Mönch wurde, das Kloster wegen seiner extrem asketischen Lebensweise wieder verlassen musste, sich der Einsamkeit wegen auf diesen Hügel zurückzog und hier zu solcher Berühmtheit gelangte, dass wiederum ein Kloster entstand. Der Gebäudekomplex überstand Erdbeben und wurde auch von den Muslimen nicht zerstört, weswegen bis heute die mächtigen Ruinen als stille Zeugen einer glanzvollen Vergangenheit erhalten geblieben sind.

Im Zentrum der Basilika befand sich die „Simeonssäule", deren Rest auf dem Sockel zu sehen ist.

Wir sind überrascht über das Ausmaß der Ruinen, weshalb wir uns länger als geplant aufhalten und wieder ein besonderes Erlebnis in das Tagebuch schreiben dürfen. Doch jetzt stellt sich die Frage, wie wir jetzt wieder zur Hauptstraße bei Bab al Hawa kommen. Der Mensch denkt und Gott lenkt, denn am Eingang zum Areal sehen wir einen Reisebus mit deutschsprachigen Pilgern! Sie fahren zwar nur ein Stück in unsere Richtung, nehmen uns jedoch natürlich gerne mit. David trifft im Bus sogar auf eine Familie aus Salzburg, die ihn kennt, und schon ergibt sich ein kurzes, heiteres Gespräch über unsere Reise. Wir stellen fest, wie klein doch die Welt ist und sorgen zudem ungewollt für Gesprächsstoff unter der Reisegruppe. Die restliche Strecke bringen wir auf der Ladefläche eines Kleinlastwagens zu, der uns für 200,– syrische Pfund (circa 3 Euro) mitnimmt.
Nach einer abenteuerlichen und angenehm windigen Fahrt durch die Berglandschaft kommen wir an der gewünschten Stelle an und setzen den Weg zur angeblich größten Stadt Syriens fort. Einigen Quellen zufolge soll Aleppo mehr Einwohner als die Hauptstadt Damaskus haben. Wie auch immer, wegen der ausgiebigen Klosterbesichtigung schaffen wir nur noch 10 Kilometer, bis wir in der Gegend von Al Atarib bereits von der

Dunkelheit eingeholt werden. Es passt aber gut für uns, wir sollten die verbleibende Strecke am folgenden Tag schaffen können und nehmen uns, schon fast mit Routine, einen Minibus in die Stadt.

Wie geplant erreichen wir tags darauf, am Freitag, dem 12. November 2010, nach einer anstrengenden 35-Kilometer-Etappe, glücklich, jedoch ziemlich gezeichnet, Aleppo. Wir erobern abends mit einem unserer Aufkleber die Millionenstadt, deren Altstadt über dreitausend Jahre besteht und ihrem berühmten Namen mehr als gerecht wird. Sie ist UNESCO Weltkulturerbe!

Aleppo erweckt in uns einen recht sicheren Eindruck, ist wie alle arabischen Städte etwas chaotisch und zeigt sich im Gegensatz zum Gebiet außerhalb der Stadt als überraschend sauber. In den kommenden Tagen werden wir, so gut es uns gelingt, ins orientalische Flair der Metropole eintauchen. Es gibt so viele Sehenswürdigkeiten zu besichtigen, dass wir die gesamte Woche hier zubringen könnten.

Aber leider haben wir nicht so viel Zeit, und alles zu sehen, ginge sich sowieso nicht aus. Also stellen wir uns die Frage, wo wir zuerst unsere Entdeckungstour in der Stadt anfangen sollen. Beginnen wir mit der gigantischen Burganlage, die unübersehbar über der Metropole thront.

Die Zitadelle ist das islamische Pendant zum christlichen Bollwerk Krak des Chevaliers, wohin wir in etwa zehn Tagen kommen möchten. Die Festungsanlage vor uns auf dem Burghügel ist die größte und imposanteste des Orients, kein Wunder, dass an ihr die Kreuzfahrer am Beginn des 12. Jh.s zweimal scheiterten. Jedoch konnte sie 150 Jahre danach dem Mongolensturm nicht mehr standhalten, wurde zerstört und schließlich später wieder aufgebaut.
Unser nächster Höhepunkt sind die unzähligen engen Passagen und Durchgänge in der Altstadt, die mit dem Suq verflochten sind. Der auch als Suk oder Souk bezeichnete Markt erstreckt sich auf 12 Kilometer Länge als ein Irrgarten aus Gassen unter Steingewölben und zwischen den alten Karawansereien: Es ist der größte Basar der arabischen Welt!

Erfrischung im Basar bei frisch gepresstem Granatapfelsaft.

Duftende Gewürze im Basar.

Des Weiteren besichtigen wir die sogenannte Große Moschee, die das kleinere Gegenstück zur riesigen Umayyaden/Omayyaden-Moschee in Damaskus ist, in der das Haupt von Johannes dem Täufer liegt. Mehr als ein Viertel der Stadtbevölkerung sind Christen, daher treffen wir auf viele christliche Gotteshäuser. Außerdem soll es hier ein halbes Dutzend Bischöfe der verschiedenen Konfessionen geben. Ganz charmant finde ich

das christliche Stadtviertel mit den kleinen Kirchlein, die es in den engen Gassen zu entdecken gilt. Bei diesen erhalten wir auch unsere ersten syrischen Pilgerstempel und finden „last but not least" unser Lieblingsrestaurant mit dem vertrauten Namen Sissi!
Preislich über unserem gewohnten Pilgerniveau, verbreitet es eindeutig einen Hauch unserer österreichischen Heimat, und das Essen schmeckt „hervorragend oder vorzüglich", um es mit den Worten Davids festzuhalten. Wir gönnen uns an zwei Abenden beim „Sissi House" das wohlverdiente Glas Rotwein – so schön und genussvoll kann Pilgern auch sein. Hier sind wir gerne drei Luxuspilger aus Österreich.
Wir genießen den Aufenthalt sehr, denn wir kommen ja nicht alle Tage nach Aleppo, aber langsam heißt es für uns trotzdem Abschied nehmen von der sehenswerten, charismatischen Stadt. Hier haben wir zugleich auch unseren östlichsten Punkt der gesamten Pilgerreise erreicht und ziehen am Montag in südwestlicher Richtung weiter. Vorbei an Bewässerungsanlagen des landwirtschaftlich genutzten Vorstadtgebietes, gelangen wir zum Ort Hani Touman, wo wir einen „Minimarkt" mit Imbiss und Getränken finden. Als wir spielende Kinder auf der in Syrien typischen roten Steinerde beobachten, fragen wir uns, ob sie wissen, wie eine bunte Blumenwiese oder ein grüner Rasen aussehen.

Von hier ist es nicht mehr weit zur Hauptstraße M5, der endlos wirkenden und gerade verlaufenden syrischen Autobahn. Diese wird uns über eine knapp 300 Kilometer lange Strecke zum Anti-Libanon-Gebirge führen, umgeben von der monotonen rötlichen Steinlandschaft: Steppenwüste soweit das Auge reicht!

Für uns bietet dieser Weg wieder beinahe unendlich viel Zeit, um die Leere im Außen mit der Leere im Inneren in Übereinstimmung zu bringen, zu verschmelzen und uns dem meditativen Rhythmus des Gehens als ursprünglichste Art der Fortbewegung hinzugeben: Pilgern als Beten mit den Füßen!
Hilfreich und unterstützend erweist sich in solchen Situationen das ständige Wiederholen von Kurzgebeten, sei es ausgesprochen oder nur im Geiste. Auf dem Weg nach Spanien hatte mir ein 90-jähriger Benediktinermönch in der Schweiz folgende Kurzmeditation gegeben: „Jeden Schritt, oh Herr, für dich, Jesus bitte segne mich. Jeden Schritt, oh Herr, für dich, Jesus – ich liebe dich.“ Von seinem Vater habe er dieses Jesusgebet bekommen, der als Soldat der Infanterie im Zweiten Weltkrieg beim Russlandfeldzug Gewaltmärsche zurücklegen musste und dieses Gebet dabei sprach. Da der Text für mich stimmig war, schrieb ich ihn damals in mein Pilgertagebuch. Er bewährte sich immer wieder beim Pilgern.
Ein weiteres noch kürzeres Herzensgebet lautet: „Herr Jesus Christus, erbarme dich meiner.“ Es stammt ursprünglich aus Jericho, der angeblich ältesten Stadt der Welt. Das Gebet soll auf einen im 6. Jh. n. Chr. dort lebenden Blinden zurückgehen und wurde durch ein Buch mit dem Titel „Aufrichtige Erzählungen eines russischen Pilgers“ im 19. Jahrhundert weltweit verbreitet. Unterstützend bei diesen Meditationsgebeten kann es wirken, jeweils den ersten Textteil beim Einatmen und den zweiten beim Ausatmen zu formulieren.
Auf die Frage, wie Otto und David den Weg in einsamen oder tristen Abschnitten meistern, antwortet Otto: „Es gibt immer etwas zu beobachten und zu fotografieren“ und „Ich verwende meine Geh-Meditation: eins – zwei – drei, einatmen, eins – zwei – drei, ausatmen“, erklärt David. Jeder hat seine eigene Methode, weshalb wir uns ergänzen und voneinander lernen können. Beim langen und monotonen Gehen kann es immer wie-

der vorkommen, dass wir bei einer Pause oft nicht mehr wissen, wo wir die letzten ein bis zwei Stunden gegangen sind oder was wir gesehen haben. Die Aufmerksamkeit verschiebt sich vom Außen weg, und es entsteht das angenehme Gefühl einer inneren Leere.
Dies sind die Momente, in denen neue Ideen oder Gedanken entstehen und sich Probleme auflösen können. Um es mit anderen Worten auszudrücken: „Ein volles Gefäß kann nicht vom Geist befüllt oder beseelt werden." Als Abschluss der inneren Reflexion finde ich das Formulieren von Affirmationen wie: „ICH bin Freude, ICH bin Harmonie, ICH bin Ausgeglichenheit, ICH bin Vertrauen, ICH bin Gesundheit, ICH bin Friede, ICH bin Klarheit, ICH bin Liebe", bis hin zu: „ICH bin das Licht und ICH bin das ICH BIN" als sehr wirkungsvoll und gemütsaufhellend. Diese können beliebig erweitert werden und sind nicht nur bei einer Pilgerreise effektiv.

So versuchen wir, Syrien von Norden nach Süden hin zu durchqueren. Wir wandern am Straßenrand entlang der Autobahn und benutzen die teils parallel dazu verlaufenden Feldwege und Nebenstraßen. Begleitet werden wir vom mehr oder weniger starken Verkehrslärm und seinem Gestank, der gelegentlich noch vom Gestank toter Tiere verstärkt wird. Hunde, Ratten oder Schafe verwesen am Straßenrand, die Kadaver scheinen niemanden zu stören. Auch Plastik und sonstiger Müll liegt herum, wobei Syrien diesbezüglich den Kosovo noch übertrifft.

So etwas sieht man eben auch auf einer so langen Pilgerreise, andererseits können wir uns an angenehm warmen 25 Grad erfreuen und erleben stimmungsvolle Sonnenuntergänge.

Wie bisher achten wir auch jetzt darauf, unser tägliches Pensum von 30 Kilometern zu schaffen und gegen Abend eine Unterkunft zu finden. Dabei versuchen wir generell, am Tagesende einen Ort zu erreichen, weshalb wir in den knapp fünf Monaten manchmal „nur" 25 und ein andermal bis zu 40 Kilometer gegangen sind. Sollte jedoch abends im Umkreis von 10 Kilometern kein Dorf oder keine Stadt erreichbar sein, improvisieren wir, um irgendwie in den nächstgelegenen größeren Ort zu kommen.

Die ersten 3.000 Kilometer bis Zentralanatolien war dies nur äußerst selten notwendig, immer wieder konnten wir am Ende des Tages in irgendeinem Quartier unterkommen, das wir zu Fuß erreichten. Die Freude, im

engen Zweimannzelt zu übernachten, hat sich bei Otto und mir in Grenzen gehalten, darum schickten wir es ja in Mazedonien nach Hause. Außerdem war seit dem Taurusgebirge das Campieren wegen der wilden Tiere zu gefährlich und auf dem steinigen Boden zu unbequem, also nicht wirklich ratsam. Am liebsten würden wir natürlich jeder in einem Einzelzimmer schlafen und nicht wie meistens im Doppelbett, schon allein wegen der teilweise starken Schnarcherei. Aber dieser Luxus ist uns leider nicht oft vergönnt.
Sofern wir uns also abends abseits der Route eine Unterkunft suchen müssen, kehren wir am darauffolgenden Tag zu diesem Punkt zurück und setzen den Weg dort wieder fort. Dies löste schon Verwunderung und Kopfschütteln aus, wenn wir beispielsweise weit von einem Ort entfernt im Minibus „Stop" riefen, ausstiegen und mitten im Nirgendwo zu Fuß weitergingen.

Bei der Fahrt im Minibus werden wir mit unseren großen Rucksäcken oft so richtig eingezwängt, aber dafür ergeben sich mitunter interessante und verbindende Gespräche. Begleitet vom Sound der syrischen Musik aus dem Radio schildern wir unsere Erlebnisse und sind nach kurzer Zeit auf Tuchfühlung mit der andersartigen Kultur. Ja, das Leben ist schön! Wir lachen nicht nur herzhaft miteinander sondern rauchen auch die eine oder andere angebotene Zigarette. Wir sind zwar Nichtraucher, aber vielleicht stellt dies die Neuauflage der althergebrachten Friedenspfeife dar.

So erreichen wir Hama, die nächst gelegene größere Stadt auf dem Weg nach Damaskus. Auf diesen 150 Kilometern bestätigt sich wieder, dass in Syrien außerhalb einer Kleinstadt keine Unterkunftsmöglichkeiten zu finden sind. Die Infrastruktur ist generell alles andere als gut und nicht vergleichbar mit der Türkei. In den Dörfern sind nur selten Märkte oder gar ein Restaurant zu finden, und Trinkwasser in PET-Flaschen ist außerstädtisch sehr schwer zu bekommen. Zu guter Letzt ist auch das Tankstellennetz, immerhin unsere bisherige Basisversorgung, das Gegenteil von engmaschig, und wir finden dort in der Regel nur Treibstoffe und Schmiermittel. Es ist leider absolut nichts vorhanden, was ein durstiges Pilgerherz begehren würde!

Daher besorgen wir uns im städtischen Raum immer genügend Proviant und packen zur Sicherheit oder am Vorabend ausreichend Wasser für den Tag ein. Wenn wir untertags dann zufällig einen der mobilen kleinen Verkaufsläden neben der Autobahn entdecken, ist dies unsere Extrabelohnung, denn dort gibt es kalte Getränke und Naschereien zu kaufen! Chips, Nüsse sowie Schokolade entwickeln sich zur täglichen Hauptmahlzeit und bringen Abwechslung zu den zähen Brotfladen. Die in Plastikfolie verpackten Fladen befinden sich ja nicht nur in unseren Rucksäcken, sondern werden auch beim Frühstück, mittags und abends gereicht.

Wenn wir jedoch eine große Stadt wie Hama erreichen, erleben wir den extremen Kontrast zwischen arm und reich. Wir sehen Supermärkte, Einkaufsstraßen mit modernen Geschäften, Restaurants, und erstaunlich wenig Müll liegt herum. Internetcafés zur Wartung unserer Webseite sind auch vorhanden, wobei die Computer jedoch erst nach dem Notieren unserer Personaldaten vom Reisepass zugänglich sind. Vater Staat und der Präsident sind überall!

Aber nun zurück zu Hama, wo sich die alten hölzernen Wasserschöpfräder am Fluss Orontes befinden, der durch das Zentrum fließt. Diese berühmten Schöpfräder zählen zu den größten der Welt und sind auf jeden Fall sehenswert. Mit einem Durchmesser von etwa 20 Metern schaufelten sie bereits vor mehr als tausend Jahren das Flusswasser auf Aquädukte, von wo aus es auf die Felder zur Bewässerung gelangte.

Übrigens entspringt der Orontes im Libanon und fließt nach Norden in die Türkei nach Antakya, also dorthin, wo wir heute vor zwei Wochen gewesen sind. Ich erwähne dies deshalb, weil es für uns eine Alternative dargestellt hätte, uns in Antakya nicht östlich nach Aleppo, sondern gleich südlich zu halten. Das wäre zwar etwas kürzer gewesen, allerdings hätten wir dann weder das Simeonskloster noch Aleppo erreicht, weshalb wir uns zur beschriebenen Route entschlossen hatten.

Die Stadt Hama gefällt uns, sie verbreitet nicht zuletzt wegen der Wasserräder einen Hauch von Romantik und Idylle. Daher entschließen wir uns, nicht nur den morgigen Ruhetag hier zu verbringen, sondern auch am Montagabend wieder zurückzukommen. Außerdem sind wir nur mehr 50 Kilometer von der Großstadt Homs entfernt, wo wir wegen zwei geplanter Ausflüge zwei bis drei Nächte verbringen werden. Durch unseren Entschluss haben wir Zeit, beide Städte zu erkunden und begeben uns nun auf Quartiersuche. Nach ein paar Auskünften finden wir eine ruhige Pension und sitzen noch bis nach Mitternacht in einem Restaurant zusammen.

Nach einer erholsamen Nacht wird uns das in Syrien anscheinend übliche schlichte Frühstück serviert. Es besteht aus trockenen Oliven, Schafskäse, Butter und Honig samt „Plastik-Fladen". Ich kann gar nicht sagen, wie sehr wir uns wieder auf ein gutes Stück Brot freuen! Den Ruhetag verbringen wir wie immer mit dem Schreiben des Tagebuches, dem Wäschewaschen, dem einen oder anderen Kaffee samt einer Süßigkeit und dem Fotoaussortieren für die Webseite. Jedoch ist Sonntag nicht gleich Sonntag! In Syrien ist, wie auch in anderen arabischen Ländern, der Freitag als Gebetstag arbeitsfrei: also ist es der arabische „Sonntag", der gemeinsam mit dem Samstag das Wochenende bildet.

Für uns stellt dies nun eine „verkehrte Welt" dar, denn durch die arabische Wocheneinteilung fällt unser Ruhetag quasi auf einen Montag und schon ist es vorbei mit dem Ausschlafen und der Stille in den Straßen. Denn bereits frühmorgens rollt der Verkehr wieder und wird von der „Musik" hupender Autos begleitet. Das syrische Verkehrsgeschehen ist ohnehin nicht mit dem mitteleuropäischen vergleichbar. Hier wird ohne Blinken kreuz und quer abgebogen, fast als gelte die Regel, dass der Schnellere Vorrang hat! Und wenn möglich, das heißt, wenn sich keiner der vielen Polizisten in Sicht befindet, wird auch bei Rot in die Kreuzung eingefahren. Überholt wird sowieso rechts oder links, je nachdem, wo mehr Platz ist, mit einem Abstand von oft nicht mehr als einer Handbreit. Dennoch haben wir keine Unfälle bemerkt.

Wir brechen jedenfalls am Montag auf Schusters Rappen auf und erreichen nach einer zweiten, ebenfalls hier verbrachten Nacht, Homs, der mit einer Million Einwohnern drittgrößten Stadt Syriens. Für den Großraum

Homs stehen zwei Ausflüge auf dem Programm, und da es erst kurz nach Mittag ist, werden wir gleich jetzt zur Kreuzritterburg Krak des Chevaliers fahren. Die mächtige Befestigungsanlage aus der Zeit der Kreuzzüge ist die imposanteste Burg Syriens. Etwa 40 Kilometer westlich von hier thront sie über dem Tal vor dem Libanongebirge an einer ehemals wichtigen Handelsroute.
Jetzt brauchen wir nur mehr eine Fahrgelegenheit und entdecken zum Glück bereits am Stadtrand neben einem riesigen Kreisverkehr die zentrale Busstation. Schneller als gedacht sitzen wir in einem Minibus. Es ist ein guter Zeitpunkt, um das dunkle Kapitel der Kreuzzüge und Glaubenskriege im Namen Gottes auf christlicher und muslimischer Seite abschließend zu skizzieren.

Auslöser soll die Zerstörung der Grabeskirche im Jahr 1009 n. Chr. durch Kalif al-Hakim gewesen sein, bei der auch das Grab Jesus abgetragen wurde. Durch ein gelegtes Feuer konnte der brüchig gewordene Stein entfernt werden. Doch erst 1095 rief Papst Urban II. zum Kreuzzug gegen den islamischen Orient auf und forderte die Befreiung Jerusalems und des Heiligen Landes, das seit dem 7. Jh. unter muslimischer Herrschaft stand. Als Urban in Clermont, Frankreich, zum Kreuzzug aufrief, soll die anwesende Menschenmenge mit den Worten „Deus lo vult!" (Gott will es) geantwortet haben. Laut Aufzeichnungen des Chronisten Robert, einem Mönch, untermauerte der Papst sein Vorhaben mit dem Ausspruch: „Wer von euch gestern ein Räuber war, der soll nun ein Ritter sein." Alsbald begannen Wanderprediger zu rekrutieren, und sowohl einfache Leute als auch Edelmänner folgten dem Ruf zur bewaffneten Pilgerfahrt.
Die Legitimation zum Kreuzzug sah man darin, dass der Aufruf durch eine rechtmäßige Autorität, wie durch den Papst, erfolgte, der Krieg einen gerechten Grund habe und in guten Absichten, wie im Namen der Liebe Gottes, geführt werde.
Dieser in den Augen der Initiatoren und Mitstreiter „gottesgerechte Krieg" begann 1096. Im Jahr 1099 wurde tatsächlich die Stadt Jerusalem mit viel Blutvergießen eingenommen. Ein halbes Jahrhundert später, 1149, wurde von den Kreuzfahrern die Grabeskirche neu errichtet: Dieser Bau steht in seiner Form bis heute!

1187 konnte Jerusalem unter Sultan Saladin wieder von den Muslimen eingenommen werden. Dies war der Auslöser für den Dritten Kreuzzug, der im Jahr 1189 unter Barbarossa begann. Es folgten weitere Kreuzzüge, wobei im Jahr 1270 der letzte dieser religiös motivierten Kriege stattfand. Aber auch diese „bewaffnete Pilgerfahrt" scheiterte, und ihr Anführer, König Ludwig IX. von Frankreich, starb an der Ruhr. Im Jahr 1291 fiel mit Akkon auch die letzte christliche Festung, die Kreuzfahrer wurden aus dem Heiligen Land vertrieben. Besiegelt wurde das Ende der militärischen Feldzüge gegen die muslimischen Staaten mit der Eroberung Konstantinopels durch Sultan Mehmed II. im Jahr 1453: das Byzantinische Reich zerfiel!

Nach einer einstündigen Busfahrt haben wir die riesige Burg erreicht und befinden uns auf dem in etwa 750 Meter Höhe liegenden Plateau, wo sich die mächtige Kreuzfahreranlage erhebt.

Über zahlreiche Stufen gelangen wir in das Innere der Burg, und erst jetzt wird uns ihr wahres Ausmaß bewusst. In alle Himmelsrichtungen führen Gänge in die verschiedensten Ecken und Winkel der Anlage, auch in dunkle und düster wirkende Räumlichkeiten. Beim Erkunden die Orientierung

nicht zu verlieren, ist beinahe unmöglich. Die Größe ist kein Wunder, sollen doch in der Glanzzeit 2000 Ritter innerhalb der Mauern gelebt haben. Dennoch konnte die Burg im Jahre1271, nachdem sie über 160 Jahre in Kreuzritterhand war, von den Muslimen eingenommen werden.
Nach vielen Stufen und Pfaden kommen wir auf einem der Türme an und blicken auf die aus doppeltem Mauerring samt Türmen und Wassergraben bestehende Anlage. Die am besten erhaltene Festung des Orients und UNESCO Weltkulturerbe zeigt sich wahrlich imposant und stellt einen Pflichtbesuch für jeden Syrientouristen dar.
Bevor wir zurückfahren, kaufen wir im Restaurant etwas zu essen, wodurch wir den letzten Bus versäumen. Aber wir haben Glück und können mit einem Einheimischen, nach dem Feilschen über den Fahrpreis, zurück nach Homs fahren. Als „inoffizielles Taxi" verdient er nicht zum ersten Mal ein kleines Zubrot an den Touristen, erzählt er, während wir in der Dunkelheit die Stadt erreichen. Daher begeben wir uns sogleich auf Zimmersuche. Das erste Quartier, das wir besichtigen, ist modrig und ein anderes erweist sich als zu teuer. So dauert es eine Weile, bis wir mit dem „Hotel New Basman" eine optimale Lösung finden. Es ist familiär und freundlich geführt, sauber, und auch die Fenster sind gut gegen den Verkehrslärm von der Straße abgedichtet. Darüber hinaus bekommen wir neben einem reichhaltigeren Frühstück als bisher in Syrien, sogar noch ein Abendessen serviert. Alles zusammen kostet 2.000,– syrische Pfund, was umgerechnet etwa 30 Euro entspricht, womit es nach unserer Meinung absolut empfehlens- und erwähnenswert ist!
Dass wir hier unser „Basislager" für die kommenden Nächte aufschlagen, erübrigt sich fast, zu erwähnen. Immerhin haben wir neben der Stadtbesichtigung auch noch den Tagesausflug zur Oasenstadt Palmyra vor uns. Unser zeitlicher Spielraum ist zwar nach wie vor eng, aber gewisse Besichtigungen waren ohnehin fixer Bestandteil unserer im Groben abgesteckten Wegplanung. Außerdem sind wir in den letzten Wochen recht gut vorangekommen, womit unser Ziel, Weihnachten in Bethlehem zu verbringen, möglich sein sollte.
Im Foyer des Hotels habe ich ein unerwartetes Erlebnis. Ich treffe auf ein Pärchen aus Frankreich, beide knapp unter 60 Jahre alt. Die Frau spricht mich an und erzählt, dass sie Jerusalempilger seien. Welch ein unglaub-

licher Zufall! Da die beiden von unserer Pilgerreise wissen, gehe ich davon aus, dass sie sich schon mit David oder Otto unterhalten haben und frage, ob einer der beiden ihr bereits einen Aufkleber von uns gegeben habe. Sie verneint, denn sie habe nur mit mir und mit keinem der beiden anderen gesprochen. Als sie mir jedoch unseren www.jerusalemweg.at Sticker auf der Umschlagseite ihres Tagebuches zeigt, kenne ich mich gar nicht mehr aus! Doch dann erzählt die Frau, dass sie in der Türkei unser „Pickerl" von einer Laterne abgenommen und auf ihr Heft geklebt habe. Inzwischen haben David und Otto dazugesellt, und wir kommen miteinander ins „Pilgergespräch".
Das Paar ist mit dem Zug nach Italien und von dort mit dem Schiff zur Balkanhalbinsel gereist. Ab dort wanderten sie zu Fuß in Richtung Türkei, wobei sie dem Küstenverlauf folgten und in Syrien ebenfalls entlang des Mittelmeeres über Tartus hierher nach Homs gelangten. Das türkische Hinterland beziehungsweise die Strecke durch die Berge sei ihnen als zu gefährlich und zu anstrengend erschienen. Meiner Meinung nach hätten die zwei es schon geschafft. Wie dem auch sei, jedenfalls wollen auch sie am Heiligen Abend in Bethlehem ankommen! Also, dass sich fünf Jerusalempilger irgendwo in Syrien treffen ist ein kleines Wunder.
Bei diesem Gespräch erfahren wir, dass wir für die Teilnahme an der Mette in der Katharinenkirche in Bethlehem eine Reservierung brauchen würden. Wegen des alljährlichen Andranges sei der Zutritt nur mit einem Ticket möglich, das beim christlichen Informationszentrum in Jerusalem zu beantragen wäre. Nach dem gemeinsamen Abendessen tauschen wir unsere Adressen aus und wünschen uns gegenseitig mit dem Pilgergruß „Buen Camino" einen guten Weg!
Gleich anschließend gehe ich in das nahegelegene Internetcafé und schreibe eine Reservierungsmail an den zuständigen Franziskanerorden. Die Kontaktadresse war im Internet unter www.cicts.org zu eruieren, und jetzt können wir nur mehr hoffen, dass noch Plätze verfügbar sind. Erst vor ein paar Tagen haben wir unsere erste Reservierung auf dem Weg vorgenommen, als uns mitgeteilt wurde, dass wir für das österreichische Hospiz in Jerusalem reservieren müssten. Wir hatten absolut nicht damit gerechnet, für ein Quartier in einem Pilgerhaus reservieren zu müssen. Außerdem passt uns das „Vorbestellen" gar nicht ins Konzept, weshalb

wir dies bis dato auch nicht gemacht hatten. Da in Jerusalem jedoch das Ende unserer Pilgerreise ist, können wir uns mit dieser Regelung halbwegs anfreunden.
Ich denke, gerade als Pilger sollte man im Vertrauen, zur richtigen Zeit an der richtigen Stelle zu sein, seinem Ziel entgegenschreiten. Das Leben in der Gesellschaft besteht ohnehin aus sehr vielen Terminen und Verpflichtungen – eine Pilgerreise stellt die Auszeit aus dem gewohnten Leben im Sicherheitsnetz dar, welches uns mitunter auch gefangen hält.

Am nächsten Morgen ist es soweit, wir fahren in einem vollbesetzten Kleinbus, in dem wir die einzigen Nichtsyrer sind, 150 Kilometer nach Osten zur weltbekannten Oasenstadt Palmyra! Es ist definitiv der kulturelle Höhepunkt jeder Syrienreise, die Ruinen gelten als die glanzvollsten des ganzen Landes und stehen natürlich auf der Liste UNESCO Weltkulturerben. Nach gut zwei Stunden Fahrzeit durch die unendlich scheinende rötliche Steinwüste erreichen wir die bereits vor 4.000 Jahren als Tadmur (Palmenstadt) bezeichnete Oase.

Im Hintergrund ragt auf einem Bergkegel Qalaat Ibn Maan in den Himmel – die ehemalige Festung eines drusischen Emirs.

Sie war ein wichtiger Versorgungspunkt der Kamelkarawanen etwa auf halbem Weg zwischen der Mittelmeerküste und Mesopotamien, dem berühmten Zweistromland zwischen Euphrat und Tigris, heute zum überwiegenden Teil im Irak gelegen.
In römischer Zeit hieß die Handelsmetropole Palmyra. Unter der sagenumwobenen Königin Zenobia entstand nicht nur ein unabhängiges, sondern auch ein blühendes Reich. Ihr Königreich wurde aber nach nur wenigen Jahren unterworfen, indem Zenobia 272 n. Chr. von Kaiser Aurelian besiegt und als Gefangene nach Rom gebracht wurde. Der einstige Ruhm und Glanz konnte nie mehr erreicht werden, und nach der Eroberung durch die Muslime um das Jahr 635 verödete die Oasenstadt.
Die Ausmaße der antiken Stadt sind gigantisch, wir könnten hier locker zwei Tage verbringen. Zum Glück fährt der letzte Bus erst bei Sonnenuntergang retour, und wir nutzen die Gelegenheit, die außergewöhnlichen Motive bei weichem Abendlicht mit der Kamera zu verewigen. Schließlich fragen wir noch zwei Männer, auf Englisch, ob sie von uns ein Foto machen könnten. „Yes", antwortet einer der beiden, und sein Akzent kommt uns irgendwie vertraut vor. Und als wir „Where do you come from?", fragen, kommt „Austria" als Antwort! Die beiden Männer sind zwei Wiener, die gerade eine Kulturreise absolvieren und in Damaskus, beim Handelsattaché der österreichischen Botschaft wohnen, mit dem sie befreundet sind. Beim Verabschieden überreichen wir wie üblich unseren Aufkleber, ohne zu ahnen, welche ungeahnte Folgen das für uns noch auslösen würde.

Beim Fotografieren bemerken wir nicht, dass sich ein vierter „Wüstenkopf" in das Bild eingeschlichen hat.

Auf der zweistündigen Rückfahrt im Kleinbus durchstöbere ich meine Aufnahmen am Handy und bemerke, dass heute der 24. November 2010 ist. Vor fünf Monaten sind wir gemeinsam gestartet und in einem Monat ist Heiliger Abend! Hier in der syrischen Wüste bei Temperaturen von noch immer fast 30 Grad im November und von bis zu 50 Grad in der heißen Jahreszeit sind der Schnee und die Kälte Österreichs weit entfernt. Aber dennoch will mir bei der monotonen Fahrt die Zahl 24 nicht so recht aus dem Kopf gehen, und so drehen sich meine Gedanken um dieses Datum. Immerhin sind Zahlen etwas Grundlegendes und nicht nur laut Pythagoras ist „die Zahl das Wesen aller Dinge".

Und ich sinniere über den „Geburtstag" Jesus. Einigen Hypothesen zufolge sei Jesus Ende März geboren, doch in der Bibel existieren keine Aufzeichnungen über das tatsächliche Geburtsdatum. Bevor sich das Christentum als Religion durchsetzte, feierten die Römer das Geburtsfest „Dies natalis solis invicti" zu Ehren des unbesiegten Sonnengottes Sol Invictus am 25. Dezember. Auch die Anhänger des Mithraskultes feierten das Geburtsfest ihres Lichtgottes an diesem Tag und zwar dem Zeitpunkt der Wintersonnenwende nach dem damals gültigen Julianischen Kalender. Diese heidnischen Kulte waren im ganzen Römischen Reich verbreitet. Erst durch Kaiser Konstantin I. begann der Aufstieg des Christentums. Dieser garantierte im Jahr 313 die Religionsfreiheit im gesamten römischen Reich und berief wegen religiöser, innerchristlicher Streitigkeiten im Jahr 325 eine kirchliche Versammlung ein: das 1. Konzil von Nicäa. Nach dem Tod des Kaisers vergingen noch Jahrzehnte bis das Christentum, als eine aus dem Judentum hervorgegangene Sekte, unter Kaiser Theodosius I. im Jahr 380 offiziell zur römischen Staatsreligion erklärt wurde.

Also wurde der Geburtstag von Jesus ebenfalls auf den 25. Dezember gesetzt, als Zeichen des Sieges des Lichtes über die Finsternis. Nach der längsten Nacht und dem kürzesten Tag, dort wo in der Natur der Wendepunkt von der Dunkelheit zum Licht auftritt, erscheint Jesus als Lichtbringer. Der Bezug zur Natur und zu den heidnischen Kulten ist hier durchaus erkennbar, ebenso wie beim Osterfest, das sich nach dem ersten Frühlingsvollmond richtet.

Das erste christliche Weihnachtsfest soll am 25. Dezember 336 von Papst Liberius in Rom gefeiert worden sein. Dieses Datum findet im bis heute gültigen Gregorianischen Kalender aus dem Jahr 1582 seinen Ausdruck. Davon ausgenommen sind einige orthodoxe Kirchen, die sich noch immer an dem nach Julius Caesar benannten Julianischen Kalender orientieren und am 7. Jänner Weihnachten feiern.
So begehen noch heute die verschiedenen christlichen Konfessionen in Bethlehem an unterschiedlichen Tagen das Weihnachtsfest. Ich bin jedenfalls schon gespannt, ob und wie wir diese innerkirchlichen Unterschiede bei der Ankunft in Bethlehem bemerken werden.
Damit ist für mich auch klar, warum das Fest für Johannes den Täufer als Wegbereiter Jesus, exakt ein halbes Jahr vor Weihnachten, am 24. Juni, kurz nach der Sommersonnenwende gefeiert wird.
Nicht ohne Grund sagte Jesus: „ICH bin das Licht der Welt." Und so gesehen, ließen sich wohl alle Religionen auf einen gemeinsamen Nenner bringen: Licht zu sein, für sich und für die Mitmenschen. Wie viele Religionen gibt es, oder gibt es nur eine? Die Religion der Liebe!

Dies fühlt sich stimmig an, und mit einem herzerwärmenden Gefühl komme ich wieder zurück in die „Realität", wo wir soeben nachts in Homs eintreffen.
Am nächsten Tag müssen wir weiterziehen, denn vor uns liegen 80 Kilometer im Nahbereich der Autobahn, bis wir in An Nabk diese in Richtung Maalula verlassen werden. Wir haben uns aber noch eine wichtige Besichtigung hier in der Stadt aufgehoben und werden daher am Abend wieder zurückkommen. Außerdem können wir dadurch eine weitere Nacht in unserem „Basislager" namens New Basman verbringen, von dem wir uns fast gar nicht mehr trennen können. Homs bietet zwar wenig touristischen Attraktionen, dafür aber eine einzigartige Reliquie: den Gürtel der Heiligen Maria!
So kommen wir wie geplant nach einer Tagesetappe in die Stadt zurück und begeben uns auf die Suche nach der syrisch-orthodoxen Kirche „Um al-Zennar" (Kirche des Gürtels). Wir können sie aber nur mit der Hilfe mehrerer Passanten finden, und als wir davor stehen, nimmt uns gleich ein freundlicher Aufseher in Empfang. Genauestens erklärt er uns die Hin-

tergründe der „Gürtellegende", während er uns in den Nebenraum führt, wo sich ein Schrein mit der Reliquie befindet. Der Erzählung zufolge ist die Mutter von Jesus dem Apostel Thomas, auch als der Ungläubige bezeichnet, erschienen und hat ihm ihren Gürtel gegeben. Thomas zeigte ihn den Aposteln als Beweis von Marias „Himmelfahrt" und trug diesen bis zu seinem Märtyrertod in Indien bei sich.

Bei der Überführung seiner Reliquien soll der Gürtel hier in Homs, dem einstigen Emesa verblieben sein. Dann geriet der Gürtel in Vergessenheit und wurde am 20. 07. 1953 wiederentdeckt.

Der Gürtel hatte sich bis dahin in einem Silbergefäß befunden, das in einer „Steinschatulle" eingebettet war. Dabei kam auch eine Marmorplatte mit einer Inschrift ans Tageslicht, aus der hervorging, dass die damalige Kirche im Jahr 59 n. Chr. erbaut worden sei. Wir verweilen einige Zeit vor der Reliquie an diesem besonderen Platz und sind froh, hierhergekommen zu sein.

Nach einer Weile bittet uns der Wächter ins Freie und öffnet den Eingang zu der Unter- oder Höhlenkirche: Sie ist angeblich die älteste Kirche Syriens! Nach diesen beeindruckenden Erlebnissen und dem Erhalt eines wunderbaren Stempels mit dem Bildnis der Reliquie, entdecken wir nur einige Gassen entfernt die katholische Kirche „Maria Friedenskönigin". Sie ist aber verschlossen. Auf dem Rückweg nutzen wir die Gelegenheit, kurz einen Suq zu besuchen, wo wir jedoch keine Souvenirs kaufen, denn der Rucksack ist schwer genug.

Die letzten zwei Tage entlang der Hauptstraße M5 vergehen trotz der kargen Gegend überraschend schnell. Auch wenn die Monotonie der Steinwüste ihren besonderen Reiz auf uns ausübt, stellen solche Fotomotive eine willkommene Abwechslung dar!

Schließlich erreichen wir An Nabk und verlassen am anderen Ende der Stadt die Hauptstraße nach rechts, um entlang der Flanke des Anti-Libanon-Gebirges nach Damaskus zu gelangen. Wieder präsentiert sich das Wetter mit angenehmen Sommertemperaturen, deshalb wandern wir gut gelaunt auf der ruhigen Landstraße langsam aber stetig bergauf. Wenn ich daran denke, dass es im Sommer bis zu 50 Grad heiß ist, es hier normalerweise um diese Jahreszeit regnet oder sogar schneit, wird mir unser Wetterglück erst so richtig bewusst. Die Etappen durch die Wüstengebiete sind kärglich und wirken entsprechend leblos, obwohl es Schakale, Skorpione und Schlangen geben soll. Wir sind aber außer auf wilde Hunde zum Glück auf keine gefährlichen Tiere gestoßen!
Auf der einsamen Landstraße werden wir nach der Kleinstadt Yabrud in der Nähe des Dorfes Ras al Ayn wieder einmal von der Dunkelheit eingeholt. Wie gerufen nähert sich ein Lastwagen, der anhält und uns auf der Ladefläche zum etwa 10 Kilometer entfernten Maalula mitnimmt. Der abgelegene Ort in den Bergen ist unser eigentliches Ziel, dort wird noch zum Teil aramäisch gesprochen – jene Sprache, die Jesus verwendete!
Als wir ankommen, ist es inzwischen dunkel und überraschend schnell kalt geworden, die Höhenlage in den Bergen ist unweigerlich bemerkbar. Deshalb entschließen wir uns, gleich beim Hotel am Ortsbeginn ein Zimmer zu nehmen, möchten aber am nächsten Tag beim nahe gelegenen Kloster um ein Quartier fragen.

Nach einer Nacht in komfortablen Einzelbetten klappt morgens alles wie geplant. Wir gelangen mit einem Bus zurück zur Stelle, von der aus wir am Vortag mit dem Lkw weiterfuhren, und wandern bei Tageslicht weiter. Der letzte Abschnitt führt steil bergauf und wir schwitzen ordentlich, als wir oben auf dem Bergsattel auf 1.700 Meter Höhe ankommen. Hier zweigt die Straße scharf links nach Maalula ab, das sich unweit des Passes und mit geringem Höhenunterschied in einem Talkessel befindet. Schließlich treffen wir nach diesem „Morgenmarsch" bei dem oberhalb des Ortes liegenden byzantinischen Kloster ein. Wir haben Glück und bekommen tatsächlich die erhoffte Herberge – jeder von uns in einem schlichten, aber sehr zweckmäßigen Einzelzimmer. Welch eine Freude!
Zu Recht gilt Maalula als einer der schönsten Orte Syriens. Die bunten Häuser schmiegen sich malerisch an den rötlichen Felsen des Gebirges. Eine Besonderheit aber ist der alte aramäische Dialekt, der hier nicht in Vergessenheit geraten ist! Es sind insgesamt nur ein paar tausend Menschen, die in diesem Dorf und in zwei weiteren Dörfern der Umgebung noch diese Sprache sprechen. Aramäisch ist beinahe ausgestorben! Es wird darüber hinaus nur noch in der türkischen Stadt und Provinz Mardin und vereinzelt in jenen Regionen der Welt gesprochen, wo sich die einst vertriebenen Menschen als Flüchtlinge niedergelassen haben.
Nachdem wir unsere Rucksäcke verstaut und unsere verschwitzte Kleidung gewechselt haben, gehen wir vom Quartier die Stiege zum Innenhof hinab. Wir stehen nun direkt vor dem Eingang der Klosterkirche Mar Sarkis, benannt nach zwei römischen Märtyrern namens Sergius und Bacchus. Die Grundmauern sollen aus dem 4. Jh. n. Chr. stammen, womit dieses Gotteshaus wohl eine der ältesten noch genützten christlichen Kirchen überhaupt ist! In dem orthodoxen Gotteshaus treffen wir auf eine jüngere Frau aus dem Ort, die für uns das VATERUNSER im Dialekt ihrer aramäischen Muttersprache betet, wobei wir das Gebet mit der Kamera aufzeichnen dürfen.

Nachstehend ist dieses Vaterunser nach dem Klang der aramäischen Worte samt einer Auslegung des Gebetes von Dr. Neil Douglas Klotz nachzulesen. Es stellt eine wunderbare Ergänzung zur Übersetzung des Vaterunsers von Martin Luther (Mt 6:9–13) dar.

Abwûn d'bwaschmâja
Oh Du, atmendes Leben in Allem, Ursprung des schimmernden Klanges.
Du scheinst in uns und um uns, selbst die Dunkelheit leuchtet,
wenn wir uns erinnern.

Nethkâdasch schmach
Hilf uns einen heiligen Atemzug zu atmen,
bei dem wir nur Dich fühlen - und
Dein Klang in uns erklinge und uns reinige.

Têtê malkuthach
Lass Deinen Rat unser Leben regieren und
unsere Absicht klären für die gemeinsame Schöpfung.

Nehwê tzevjânach aikâna d'bwaschmâja af b'arha
Möge der brennende Wunsch Deines Herzens Himmel und Erde
vereinen durch unsere Harmonie.

Hawvlân lachma d'sûnkanân jaomâna
Gewähre uns täglich, was wir an Brot und Einsicht brauchen:
das Notwendige für den Ruf des wachsenden Lebens.

Waschboklân chaubên (wachtahên) aikâna daf chnân schvoken l'chaijabên
Löse die Stränge der Fehler, die uns binden,
wie wir loslassen, was uns bindet an die Schuld anderer.

Wela tachlân l'nesjuna ela patzân min bischa
Lass oberflächliche Dinge uns nicht irreführen,
sondern befreie uns von dem, was uns zurückhält.

Metol dilachie malkutha wahaila wateschbuchta l'ahlâm almîn.
Amên
Aus Dir kommt der allwirksame Wille, die lebendige Kraft zu handeln,
das Lied, das alles verschönert und sich von Zeitalter zu Zeitalter erneuert.
Wahrhaftige Lebenskraft diesen Aussagen! Mögen sie der Boden sein, aus dem alle meine Handlungen erwachsen. Besiegelt im Vertrauen und Glauben.
Amen

Nach diesem einmaligen Erlebnis nutzen wir die Gelegenheit, um wieder einmal Kerzen für nahestehende und hilfreiche Menschen anzuzünden und verlassen anschließend die Klosteranlage. Wir folgen dem schmalen Asphaltsträßchen ein Stück nach rechts, wo wir nach ein paar hundert Metern auf den Pfad in die Thekla-Schlucht stoßen. Übrigens soll der Name Maalula auf Aramäisch „Eingang" bedeuten, und wirklich gelangen wir durch den farbenprächtigen und schmalen Canyon in den Ort hinunter. Am Ende der Schlucht liegt zur linken Hand das orthodoxe Kloster der heiligen Thekla, das direkt um den Felsen herum gebaut worden ist.

In einer Grotte wird das Grab der Christin und Paulusschülerin Thekla verehrt, so wie auch in Ayathekla bei Silifke, wo wir auf dem Weg durch die Türkei gewesen sind. Nach dem Ausziehen der Schuhe dürfen wir den mit Teppichen belegten Steinboden betreten. Das Steingrab ist mit zahlreichen Ikonen übersät, der wohlriechende Duft der Öllichter erfüllt den kleinen Raum und lässt mit Stille eine ganz mystische Atmosphäre entstehen. Ohne Zweifel ist dies ein besonderer Platz, der jeden Besucher zum Innehalten, zum Besinnen und zum Gebet anregt. In dieser Stimmung verweilen wir in Dankbarkeit für das bisher Erlebte und für unsere wunderbare Führung.

Nach dem anschließenden Abendessen in einem der Lokale gehen wir durch die nun beleuchtete Schlucht zurück zu unserer Herberge im Kloster – wieder neigt sich ein außergewöhnlicher Tag dem Ende zu.
Am Morgen ist es so weit. Wir ziehen mit vielen Eindrücken belohnt weiter und haben zum Abschied noch einen schönen Blick auf den Ort.

Bis zur syrischen Hauptstadt liegen etwa 50 Kilometer vor uns. Um dorthin zu gelangen, halten wir uns am Ortsende rechts, von wo uns der Weg bergauf durch das Dorf Al Tawani führt. Schließlich erreichen wir am Nachmittag die Kleinstadt Sednaya. Hier dort thront auf dem Berg Cherubim das gleichnamige imposante Engelskloster. Das Kloster ist zwar kein Fixpunkt auf unserer Reise, aber wir würden es gerne sehen. Hin und retour bräuchten wir zu Fuß inklusive der Besichtigung einen halben Tag. Und morgen möchten wir Damaskus erreichen. Es stellt sich also nur die Frage, wie wir heute noch zum Kloster hinaufkommen können. Wir entschließen uns, bei der Kreuzung zu warten und nach wenigen Minuten kommt schon wie gerufen ein nettes (Engels)Pärchen mit dem Auto, bleibt stehen und nimmt uns mit. Voll Freude genießen wir die Fahrt und das Panorama auf der etwa sieben Kilometer langen, steilen Bergstraße, die in Serpentinen zum Kloster auf den 2.000 Meter hohen Gipfel führt. Wir haben Glück, dass wir die Gelegenheit für diesen Ausflug bekommen haben und werden gleich von zwei überdimensionalen Engeln „empfangen", die neben dem großen hölzernen Eingangstor abgebildet sind.

Wir betreten die Anlage durch eine geöffnete Seitentür und werden alsbald von einem sehr freundlichen jungen Mönch empfangen. Nach ein paar Worten reicht uns dieser zur Begrüßung einen selbstgebrannten Schnaps – ja diese Tradition erinnert an unseren Weg durch den Balkan! Anschließend zeigt uns der orthodoxe Pater die lieblich wirkende kleine Kirche und erzählt, dass es um diese Jahreszeit normalerweise eiskalt ist und der Schnee meterhoch liegen kann. Unsere auf dem Berg Cherubim passende Antwort lautet: „Wenn Engel reisen, wird sich auch das Wetter weisen …"

Mit einem anderen Besucher können wir später wieder hinunter nach Sednaya fahren. Während der Fahrt erzählt uns der Lenker, dass er im Marienkloster von Sednaya eine „Mutter Elisabeth" kenne, und wir mit Sicherheit dort Quartier bekommen würden. Wir sollten ihr liebe Grüße von

ihm ausrichten. Als wir bei dem in ganz Syrien bekannten griechisch-orthodoxen Wallfahrtskloster eintreffen, suchen wir als Erstes die besagte Schwester auf. Noch bevor wir ihr die Grüße ausrichten können, werden wir freundlich empfangen und bekommen zusätzlich zur Herberge noch einen besonders schönen Stempel: Pilgerherz, was willst du mehr?

Zu all diesen positiven Erlebnissen gibt es für uns nun abends noch ein ganz spezielles Jubiläum zu feiern. Unser letzter Monat auf dem Weg ist angebrochen. Wir schreiben Mittwoch, den 1. Dezember 2010, und dürften zugleich mit diesem Tag die 4.000 Kilometermarke überschritten haben: Jerusalem wir kommen!

Nach dem Aufstehen besichtigen wir vormittags das Kloster, das im Jahr 547 n. Chr. persönlich vom byzantinischen Kaiser Justinian gegründet worden und das älteste durchgehend bewohnte Kloster der Welt sein soll!

Unmittelbar neben der Kirche befindet sich in einer Kapelle das Heiligtum des Klosters: eine sehr alte hochverehrte Marienikone! Ihr wird wundertätiges Wirken nachgesagt, und sie soll gar vom Evangelisten Lukas geschaffen und durch einen Mönch von Jerusalem hierher gebracht worden sein. Ohne Zweifel sind wir an einem ganz besonderen Platz angekommen und verweilen lange Zeit in der kleinen Kapelle bei dem meditativen Schein der Öllichter. Die Harmonie und der Friede, die hier zu spüren sind, sind berührend. Innerlich gestärkt setzen wir nach der Verabschiedung von Mutter Elisabeth unseren Weg nach Damaskus fort und erreichen nachmittags die Millionenstadt.

Ich finde es für ein arabisches Land außergewöhnlich, dass in Syrien der Islam keine Staatsreligion ist, sondern nur der Präsident muslimisch sein muss. Die Glaubensfreiheit ist in der Verfassung festgeschrieben, womit die Bedeutung als Ursprungsland zahlreicher Religionen unterstrichen wird. Wie wir erlebten, sind bis heute beispielsweise Maroniten, Chaldäer,

syrisch-, römisch-, griechisch- und armenisch-katholische Christen, syrisch- und griechisch-orthodoxe und assyrische Christen vertreten.
Aus diesem Grund sind von den etwa 20 Millionen Syrern etwa zwei Millionen Christen, die den verschiedensten Richtungen angehören. Wegen der Spannungen mit Israel kann jedoch kein syrischer Christ eine Pilgerfahrt nach Jerusalem unternehmen, und in so manchen Gesprächen mit Einheimischen wird spürbar, dass sie einmal im Leben gerne dorthin kommen würden. Bitter ist dies aber nicht nur für Christen, sondern auch für die etwa 15 Millionen Muslime, auf die sich dieser Konflikt gleichermaßen auswirkt. Die Pilgerfahrt, der Hadsch, stellt für sie etwas ganz Besonderes dar, und im Islam ist Jerusalem, nach den saudi-arabischen Städten Mekka und Medina, das drittwichtigste Wallfahrtsziel! Deswegen haben wir auf unserer Pilgerschaft durch muslimische Gebiete im Balkan, der Türkei und Syrien immer wieder neben Unverständnis wegen der unvorstellbaren Entfernung auch Respekt und Anerkennung für unser spirituelles Ansinnen geerntet.
Erwähnenswert ist, dass Syrien auf eine etwa 12.000-jährige Geschichte zurückblickt und als Wiege der Zivilisation gilt. Das Land war im Altertum die Brücke zwischen den Großmächten. Vom einstigen „Schmelztiegel" der Völker und Kulturen zeugen die alten Städte bis hin zum ersten Alphabet der Welt, den sogenannten Tontafeln von Ugarit. Diese aus dem 14. Jh. v. Chr. stammenden Tafeln sind in Damaskus, der ältesten durchgehend bewohnten Stadt der Erde, ausgestellt!
Aber bevor wir die Metropole erkunden, sollten wir uns eigentlich auf Quartiersuche begeben, aber nur eigentlich. Denn diesmal erübrigt sich die Quartiersuche. Wir wohnen beim österreichischen Handelsattaché! Unsere Wiener Bekannten aus Palmyra hatten ihm von uns erzählt, worauf er per E-Mail mit uns Kontakt aufnahm. Da wir wegen der erhofften Ticketzusage für die Mette in Bethlehem ohnehin so oft wie möglich die Mails prüften, konnten wir rechtzeitig auf das Schreiben von Anton (so heißt der Attaché) antworten. Er hat uns spontan zu sich nach Hause in Damaskus eingeladen. Es lebe die Gastfreundschaft der Österreicher und die Technik, die auch in der Wüste funktioniert!
Inzwischen haben wir vom österreichischen Hospiz in Jerusalem die Nachricht bekommen, dass leider alle Zimmer ausgebucht seien. Jedoch

könnten wir im Massenschlafsaal unterkommen, müssten aber am 26. Dezember für eine Nacht wieder ausziehen. Irgendwie stimmt uns das nicht gerade freudig, aber es sind ja noch drei Wochen Zeit, und vielleicht ergibt sich noch eine positive Wendung für Fußpilger ... Wir haben jedenfalls per Mail um eine eventuell andere Lösung ersucht, also „schau ma moi, dann sehn ma scho".

Als wir beim Wohnsitz des Attachés, der etwas außerhalb der Stadt liegt, eintreffen, staunen wir nicht wenig! Wir können nicht nur endlich die Wäsche mit der Maschine waschen, sondern der aus Oberösterreich stammende Anton kocht für uns auch noch richtige Hausmannskost. Nebst Schweinsbraten mit Knödel und Kraut serviert er uns sogar österreichisches Bier: Willkommen in der Heimat!

So verbringen wir vier einen gemütlichen Abend und am darauf folgenden Tag steht die langersehnte Stadtbesichtigung auf unserem Programm. Damaskus wirkt auf den ersten Blick eine Nuance moderner und weniger orientalisch als Aleppo, die für mich attraktivste Stadt Syriens. Aber natürlich wartet die Perle des Orients, wie Damaskus bezeichnet wird, mit außergewöhnlichen, geschichtsträchtigen Sehenswürdigkeiten auf. Und dass die Altstadt auf der Liste des UNESCO Weltkulturerbes steht, ist selbstredend!

Das urbane Zentrum konnte aufgrund archäologischer Funde auf das 4. Jahrtausend v. Chr. datiert werden, womit Damaskus die am längsten durchgehend bewohnte Stadt der Welt ist und in fast 6.000 Jahren von verschiedensten Zivilisationen und Religionen geformt wurde! Den Höhepunkt der Besichtigungen stellt für uns eindeutig die Umayyaden-Moschee dar, wo in einem Schrein das Haupt von Johannes dem Täufer verehrt wird!

Seine Enthauptung wurde schriftlich überliefert, jedoch in zwei Varianten: Nach dem Markus-Evangelium soll die Tochter der Herodias, anlässlich ihres Tanzes beim Geburtstagsfest für den Stiefvater Herodes Antipas den Kopf von Johannes als Geschenk gefordert haben. Das Mädchen soll dazu von Herodias, der Ehefrau von Herodes Antipas, angestiftet worden sein. Ein Schauplatz wird nicht genannt und auch nicht der Name der Tochter, jedoch ist historisch gesichert, dass es sich dabei um Salome gehandelt haben muss. Zugetragen hat sich dies im Jahr 28 oder 29 n. Chr.

Nach dem Geschichtsschreiber Josephus Flavius, soll Johannes auf der Festung Machärus (Jordanien) von Herodes Antipas aus politischen Gründen enthauptet worden sein. Angeblich wollte Herodes dadurch einen bevorstehenden Aufruhr der Anhänger des Täufers unterbinden. Diese Darstellung gilt historisch als die wahrscheinlichere Version. Unumstritten ist jedoch, dass Johannes, der Wanderprediger und Vorläufer Jesu, geköpft wurde!

Wir sind nun auf dem Weg zur Umayyaden-Moschee, die sich im Nordwesten der Altstadt, unmittelbar nach dem großen, überdachten Suq al-Hamidiya, befindet und das bedeutendste Gotteshaus in Damaskus ist. Anhand dieser Moschee lassen sich der Lauf der Zeit und die verschiedenen Kulturen gut nachvollziehen. Bereits im 2. Jahrtausend v .Chr. stand hier ein aramäischer Tempel zu Ehren des Wettergottes Hadad, woraus später ein römischer Jupitertempel wurde und schließlich die Byzantiner um das 4. Jh. n. Chr. anstelle des Tempels eine Christenkirche errichteten. Diese zu Ehren von Johannes dem Täufer gebaute Basilika „überstand" aber wiederum nur einige Jahrhunderte, bis sie im Jahr 705 n. Chr. von den nun herrschenden Muslimen zur Moschee umgebaut wurde, wobei aber bis heute die Grundstruktur der damaligen Basilika erhalten geblieben ist.

Nachdem wir beim Haupteingang der Moschee das Eintrittsticket bezahlt und die Schuhe ausgezogen haben, dürfen wir den riesigen Innenhof betreten. Dieser ist mit polierten Marmorplatten ausgelegt und bietet ein glanzvolles „Schauspiel". An allen möglichen Stellen sitzen und stehen die Menschen, die Kinder nutzen voll Freude den glatten Steinboden zum Herumtollen.
Wir überqueren also barfuß den Innenhof und betreten die mit rötlichen Teppichen ausgelegte große Gebetshalle. Für uns ist einer der Höhepunkte der Pilgerreise gekommen. Für mich selbst ist es auch noch ein ganz besonderer Augenblick, da ich bei den vermuteten sterblichen Überresten meines Namenspatrons angelangt bin. Seine Reliquie befindet sich inmitten der Moschee und wird sowohl von Christen als auch von Muslimen verehrt. Johannes der Täufer gilt in beiden Religionen als Heiliger und Prophet!

Lange Zeit stehe ich vor dem großen Schrein, und während ich ein Gebet spreche, besinne ich mich in Dankbarkeit auf das bisher Erlebte.
Nach einer Stunde gehen wir wieder hinaus zum Innenhof und passieren dabei in einem Nebenraum das Haupt von Hussein, eines Enkels von Mo-

hammed, der von den Muslimen hoch verehrt wird. Diese Moschee ist die viertheiligste Stätte des Islam, weshalb hier sowohl Christen als auch Muslime nebeneinander beten und letztere sich nicht nur in Richtung Mekka verneigen, sondern auch vor dem Schrein des Täufers. Eine weitere Verbindung zwischen den beiden großen Weltreligionen stellt hier der als „Jesusminarett" bezeichnete Ostturm dar, wo von den Muslimen am Tag des Jüngsten Gerichtes das Erscheinen von Jesus erwartet wird.
Das Christentum und der durch den Propheten Mohammed (632 n. Chr. gestorben) hervorgegangene Islam sind im eigentlichen Sinne Bruderreligionen. Für beide gibt es nur einen Gott/Allah und unter anderem sind auch für die Muslime Abraham, Mose, Elia sowie Johannes der Täufer Propheten und Mutter Maria wird als Heilige verehrt. Der kleine, aber bedeutsame Unterschied besteht darin, dass im Islam Jesus als Prophet, nicht aber als Sohn Gottes anerkannt und Mohammed in der Reihe aller Propheten als Letzter und Vollkommenster gesehen wird.
In diesem verbindenden Sinn war sogar im Jahr 2001 Papst Johannes Paul II. in dieser Moschee und betete gemeinsam mit dem syrischen Großmufti Scheich Kuftaro. Als Brückenbauer zwischen den beiden Religionen begrüßte er die Muslime als „seine lieben Brüder"! Damit war er der erste Papst in der katholischen Kirchengeschichte, der je eine Moschee zum Gebet betreten hat.
Unweit der riesigen Umayyaden-Moschee, außerhalb der Nordmauer, befindet sich das Mausoleum von Saladin (Salah ad-Din), jenem Sultan, der im Jahr 1187 n. Chr. Jerusalem eroberte, dadurch den Dritten Kreuzzug auslöste und im Jahr 1193 hier in Damaskus verstarb.
Um die Perle des Orients ranken sich aber auch zahlreiche Legenden. So soll Abraham, der Stammvater Israels, hier geboren worden sein, Mose begraben sein und Kain seinen jüngeren Bruder Abel erschlagen haben. Und Saulus erhielt nach dem Damaskuserlebnis durch die Hand von Ananias (Hananias) sein Augenlicht wieder. Von diesem besonderen Ereignis zeugt bis heute eine kleine Kirche im christlichen Altstadtviertel, die in jenem Haus errichtet worden sein soll, wo Ananias Saulus die Hand auflegte.
Diese Besichtigung geht sich heute zeitlich nicht mehr aus, und wir müssen sie auf Sonntag verschieben, denn am morgigen Samstag haben wir

etwas Außergewöhnliches geplant. Daher fahren wir jetzt mit Minibus und Taxi zu unserer Herberge beim Attaché und werden unsere gewaschene, inzwischen sicherlich trockene Kleidung versorgen. Wir haben auch die Rucksäcke gleich vormittags noch gewaschen und tagsüber in die Sonne gehängt. Diese haben sich sichtlich gefreut, endlich vom Schweißgeruch und den weißlich schimmernden Rändern befreit zu werden. So wird es langsam Abend, und nach „getaner Arbeit" gibt es für uns wieder ein hervorragendes Abendessen „á la Anton"!

Wir sitzen bei guten Gesprächen bis nach Mitternacht zusammen und freuen uns alle sehr auf den morgigen weiteren „Superlativ". Denn durch einen der zahlreichen Kontakte Davids haben wir eine Einladung zum Besuch des österreichischen Kontingentes auf den Golanhöhen bekommen! Dort überwacht die UN-Friedenstruppe in der Region des Mount Hermon (2.814 m) das Truppentrennungsabkommen zwischen Israel und Syrien. Die Republik Österreich stellt mit etwa 370 Mann das größte Kontingent der Blauhelme und hat das Kasernenkommando über die mehr als eintausend stationierten Soldaten inne (Österreicher, Inder, Japaner, Kanadier, Kroaten, Philippinos).

Pünktlich um 10 Uhr werden wir persönlich vom Kommandanten des österreichischen Bataillons, Oberstleutnant Wolf, von unserer Unterkunft abgeholt und fahren in einem UN-Fahrzeug zum Hauptquartier. Als wir dort eintreffen, können wir uns im Camp umsehen und eine Pauluskirche besuchen, die von einem österreichischen Priester betreut wird. Eine Pauluskirche auf dem Golan, welch eine besondere Überraschung, damit haben wir absolut nicht gerechnet!

Nach einem „österreichischen" Mittagessen in der Kantine fährt Kommandant Wolf mit uns in die Schutzzone, damit wir vor Ort einen besseren Einblick über Ablauf und Zweck des Einsatzes der Blauhelme im Nahen Osten bekommen. Dabei besichtigten wir das unmittelbare Grenzgebiet zu Israel und werden, wegen der guten Kontakte des Oberstleutnants zu den

Syrern, sogar von deren Grenzpolizei auf einen Tee eingeladen: Wir sitzen auf einfachen Stühlen und Hockern direkt vor dem Schlagbaum im Sperrgebiet. Unvergesslich!

Auf der Rückfahrt besuchen wir Kriegsruinen der syrischen Stadt Qunaitra, die im Oktober 1973 während des Jom-Kippur-Krieges total zerstört wurde. Dabei besichtigen wir das zerschossene einstige Krankenhaus.

Schließlich treffen wir wieder im Camp ein und sind zum Ausklang ins Offizierskasino geladen, wo die anwesenden Führungskräfte interessiert unseren Erzählungen folgen und wir uns über Gott und Golan unterhalten. Bevor wir wieder nach Damaskus zurückgebracht werden, bekommet jeder von uns ein Kreuz aus Granatsplittern als Geschenk überreicht – welch eine große Ehre für uns! Vermutlich sind wir gar die ersten Österreicher, die zu Fuß auf dem Weg ins Heilige Land sind und unseren Soldaten einen Besuch abstatteten. Durch diese Exkursion zum Golan schließt sich für uns ein weiterer Kreis unserer Pilgerreise und versinnbildlicht das Motto: Freude – Friede – Freiheit. Österreich als das Land der Friedensbringer!

Nach dem „Golanabenteuer" sind wir sonntags wieder in der Metropole und wollen wie geplant das Christenviertel erkunden, sowie unser Visum verlängern lassen. Eigentlich ist es kaum zu fassen, dass seit der Visumserteilung in Wien bereits sechs Monate vergangen sind, weshalb Otto und ich diesen amtlichen Vermerk für eine zusätzliche Woche benötigen.
David hat Glück, er hatte ja erst kurz vor der Pilgerreise sein Visum beantragt, daher ist sein Visum noch nicht abgelaufen. Dazu suchen wir nun zuerst die österreichische Botschaft auf, um ihr einerseits einen „Pilgerkurzbesuch" abzustatten und andererseits Auskünfte zum Amtsweg für das Visum zu erfragen. Im Foyer treffen wir zufällig den Erzbischof der syrisch-orthodoxen Kirche von Mesopotamien und Euphrat, Matta Roham. Diese freundliche Begegnung wird natürlich fotografisch dokumentiert: „Richtet Kardinal Schönborn beste Grüße von mir aus", fügt das Oberhaupt noch bei der Verabschiedung hinzu.

Ganz so, als würden wir im Wiener erzbischöflichen Palais aus- und eingehen. Der Erzbischof reicht uns seine Visitenkarte und natürlich bekommt auch er einen unserer Aufkleber.
Im Anschluss bekommen wir nicht nur die erhofften Infos, sondern ein syrischer Botschaftsmitarbeiter fährt uns zu dem zuständigen Amt und begleitet uns dort, wo sich, wie erwartet, das Prozedere gelinde gesagt kompliziert gestaltet: Wir müssen für die diversen Stempel und Gebühren nicht nur verschiedene Stockwerke durchlaufen, sondern auch sage und

schreibe fünf Unterschriften einholen. Der Polizeidirektor unterfertigt höchstpersönlich zweimal den Akt, und lächelt jedes Mal verschmitzt, wenn er uns sieht – eine Verwaltungsreform scheint längst überfällig.
Aber durch die Hilfe des quirligen Syrers, der sich jedes Mal durch die wartende Menschenschlange direkt zum Schalter vordrängt, haben wir schon nach zwei Stunden die Verlängerung im Pass! Nachdem wir uns für seine effiziente Unterstützung bedankt haben, begeben wir uns mit Hilfe des Stadtplanes in die Gassen des christlichen Bab-Tuma-Viertels, auf die Suche nach der Ananias-Kirche.
Als wir nach kurzem Suchen vor dem Eingang stehen, bemerken wir über dem Gittertor ein in roter Farbe gestaltetes Jerusalemkreuz. Es ist für uns das erste Mal, dass wir diesem Symbol auf unserer Pilgerreise begegnen. Wir fühlen uns dadurch ein klein wenig, als ob wir schon in Jerusalem angekommen wären. Es steht als Zeichen für Jerusalem, aber beispielsweise auch für den „Ritterorden vom Heiligen Grab zu Jerusalem", wobei das große Mittelkreuz mit den vier kleinen Kreuzen generell als Symbol für Jesus und die Evangelisten gedeutet wird.

Das Kirchlein liegt etwa sechs Meter unter dem heutigen Stadtniveau, und als wir diese über mehrere Stufen betreten, stellen wir fest, dass sie besonders schön und liebevoll gestaltet wurde. Zudem zählt auch dieses Gotteshaus zu den ältesten christlichen Sakralbauten der Erde! Wieder einmal sind wir an einem historischen Ort angelangt, denn hier soll Ananias/Hananias Paulus die Hände aufgelegt haben, worauf dieser sein Augenlicht wiedererlangte (Apg 9,10–18).

So kam es dazu, dass Saulus, anstatt in Damaskus Christen gefangen zu nehmen, sich diesen anschloss und selbst zum Gejagten wurde. Im östlichen Teil der Altstadt befinden sich nicht nur weitere kirchliche Bauten der verschiedenen christlichen Konfessionen, sondern beim Südosttor Bab Kisan (Kaisan) auch eine nach Paulus benannte Kapelle. Hier soll er von seinen Freunden in einem Korb von der Stadtmauer herabgelassen worden sein, damit er seinen Verfolgern entkommen und fliehen konnte (Apg 9,23–25).

Paulus versuchte später, auch in Jerusalem Anschluss zu finden, aber die Christen hatten Angst, denn sein altes Image haftete an ihm. Schließlich musste er von Jerusalem vor seinen Verfolgern fliehen und sich verstecken – sei es in der Abgeschiedenheit oder in seiner Geburtsstadt Tarsus. Es vergingen viele Jahre, bis er sich den Aposteln, mit Hilfe von Barnabas, anschließen konnte.
Wir wollten auch unbedingt jene Stelle finden, an der Paulus seine Berufung durch Jesus hatte. Daher hatte ich in den vergangenen Wochen allerlei Recherchen unternommen, um diese Stelle lokalisieren zu können. Dass uns dieses Vorhaben tatsächlich gelang, würde ich als kleines Wunder oder wie so vieles im Leben, als Fügung bezeichnen.

Auf einer kleinen Karte, die Otto vor einiger Zeit bekommen hatte, bemerkte ich beiläufig die Fußnote „Paulus hatte ein Erlebnis". Ich schenkte dieser Notiz zuerst keine Bedeutung, als ich aber abends im Bett lag und den Tag im Geiste Revue passieren ließ, kam mir plötzlich das Wort „Erlebnis" wieder in den Sinn. Ich dachte lange darüber nach, konnte es jedoch nicht zuordnen und schlief schließlich etwas aufgewühlt ein. Als ich morgens aufwachte, war wieder das Wort „Erlebnis" da, aber nun war für mich völlig klar, was damit gemeint war: das Damaskuserlebnis von Paulus!
Gleich beim Frühstück bat ich Otto, mir die Karte nochmals zu zeigen und notierte den angeführten Ortsnamen, lautend auf Quqab. Mit dieser Lautschrift aus dem Arabischen konnte jedoch niemand etwas anfangen, und auch im Internet waren keine Treffer zu finden. In der Folge ließ ich mir den Namen von einer englischsprachigen Rezeptionistin auf Arabisch auf einem Zettel notieren und zeigte ihn verschiedenen Menschen. Doch auch zum arabischen Ortsnamen war keine verwertbare Auskunft zu bekommen.
So vergingen die Tage und erst in Damaskus konnte ich durch Beharrlichkeit und ein Quäntchen Glück das Rätsel lösen: Ich war in einem Internetcafé und verwendete als Suchbegriff abermals verschiedene Schreibweisen von Quaqab und kam dabei auch auf das Wort Kaukab und einen Volltreffer landete! Dieser Ortsname war unter www.syrian-tourism.info eingetragen und zeigte sogar das Bild einer neu errichteten Pauluskirche!

Rückblickend gesehen hat sich diese Lösung/Erkenntnis im „allerletzten Moment" ergeben. Denn sonst wären wir morgen wie geplant auf dem kürzesten Weg zur 100 Kilometer entfernten Grenzstadt Daraa weitergezogen. So sind wir aber noch in Damaskus können direkt nach Kaukab und von dort ohne großen Umweg nach Daraa gehen.
Nach der Besichtigung der Ananias-Kirche gönnen wir uns jetzt in einem der Kaffeehäuser Kaffee und Mehlspeise. Die Syrer lieben ebenso wie die Türken Süßes, klarerweise befüllen auch wir damit ab und zu unser Kaloriendepot. Die feilgebotenen Naschereien, denen meist Mandeln, Nüsse oder Pistazien beigemengt sind, sind meist zuckersüß, aber schmecken gut.
Auch habe ich in der syrischen Küche das sogenannte Kibbeh als schmackhafte Zwischenmahlzeit entdeckt. Die frittierten Getreidebällchen sind mit Zwiebeln und Faschiertem vermischt und werden mit Joghurtsauce, Tomaten und Essiggurken auf einem Teller oder in einem Fladen warm serviert. Auf Wunsch wird es mit Chili gewürzt, dazu gibt es als Getränk Wasser oder Cola. Auch konnten wir in den Städten Syriens wieder unsere seit der Türkei begehrten Sesamkringel finden.
Das Wochenende vergeht „wie im Flug", und so wandern wir am Montagmorgen, dem 6. Dezember 2010, zum knapp 20 Kilometer südwestlich von Damaskus gelegenen Kaukab und erleben unsere erste Polizeikontrolle in Syrien.
Kurz nach Stadtende überholt uns ein Motorradfahrer, der plötzlich langsamer wird, wendet und neben mir anhält. Otto und David gehen gerade ein paar hundert Meter hinter mir. Vielleicht ist es Instinkt, jedenfalls ist mein erster Gedanke, dass dieser Mann von der syrischen Geheimpolizei sein könnte. Er gibt sich jedoch nicht als Polizist zu erkennen, sondern fragt, ob er irgendwie behilflich sein könne, wohin wir gingen und ob wir schon ein Zimmer zum Schlafen hätten. Während meine Freunde zu uns aufschließen, bekommt der Motorradfahrer von mir

jene Antworten, die er „hören" will und dass das Ziel unserer kulturellen Wanderung die Stadt Petra in Jordanien sei. Und dann sage ich zu ihm: „I think you are a Policeman!"
Er mustert mich mit einem verschmitzten Grinsen und sagt: „Yes, Police!" Erst jetzt holt er seinen Dienstausweis aus der Jackentasche und zeigt ihn mir und ich ihm mein österreichisches Pendant. Die Situation ist wie ein Déjà-vu zur Polizeikontrolle in der Türkei. Nun beginnen wir vier uns ein wenig zu unterhalten, wobei wir jedoch nichts von unserer Jerusalempilgerreise erwähnen. Nach einem Foto braust er auf dem rot lackierten Zweirad ohne Helm, dafür mit Stehfrisur und seinen blauen Spiegelbrillen, davon.

Wieder hatten wir Glück und durften einen freundlichen Polizisten treffen. Wir setzen nach der „Amtshandlung" wie gewohnt unseren Weg durch das wüstenartige Gebiet fort und erreichen nachmittags Kaukab/Koukab, wo wir tatsächlich vor einer schönen, neuen Pauluskirche stehen! Auch erfahren wir, dass hier das Paulusjahr 2008/2009 für das Land Syrien ausgerufen worden ist.
Wenn ich daran denke, dass wir am 21. August 2010 in Kavala erstmals auf die Spuren des Völkerapostels Paulus getroffen sind, ist dies jetzt beinahe eine kleine Ewigkeit her. Ist es Zufall, dass wir nach so langer Zeit hier angekommen sind, oder ist es uns „zugefallen"? Jetzt sind wir tatsächlich hier, wo jenes sagenhafte Ereignis stattfand.

Saulus war auf dem Weg nach Damaskus, um Christen aufzuspüren und soll irgendwo in diesem Gebiet, als ihn ein vom Himmel kommendes Licht umstrahlte, gestürzt oder vom Pferd gefallen sein. Die exakte Stelle oder den genauen Hergang der Erscheinung kann heutzutage niemand mehr beschreiben, aber gemäß der angeführten syrischen Internetseite, sei der Hügel beim Ort Kaukab bis heute nach Paulus benannt. Weiters soll im Mittelalter dort ein Kloster gestanden haben, wovon nur wenige Steinreste übrig geblieben seien. Auch steht zu lesen, dass der Baubeginn dieses modernen griechisch-orthodoxen Gotteshauses im Jahr 1965 mit Unterstützung der russisch-orthodoxen Kirche gewesen sein soll.
Paulus erfuhr durch diese Begegnung seine Berufung zum Völkerapostel, die auch als Bekehrung gedeutet wird, obwohl er im eigentlichen Sinn keinen Übertritt von einer Religion zur anderen vollzogen hatte. Er blieb zeitlebens Jude.

Auch diesmal zünden wir Kerzen an und danken für unsere spirituelle Führung auf dem Weg.
Wir sind hier an das Ende unseres Weges auf Paulus Spuren gekommen, schließen dieses epochale Kapitel ab und kehren für die letzte Nacht zur komfortablen Unterkunft beim Attaché zurück.

Am Morgen des nächsten Tages verabschieden wir uns von Anton und bedanken uns für die großzügige und herzliche Beherbergung mit einem Gästebucheintrag und dem Versprechen, für ihn in Bethlehem eine Kerze anzuzünden.

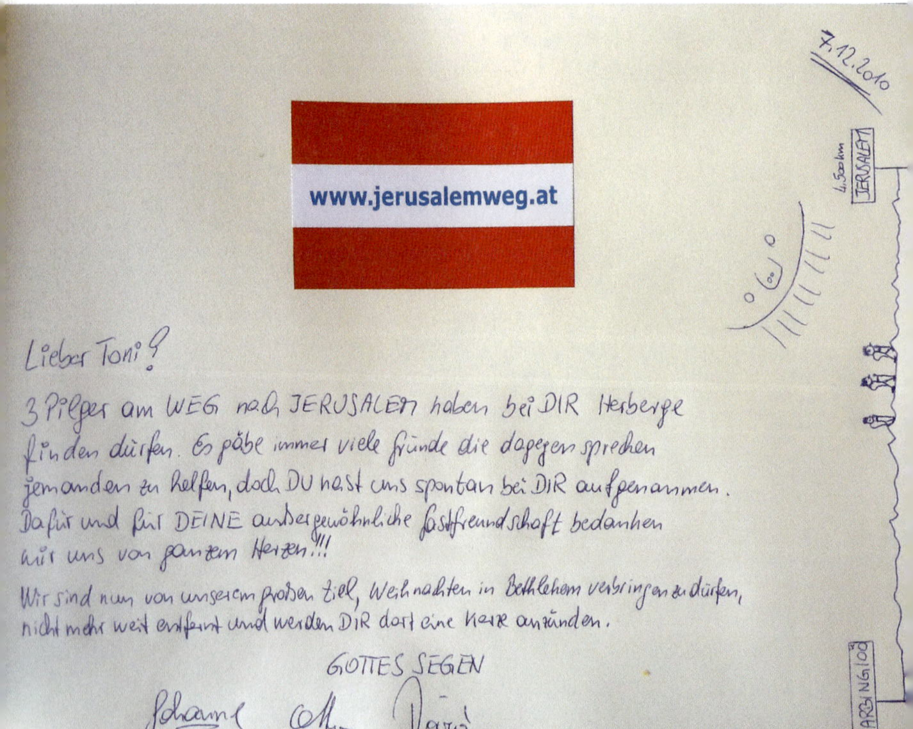

Bald wandern wir auf der parallel zur Autobahn M5 verlaufenden Straße weiter, wobei David und Otto schließlich gegen 16 Uhr von der syrischen Geheimpolizei kontrolliert werden. Sie fotografieren gerade eine Frau mit

Kindern, als sie von zwei Männern in zivil angesprochen werden. Es sei verboten, zu fotografieren. Sie werden von den Männern kontrolliert.

Ich bin gerade einen halben Kilometer weiter vorne und warte bei einem Schnellimbissstand am Ortsende auf die beiden. Daher bekomme ich vorerst auch nichts mit, aber als David und Otto erst nach einer halben Stunde bei mir eintreffen und sich in Begleitung von zwei Männern befinden, die sich als Polizisten ausweisen, bin auch ich informiert und involviert. In der Folge werden unsere Pässe abgelichtet, und da dies eine Weile dauert, sind wir ab jetzt nicht nur in Syrien aktenkundig, sondern es ist inzwischen auch dunkel geworden! Da unser Tagesziel aber sechs Kilometer entfernt liegt, entschließen wir uns entgegen unserer Regel, in der Dunkelheit weiterzugehen.
Wir bemerken einen Pick-up, der uns auf der gegenüberliegenden Straßenseite in gleichbleibendem Abstand folgt, von Zeit zu Zeit anhält, das Licht ausschaltet, nach einigen Minuten wieder zu uns aufschließt und im

Schritttempo folgt. Wir hoffen, dass wir unter Polizeischutz stehen, an alles andere denken wir lieber nicht!
Unerträglich lange eineinhalb Stunden geht es so dahin, bis wir mit einem mulmigen Gefühl endlich die nächste beleuchtete Ortschaft erreichen und sogleich ein Quartier suchen wollen. Doch nun überholt uns der besagte Wagen, zwei Männer steigen aus und gehen im Licht der Straßenlaternen auf uns zu. Dadurch können wir die Gesichter erkennen, einer davon ist tatsächlich einer jener Polizisten, die Otto und David beim Fotografieren kontrollierten.
Sie teilen uns mit, dass wir hier nicht schlafen könnten und in der Nacht nicht weitergehen dürften (sollten), da dies zu gefährlich sei. Die beiden haben kaum ausgeredet, da hält schon ein Kombi neben uns an, und der Lenker gibt zu verstehen, dass wir mitfahren sollten (müssten)! Ob auch er ein Polizist oder ein Freund der beiden Kollegen ist, kann ich nicht sagen, jedenfalls ist das Ganze unter ihnen abgesprochen. Seine Aufgabe ist es, uns in die Stadt Daraa zu bringen, damit wir mit Sicherheit eine gute Unterkunft finden könnten. Dennoch sind wir froh und gelöst, als wir in Daraa gesund und heil aus dem Transporter aussteigen können und vor einem Hotel stehen.
Im Grunde genommen sind wir den Polizisten zu Dank verpflichtet, die uns nachts beschützt und sogar zu einer luxuriösen Herberge gebracht haben.
Durch die nächtliche Polizeiaktion „müssen" wir jedoch morgen mit einem Minibus wieder die ganze Strecke zurückfahren und treffen schließlich nach zwei weiteren Tagesetappen zu Fuß in der Grenzstadt ein! Da es bei unserer Ankunft in Daraa erst kurz nach Mittag ist, unternehmen wir noch einen Kurzausflug zum 40 Kilometer entfernten Bosra (Bostra), einem UNESCO Weltkulturerbe.
Die einstige Metropole war ein wichtiger Knotenpunkt für die Karawanen durch die Wüste. Paulus soll nach seiner Flucht aus Damaskus hier gewesen sein. Und neben einer frühchristlichen Gemeinde entstand auch bald ein Bischofssitz.
Nach der griechischen Herrschaft fiel Bostra in die Hände der Nabatäer und wurde um das Jahr 70 v. Chr. sogar zur Hauptstadt – als Nachfolgerin der weltberühmten, jordanischen Felsenstadt Petra! Aber bereits

im Jahr 106 n. Chr. wurde Bostra zur römischen Provinzhauptstadt von Arabia Petraea und konnte schließlich ungefähr ein halbes Jahrtausend später von den Arabern erobert werden.
Aus jener römischen Zeit ist das 15.000 Personen fassende Amphitheater erhalten geblieben, dessen monumentale Ruinen zu den größten und besterhaltenen der Welt zählen! Errichtet wurde der Prachtbau aus schwarzem Basalt, der in dieser hügeligen Vulkanregion typischen Gesteinsart. Heute gibt es wegen der einmaligen Akustik hier alljährlich musikalische Veranstaltungen.

Inspiriert von der eindrucksvollen Steinkulisse verbringen wir den Rest des Nachmittags auf einer der sonnengewärmten Sitzreihen und genießen nicht nur diesen Augenblick, sondern auch unseren letzten Tag in Syrien. In dieser Stille bemerke ich, dass wir nicht nur am 10. November 2010 eingereist sind, sondern morgen der 10. Dezember 2010 sein wird, womit wir uns exakt einen Monat in Syrien aufgehalten haben.
Resümierend bot uns der Wüstenstaat einzigartige historische Stätten,

weshalb wir für den nicht immer idyllischen Wegverlauf an der Hauptstraße mehr als belohnt wurden! Die Syrer waren stets offen und hilfsbereit, und wir verspürten trotz vereinzelter Reisewarnungen vor unserer Pilgerreise nie das Gefühl einer Gefahr. Besonders die jüngere Generation scheint gut über das Weltgeschehen informiert sowie vernetzt und religiös nicht allzu sehr dogmatisiert oder manipuliert zu sein. Syrien ist ein arabisches Land im Um- und Aufbruch, das aus vielen Kulturen und noch mehr Religionen schöpft.

Mittlerweile neigt sich die Sonne zum Untergang, also fahren wir mit einem Kleinbus wieder retour nach Daraa, wo wir eine letzte Nacht im komfortablen, von der Geheimpolizei vermittelten Hotel zubringen. So erreichen wir gut erholt am Vormittag die Staatsgrenze, die sich überraschenderweise, gleich unmittelbar am Stadtrand befindet.

Dabei entdecken wir noch ein besonderes Fotomotiv quasi als Abschluss unserer Syrienreise – einen Autobus, der weit mehr als Reisende transportiert …

Die Ausreise gestaltet sich ebenso unkompliziert wie die Einreise, mit dem kleinen Zusatz, dass auch das Grenzgebiet zu Jordanien militärisches Sperrgebiet ist und dadurch wieder jeglicher Fußgängerverkehr untersagt ist. Das stellt jedoch für uns im Improvisieren sehr erprobten Pilger keine wirklich große Herausforderung dar.

Wir treffen auf einen sympathischen jordanischen Autolenker, mit dem wir bequem und sicher die kilometerlange Schutzzone überqueren können: Jordanien wir kommen!

القصر
ALKASER

ÜBERBLICK

REISEROUTE

Streckenabschnitt: etwa 500 Kilometer

1. Bab al Hawa
2. Aleppo
3. Maarat al Numan
4. Hama
5. Maalula
6. Sednaya
7. Damaskus
8. Daraa

BERGWÜSTE, JERASH, SCHNEEFALL UND EISREGEN, AMMAN, BERG NEBO, PETRA, JORDANTAL, TAUFSTELLE VON JESUS (JORDANIEN)

So kommen wir also motorisiert bei der jordanischen Grenzkontrollstelle an und erreichen, nach einer halbstündigen Wartezeit wegen dem allwöchentlichen Freitagsgebet, unser neuntes Land.

Im ersten und einzigen Königreich auf unserer Reise werden wir von der Polizei persönlich und vom verstorbenen sowie dem amtierenden König bildlich begrüßt. Mit dem Gefühl, willkommen zu sein schreiten wir voran und erfreuen uns auf dem Weg zur nahe gelegenen Grenzstadt Ar Ramtha an den angenehmen sommerlichen Temperaturen.
In der Stadt angelangt, entdecken wir direkt am Straßenrand ein modernes Schnellimbiss-Restaurant. Wir nutzen die unverhoffte Gelegenheit zu einem Mittagsessen, wobei uns vom Geruch der Grillhendl das Wasser im Mund zusammenläuft – und diese halten, was sie „versprechen". Ich weiß nicht, wie lange es her ist, dass wir ein derart gut gegrilltes Hähn-

chen bekommen haben! Während wir essen, wird der Eigentümer des Lokals auf uns „Rucksacktouristen" aufmerksam. Er erzählt in gebrochenem Deutsch, dass er ein paar Jahre in Deutschland gelebt und diese Zeit in guter Erinnerung habe. Im Gespräch über unsere Reise kommen wir irgendwie auch auf das warme „Wanderwetter" von fast 25 Grad Celsius zu reden, worauf er uns fragt: „Wissen Sie nicht, dass morgen ein totaler Wettersturz angesagt ist?"

Wir bedanken uns für diese Information und werden daher versuchen, heute noch so weit wie möglich zu kommen. Außerdem liegen bis Amman etwa 80 Kilometer durch gebirgiges Gelände vor uns, denn die jordanische Hauptstadt liegt auf einer Meereshöhe von circa 800 Metern. Also wandern wir im zügigen Tempo auf der Hauptstraße so lange weiter, bis wir schließlich bei Neaime von der Dunkelheit eingeholt werden. Dass hier weit und breit keine Unterkunftsmöglichkeit gegeben ist, haben wir vermutet. Aber wie so oft können wir mit einem Kleinbus mitfahren. Dieser bringt uns zum 20 Kilometer entfernten Jerash, unserem morgigen Etappenziel. Jedoch bekommen wir in der antiken Stadt überraschenderweise keine geeignete Unterkunft, denn die Pension, die uns empfohlen wird, ist belegt und ein anderes Hotel erweist sich als zu teuer.

Nach kurzem Überlegen entschließen wir uns, heute noch bis Amman zu fahren, um uns dort für die nächsten Tage gleich ein „adäquates Basislager" zu suchen. Immerhin werden wir dort nicht nur den bevorstehenden Sonntag verbringen, sondern auch einige Tage im Großraum der jordanischen Hauptstadt wandern. Also nehmen wir uns ein Taxi und finden alsbald ein gutes Quartier in der Metropole. Aber leider haben wir uns zu früh gefreut, – denn als wir vom Abendessen zurückkommen, hören wir laute Musik aus dem Keller des Hauses. Wir folgen dem Lärm und stehen vor dem Eingang zu einer Disco! Dies mag ja im Urlaub ganz lustig sein, aber nach einem anstrengenden Tag auf den Füßen ist uns der Schlaf „heilig".

In der Früh schauen wir alle recht verschlafen drein und sind uns einig, mit derselben Freude, mit der wir nachts eingecheckt haben, jetzt wieder auszuziehen. Gesagt, getan und schon haben wir die im Zimmer ausgebreiteten Utensilien wieder im Rucksack verstaut und werden uns abends erneut auf Herbergssuche begeben. Auf der Fahrt zurück nach Neaime bemerken wir, dass der Chef der „Grillstation" gestern leider recht gehabt hatte! Der Himmel verdunkelt sich, ein eisiger Wind beginnt zu wehen und als wir aus dem Bus steigen, setzt Regen ein. Es hat in der Nacht so abgekühlt, dass wir zum Regenschutz auch noch die Handschuhe anziehen, die wir vor Wochen eigens besorgten. Das ist wahrlich ein Unterschied zu gestern, wo wir noch mit kurzem Hemd und Sonnenhut unterwegs waren.

So gut wie möglich „eingepackt" wandern wir entlang der Straße 35 in einem Auf und Ab durch die jordanische Bergwüste, während uns der immer stärker werdende Sturm und der heftige Regen zusetzen. Aber selbst in dieser tristen Situation ist mit etwas Phantasie noch etwas Gutes zu erkennen: Wir fühlen uns nun ein bisschen wie in Österreich, wo bereits tiefster Winter mit starkem Schneefall herrschen soll, wie Margarethe David gestern am Telefon mitteilte.

Advent in Österreich und Advent als Pilger in der Fremde, zu Fuß auf dem Weg nach Bethlehem!

Es ist die stillste Zeit des Jahres. Die vom lateinischen Wort „adventus" abgeleitete Ankunft gibt Anlass, auch auf dem Pilgerweg gedanklich innezuhalten und die bisherigen Monate Revue passieren zu lassen. Wir drei sind beinahe ein halbes Jahr gemeinsam unterwegs, und nun sind die letzten zwei Wochen angebrochen.
Pilgern bedeutet nicht automatisch heil oder „heilig" zu sein, bietet jedoch die Gelegenheit, nach innen zu schauen und sich seiner selbst bewusst zu werden. Für mich ist allein schon die Möglichkeit der Pilgerreise ein kostbares Geschenk, denn nur wer aufbricht, kann auch ankommen.

In weniger als zwei Wochen ist Heiliger Abend, und wir sind jetzt von unserem großen Ziel, Weihnachten in Bethlehem anzukommen, nicht mehr allzu weit entfernt. Das bisher Erlebte ist mehr, als wir erwartet haben, und so Gott will, werden wir die verbleibenden 200 Kilometer schaffen und gesund am Ziel ankommen. Leider haben die vergangenen Monate auch bewiesen, dass nichts selbstverständlich und das Leben ein Geschenk ist. In dieser Zeit sind drei unserer Polizeikollegen, alle in den Vierzigern, verstorben! Völlig überraschend wurden sie aus dem Leben gerissen. Die letzte Todesnachricht ereilte uns erst vor wenigen Wochen auf dem Weg durch Syrien.
Unser Weg nach Jerusalem ist zweifellos kein Spaziergang, und es ist wichtig, sich gut darauf vorzubereiten, aber im Leben gibt es keine Sicherheiten! Es kann jederzeit zu Ende sein, auch wenn uns durch die heile Welt der Medien oft das Gegenteil vorgegaukelt wird. Daher sollten wir wenigstens versuchen, unsere Träume, sofern wir welche haben, zu leben. In meinem Fall ist dies die Pilgerreise nach Jerusalem, auf der David, Otto und ich auch unser Gottvertrauen stärken konnten. Dieses Vertrauen ist es, was nach einer Pilgerreise, der Reise zu sich selbst und folglich zu Gott, Bestand haben sollte, für sich und für sein Umfeld. Jedoch hat jeder Mensch einen eigenen Seelenplan, und so sollte es Priorität haben, den eigenen Weg zu finden und zu leben. Dann spüren wir im Tun und Handeln eine Harmonie und Glückseligkeit.

Als wir Jerash erreichen, ist es Nachmittag geworden. Das antike Gerasa, mit seiner ausgezeichnet erhaltenen römischen Siedlung wäre für uns normalerweise ein Pflichtbesuch. Doch bei diesen Wetterkapriolen haben wir keine Lust auf eine Besichtigung, und da wir in den vergangenen Monaten viele Säulenstraßen und Ausgrabungsstätten gesehen haben, fällt uns die Entscheidung eher leicht.
Für uns ist es wichtiger, dass wir bei strömendem Regen soeben einen, im Gegensatz zu Syrien eher selten, Minibus anhalten können und nach Amman unterwegs sind. Dort werden wir uns mit Sicherheit das Quartier für die kommenden Tage genauer ansehen als vergangene Nacht, obwohl am heutigen Samstagabend die Disco eigentlich passen würde.
Nach einigem Suchen finden wir mit einem Hotel, das nahe der österreichischen Botschaft liegt, die passende Lösung. Es ist sauber, wir bekommen ein Abendessen und die Heizung ist eingeschaltet. Denn bei Temperaturen von unter 5 Grad Celsius und durchnässter Kleidung, ist ein warmes Zimmer eine Wohltat. Nur der Preis ist uns anfangs zu hoch, aber nach zähen Verhandlungen einigen wir uns auf einen fairen „Pilgerpreis". Mit einem Wort, wir fühlen uns richtig pudelwohl. Außerdem erwarten wir Besuch aus Österreich, und dieser soll ebenso Freude an einer guten Unterkunft haben!
Den Sonntag verbringen wir im Hotel sowie im Internetcafé, wo ich die erwartete Mail-Antwort vom österreichischen Hospiz in Jerusalem vorfinde. Gespannt öffne ich und lese, dass wir statt des Massenschlafsaales doch ein Zimmer bekommen werden! Das ist für uns eine sehr erfreuliche und positive Nachricht, denn daran, dass wir uns in Jerusalem zur Weihnachtszeit auf Herbergssuche begeben müssen, wollten wir lieber nicht denken. Unser Gottvertrauen wurde belohnt.
Während wir bei heißem Tee und Kaffee den Ruhetag so erholsam wie möglich verbringen, beginnt es jetzt nach einem nächtlichen Eisregen sogar zu schneien. Immerhin befinden wir uns auf rund 700 m Seehöhe und mehr als 1.000 Meter über dem Jordantal. Im Laufe des Tages wird der Schneefall noch stärker und der Sturm beginnt so heftig zu toben, dass wir uns entschließen, auch am Montag zu pausieren. Den unverhofften Ruhetag werden wir zur Aktualisierung der Webseite, zum Festlegen der bevorstehenden Route über den Berg Nebo ins Jordantal und natür-

lich zum Ausschlafen nutzen. Wir liegen terminlich gut im Plan und hoffen, dass sich übermorgen das Wetter etwas bessert, denn da müssen wir wieder aufbrechen.
Wie erhofft, lässt der Niederschlag wirklich nach, die Temperaturen klettern auf über 10 Grad Celsius, und wir können unseren Weg unter besseren Bedingungen fortsetzen. Zuerst folgen wir ab Jerash wie gehabt der Hauptstraße, bis wir diese knapp zehn Kilometer vor Amman verlassen und in der Direttissima durch das landwirtschaftlich genutzte Gebiet wandern. Dabei entdecken wir unsere erste jordanische Kirche, bei der wir in dem hügeligen Vorstadtbereich eine willkommene Verschnaufpause einlegen. Der Haupteingang ist zwar versperrt, aber am hinteren Zugang des Gebäudes öffnet uns ein sympathischer Pfarrer nach kurzem Läuten.

Der orthodoxe Priester führt uns herum und anschließend bekommen wir unseren ersten Pilgerstempel in Jordanien. Auch nach fast sechs Monaten freuen wir uns noch immer über einen Stempel, wie ein Kind über ein Eis. Auch der Priester freut sich über unseren Besuch und wünscht uns,

nach einem Abschiedsfoto, alles Gute für die letzten Tage auf dem Weg. Wir ziehen weiter und er winkt uns zum Gruße nach!
Im Lauf unserer Pilgerreise hatten wir viele solcher herzlicher Begegnungen von Mensch zu Mensch, über die Brücke des Herzens. Ja, zu Fuß bist du kein Fremder!
Nach wenigen Kilometern sind wir am Stadtrand von Amman. Neben den neu errichteten Wohnbauten sehen wir armselige Wohnbaracken.

Welch ein Kontrast, arm und reich so nah zusammen zu sehen: Aber für ein Lächeln ist kein Reichtum erforderlich!

Nach diesen bewegenden Eindrücken erobern wir gegen Mittag des 15. Dezembers 2010, mit einem Aufkleber in der Hand die letzte Hauptstadt vor Jerusalem!
Die gut 1,5 Millionen Einwohner zählende Metropole dieses kleinen und jungen Königreiches hatte Ende des 19. Jh. noch fast dörflichen Charakter. 1921 war es eine Kleinstadt

und stieg zum Regierungssitz von Transjordanien auf. Aus diesem ging Mitte des 20. Jh. der heutige Staat, das Haschemitische Königreich Jordanien, hervor. Die Hauptstadt ist eine moderne, westlich geprägte Stadt.
In Jordanien leben über 6 Millionen Menschen, das Land ist ethnisch gesehen fast ausschließlich arabisch. Dadurch fällt, im Vergleich zu Syrien, der christliche Anteil mit nur fünf bis zehn Prozent dementsprechend gering aus. Doch auch hier leben Mosleme und Christen augenscheinlich friedlich nebeneinander.
Jedenfalls haben wir jetzt Amman zu Fuß erreicht, noch dazu mit einem nahezu idealen Timing, da um 13 Uhr unser Freund und Arbeitskollege Alfred kommt. Er will mit uns nach Jerusalem gehen! Dazu ist er von Österreich nach Tel Aviv geflogen, von dort mit einem Bus durch Israel zur jordanischen Grenze und danach mit einem Taxi nach Amman gefahren. Sein Eintreffen ist für uns eine willkommene, freudige Abwechslung auf den letzten Etappen. Außerdem hat er neben den neuesten Informationen aus der Heimat, auch die im türkischen Manavgat ausgetauschten und zu Hause reparierten Trekkingschuhe im Gepäck. Und auch mein Notebook zum Sichern der Filme und Fotos hat er dabei.
Wir treffen ihn wie vereinbart beim Hotel und schreiten gleich nachmittags zu viert in Richtung Berg Nebo stadtauswärts. Wobei mich „zu viert" an unseren „Mitpilger Blacky" erinnert. In Anlehnung dazu: Also Alfred – willkommen auf dem Weg nach Jerusalem!
Ein Foto von Fred gibt es leider keines, er übt sich in nobler Zurückhaltung, und so können wir nur hoffen, dass uns in den kommenden Tagen ein Bild von ihm gelingt.
Der Mount Nebo, auch als Berg Moses bezeichnet, liegt etwa 30 Kilometer entfernt, und wir folgen der Beschilderung „Dead Sea", also Richtung Totes Meer.

In unserer neuen Konstellation wandern wir in intensiven Gesprächen versunken, bis wir gegen Abend Naour erreichen. Für uns ist dies ein guter Zeitpunkt, um zur Unterkunft zurückzufahren, denn ab hier werden wir morgen die verkehrsreiche Hauptstraße 40 in Richtung Süden verlassen. Jetzt freuen wir uns auf die für den Abend angesagte Willkommensfeier mit Fred.

Noch müde von der kurzen Nacht, setzen wir unseren Weg zur Stadt Madaba fort, in deren Nähe der Berg Nebo liegt. Dabei versuche ich, wie üblich, mithilfe Landkarte und GPS-Signal die kürzeste Verbindung auszukundschaften. Deshalb kürzen wir querfeldein ab, überqueren ein abgedroschenes Getreidefeld und freuen uns über den angenehmen, dämpfenden Untergrund.

Doch plötzlich hindert uns ein hoher Zaun samt Stacheldraht am Weiterkommen. Da wir nicht wieder eine halbe Stunde zurück zur Straße gehen wollen, teilen wir uns auf, um im Maschendrahtzaun eine schadhafte oder sonstige geeignete Stelle ausfindig zu machen, wo wir das Hindernis überwinden können. Unser Plan geht auf, wir entdecken nach einiger Zeit eine provisorisch reparierte Stelle. Es gelingt uns, die Drahtverbindungen mit bloßen Händen zu öffnen, und wir können diese ohne Beschädigung wieder schließen. Wir haben zwar für „Notfälle" ein Multifunktionswerkzeug mit Zange und Seitenschneider bei uns, aber wir verwenden das nur in letzter Konsequenz.

Nach diesem kleinen Abenteuer stoßen wir unmittelbar nach Madaba wieder auf eine Asphaltstraße, die nun direkt zum Nebo führt. Die Stadt Madaba liegt an der sogenannten „Straße der Könige", die auf den alten Karawanenrouten von Amman etwa 400 Kilometer in den Süden, auch vorbei an Petra, führt. Des Weiteren wäre in Madaba die älteste Landkarte Palästinas als Mosaik in der griechisch-orthodoxen Georgskirche zu bewundern.

Wir aber sind im Bann des Berges Moses, sodass wir uns für das Mosaik keine Zeit nehmen. Nebenbei bemerkt ist für uns jetzt ein besonderer Augenblick gekommen. Wir haben den südlichsten Punkt unserer Reise überschritten und gehen nun erstmals seit Arbing nach Westen! Wir sind auf dem Weg nach Jerusalem und zugleich auf dem Weg nach Hause.

Zum Mount Nebo sind es nur mehr wenige Kilometer, und nach einer kurzen Pause in einem Dorf erreichen wir die erste Hinweistafel. Hier beenden wir kurz vor Sonnenuntergang die heutige Etappe, um morgen unsere Ankunft und den anschließenden Abstieg ins Tal des Jordangrabens genießen zu können.

Am Freitagmorgen ist es soweit, freudig und etwas stolz auf uns, es bis hierher geschafft zu haben, wandern wir bei Sonnenschein zum Nebo! Von diesem Berg hat Mose um 1300 v. Chr. nach dem Auszug aus Ägypten das gelobte Land Kanaan erblickt, aber selbst nicht mehr betreten. Er starb hochbetagt. Die exakte Grabesstelle ist aber unbekannt.
Vielleicht haben wir Glück, denn bei guter Sicht soll man bis Jerusalem sehen können, das nur knapp 50 Kilometer Luftlinie entfernt ist.
Für uns ist nun ein magischer Moment gekommen, dementsprechend bedachtsam schreiten wir die letzten Meter „hinüber“ zum etwa 800 Meter hohen Berg. Denn dieser kennzeichnet das Ende des Plateaus, auf dem wir uns seit Amman befinden und stellt den Übergang zum Jordangraben im Bereich des Toten Meeres dar. Aus diesem Grund ist für uns kein Gipfel auszumachen, vom tief liegenden Jordantal aus betrachtet, ragt der Berg jedoch eindrucksvoll etwa 1.200 Meter in die Höhe.

Gleich zu Beginn des Areales passieren wir einen Gedenkstein zu Ehren des Propheten: Wir sind dort zu Fuß angekommen, wo einst auch Mose stand!

Etwas oberhalb ist die berühmte Moses-Gedächtniskirche zu sehen, sie wurde auf der höchsten Erhebung errichtet und reicht auf das 4. Jh. n. Chr. zurück. Ursprünglich soll es nur ein kleines Kirchlein gewesen sein, dieses wurde um das 6. Jh. n. Chr. zu einer Basilika umgebaut und seither mehrfach renoviert. So ist das von Franziskanern unterhaltene Gotteshaus auch derzeit wegen groß angelegter Bauarbeiten eingerüstet und für uns leider nicht zugänglich. Dafür erwartet uns am Fuß der Bergkirche ein kleines Museum mit Informationen und Bildern vom Nebo und einer interessanten Mosaiksammlung. Am Ende des Areales ragt hoch über dem Jordantal ein von einer Schlange umwundenes Eisenkreuz auf.

Es ist in Richtung des in der Bibel verheißenen Landes ausgerichtet und deutet als Symbol einerseits auf jene eherne Schlange, die Mose in die Wüste mitnahm, sowie andererseits auf die Kreuzigung Jesus.
Von dieser Stelle aus hat man bei klarem Himmel eine grandiose Fernsicht über das vom hohen Salzgehalt flimmernde Tote Meer bis hinüber zur anderen Talseite nach Jericho und in das Gebiet des annähernd so hoch liegenden Jerusalem. Diesen magischen Ausblick genossen auch die Päpste Johannes Paul II. und Benedikt XVI., der zur Pilgerstätte erhobene heilige Berg ist ein Höhepunkt jeder Reise ins Heilige Land.

Auch wir werden nicht enttäuscht. Der Blick ins Tal, mit dem sich wie eine Schlange abwärts windenden Weg, und in die lichte Ferne ist überwältigend. Um die Mittagszeit brechen wir zu dieser 18 Kilometer langen Etappe auf, die uns auf minus 240 Meter führen wird. Der Jordangraben reicht in der Region des Toten Meeres mehr als 400 Meter unter den Meeresspiegel und ist damit der tiefste Punkt der Erde!
Übrigens befindet sich die berüchtigte Festung Machärus, die zweite Stelle, an der Johannes der Täufer von Herodes enthauptet worden sein soll, südwestlich und in weniger als 20 Kilometer Luftlinie von hier. Diese Anlage liegt aber in entgegengesetzter Richtung und für uns daher außer Reichweite.

So schreiten wir bergab, wobei jeder von uns versucht, die vielen Bilder in Gedanken und so gut wie möglich auch mit der Kamera festzuhalten. Hierbei entstehen dank Alfred einmalige und wunderbare Erinnerungsfotos.

Inspiriert von der überwältigenden Strecke, kommt mir das Wort PILGER und dessen Ursprung in den Sinn. Es bedeutet vom lateinischen Wort „Peregrinus" abgeleitet „Fremdling" oder „Fremder" und im kirchlichen Sinn von „Pegrinus" hergeleitet „der wallfahrende Fremde".

Ich zitiere dazu Walter Nigg aus seinem Buch „Des Pilgers Wiederkehr“: „Zwischen dem christlichen Pilger und dem modernen Wanderer besteht bei allen Berührungspunkten wiederum ein ganz tiefgreifender, deutlich zu markierender Unterschied: Der Eine ist jenseits gerichtet, während der Andere in einer innerweltlichen Denkweise gefangen bleibt. Der heutige „Trimm-Dich-Wanderer“ und Weltenbummler läuft im Grunde seinem eigenen Schatten nach. Der christliche Pilger dagegen kennt eine ganz bestimmte, religiöse, außerhalb ihm liegende Zielsetzung, was etwas grundsätzlich anderes ist. ... Der Pilger ist der Mensch, der von weither kommt und der in seiner Fremdartigkeit nicht ohne weiteres eingeordnet werden kann. Er ist der Hindurchschreitende, dessen Anblick seltsame Schauergefühle hervorruft.“

Resümierend kann ich nur hoffen, dass unser Anblick eher Sympathie als Schauergefühle hervorgerufen hat.
Während des Abstieges passieren wir die eine oder andere Nomadensiedlung. Es scheint unglaublich, dass selbst in dieser unwirtlichen Gegend Menschen leben!

Nach drei Stunden kommen wir gegen 16 Uhr wohlauf im Tal an und langsam rückt die Zivilisation wieder näher. Hier, an der Hauptverbindungsroute zwischen Amman und dem Jordantal, wird Obst und Gemüse feilgeboten.

Wir befinden uns im Grenzgebiet zu Israel und haben zugleich fast jene Stelle erreicht, wo Jesus von Johannes dem Täufer im Jordan getauft worden sein soll. Wir werden morgen Vormittag die restliche Strecke dorthin wandern, jetzt suchen wir uns eine Mitfahrgelegenheit hinauf nach Amman zum „Basislager". Im Nachhinein gesehen war unsere Entscheidung, für mehrere Tage in derselben Unterkunft zu bleiben, ideal, da unser Weg im Halbbogen um die Hauptstadt führte. Zurückblickend hatten wir heute wohl die beeindruckendste Etappe auf unserem bisherigen Jerusalemweg.

Als „Draufgabe" finde ich am Abend in der Mailbox die erwartete Antwort des Franziskanerordens: „GOOD DAY. SIX TICKETS ARE READY UNDER THE NAME JOHANNES. BEST WISHES." Damit können wir drei, Alfred, Davids Ehefrau Margarethe und Enkel Luca an der Mette in Bethlehem teilnehmen. Alles scheint sich wunderbar zu fügen, diese Nachricht ist wenige Tage vor dem Heiligen Abend unser erhofftes Weihnachtsgeschenk: Bethlehem wir kommen!

Nach einem feierlichen Abend wandern wir am Samstagvormittag gut gelaunt bei Sonnenschein weiter. Der Weg führt uns noch ein Stück nach Westen und dann in nördliche Richtung durch das landwirtschaftlich genutzte Jordantal. Vorbei an Auberginen-Feldern, Bananenplantagen, Beduinenzelten und Kamelen treffen wir auf arbeitende Kinder und auf Frauen beim Sammeln von Brennholz.

Nach insgesamt zehn Kilometern erreichen wir den links der Hauptstraße 65 gelegenen Eingangsbereich zur Taufstelle, die mit „SITE OF JESUS BAPTISM" beschildert ist. Am 18. Dezember 2010, unserem 178. Pilgertag, erreichen wir die überlieferte Taufstelle von Jesus!

Nach wenigen Schritten stehen wir vor dem „Visitor-Center" und stellen überrascht fest, dass wir zum nur drei Kilometer entfernten Jordan nicht weitergehen dürfen. Wir befinden uns im militärischen Sperrgebiet zu Israel und müssen mit einem für die zahlreichen Besucher bereitstehenden Fahrzeug mitfahren. Damit nicht genug, wird uns beim Bezahlen des Eintrittspreises mitgeteilt, dass für die Besichtigung der Taufstelle eine Aufenthaltszeit von nur 40 Minuten vorgesehen ist!

Wir sind unglücklich über die viel zu knapp bemessene Zeit, die wir an dieser so bedeutsamen Stelle verbringen dürfen, und über die Fließbandabfertigung, die hier offenbar herrscht. So kommen wir nach wenigen Minuten Fahrt mit leicht getrübter Stimmung beim Zugang an. Von hier führt ein schön angelegter, mit Schilf und Sträuchern gesäumter Pfad zum besagten Taufplatz, weshalb sich auch unsere Stimmung rasch wieder bessert.

In diesem Gebiet kamen im Zuge archäologischer Ausgrabungen Zisternen, die wahrscheinlich als Taufbecken verwendet wurden, sowie Reste von Kirchen und Höhlen zu Tage. Wobei die zum Teil aus der Zeit Jesu stammenden Funde erst in den 1990er Jahren entdeckt worden sind. Seither sind hier Gotteshäuser unterschiedlicher christlicher Konfessionen im Entstehen, wobei einige davon bereits fertiggebaut worden sind.

Als wir den Jordan erreichen, glauben wir eher an einem Bach als an einem mächtigen Fluss zu sein. Ein Grund dafür ist die große Wasserentnahme im Flussoberlauf für landwirtschaftliche Bewässerungen, wobei ihm besonders auf israelischer Seite das Wasser abgegraben wird: Die Wüste lebt, der Jordan stirbt.

Trotz des zeitlich knappen Rahmens versuchen wir, unsere Anwesenheit an diesem bedeutsamen Platz zu genießen. Als hilfreich erweist sich dabei der lustlos agierende Aufseher, dem es im „Stop & Go"-Takt gelingt, unsere Gruppe schnell durchzutreiben. Dadurch befinden wir uns alsbald allein auf dem am Ufer errichteten Holzsteg und waschen uns nacheinander und rituell Gesicht, Arme sowie Beine im Flusswasser. Auch wenn der Jordan braun und trüb ist, hat diese Zeremonie für mich einen wichtigen symbolischen Charakter: ein weiterer Höhepunkt unserer Pilgerreise!

Genau an der gegenüberliegenden Uferseite wurde ebenfalls eine Taufstelle errichtet, denn auch Israel möchte etwas vom Touristenkuchen haben. Wobei sich die Taufstelle auf Grund der historischen Funde, wahrscheinlich eher hier in Jordanien befunden hat. In der Zwischenzeit ist dem Führer aufgefallen, dass vier von seiner Herde verschollen sind, weshalb er mit Zurufen versucht, uns anzutreiben. Mit einer im Lauf der Monate gewonnenen Ruhe, halten wir diesen heiligen Ort noch mit der Kamera fest, bevor wir uns mit entsprechender Ehrerbietung verabschieden. Erfüllt gehen wir langsam zum Busparkplatz zurück und sind froh, dass wir uns von der allgemeinen Hektik nicht haben anstecken lassen.
Kurz darauf sind wir wieder im Besucherzentrum angekommen, wo ich mir als Souvenir ein kleines Fläschchen mit glasklarem(!) Jordanwasser kaufe und wir uns an einem Automatenkaffee erfreuen. Dabei kommen wir mit ein paar Touristen aus den USA ins Gespräch, die gespannt und ungläubig unserer Erzählung über unsere Pilgerschaft lauschen.

Nach 15 Uhr brechen wir auf, denn wir möchten es heute noch bis zum Grenzübergang nach Israel/Palästina, zur sogenannten Allenby Bridge, schaffen. Der auch als König-Hussein-Brücke bezeichnete Grenzübergang liegt zehn Kilometer nördlich, weshalb wir zwar erst nach Sonnenuntergang eintreffen, aber unser Tagesziel wie geplant erreichen. Nur womit wir nicht gerechnet haben ist, dass um diese Zeit nahezu kein Verkehr herrscht. Es gestaltet sich wesentlich schwieriger als angenommen, eine Mitfahrgelegenheit nach Amman zu finden, noch dazu bei Dunkelheit! Aber zum Glück können wir das erste Fahrzeug, das nach einiger Zeit vorbeifährt, einen Pick-up, stoppen und auf der Ladefläche mitfahren.
Er fährt uns zwar nicht direkt zur Hauptstadt, aber nach einmal „umsteigen" kommen wir „zu Hause" an. Nach dem Duschen und dem alltäglichen Wäschewaschen sitzen wir beim Abendessen zusammen. Unser letzter Samstagabend auf dem Pilgerweg ist angebrochen, denn aller Voraussicht nach werden wir in einer Woche in Jerusalem ankommen!

Den bevorstehenden Ruhetag verbringt, so wie bisher, jeder für sich. David, Otto und Alfred haben einen besonderen Ausflug geplant, während ich im Hotel bleibe. Die drei werden frühmorgens mit einem Bus, zum etwa 250 Kilometer südlich gelegenen Petra fahren! David erfüllt sich damit, wie er sagt, einen großen Wunsch, und da er in der Weihnachtszeit heimfliegen will, ist morgen für ihn die einzige Gelegenheit dazu. Otto und ich waren uns bis vor Kurzem noch völlig uneins darüber, ob wir beide auf dem Pilgerweg oder im Anschluss daran die weltberühmte Felsenstadt besuchen, da wir ja ohnehin einen mehrwöchigen Aufenthalt nach der Ankunft eingeplant haben. Fred war sofort hellauf begeistert, als ich ihm vor ein paar Wochen telefonisch erzählte, dass wir, sofern zeitlich möglich, eventuell nach Petra fahren würden.
Ich habe mich erst vor einigen Tagen entschlossen, hierzubleiben und Petra im Jänner zu besichtigen, dadurch kann ich ein paar Tage dort bleiben, und zudem hat sich eine Freundin angekündigt, die Petra ebenfalls sehen möchte. Während also meine Freunde unterwegs sind, verbringe ich den ganzen Tag im warmen Bett und aktualisiere mit dem Notebook unsere Webseite. Ich bin froh, dass ich hier geblieben bin, denn nun habe ich genug Zeit, um auch die Schreibfehler zu korrigieren, die sich speziell

durch das türkische Tastaturlayout eingeschlichen haben. Als die drei abends zurückkommen, zeigen sie mir stolz die farbenprächtigen Fotos, und obwohl Petra für uns kein eigentliches Ziel auf dem Jerusalemweg ist, möchte ich dieses UNESCO Weltkulturerbe doch kurz umreißen.

Die Felsenstadt Petra stellt den Höhepunkt jeder touristischen Jordanienreise dar und zählt zu den „Neuen Sieben Weltwundern". Das arabische Handelsvolk der Nabatäer konnte sich in dem durch enge Schluchten versteckten und schwer einnehmbaren Gebiet über Jahrhunderte hindurch gut halten. Petra wurde schließlich um das 2. Jh. v. Chr. zur Hauptstadt,

womit ihre Blütezeit begann. Die Stadt wuchs, bis im 1. Jh. n.Chr. ihre Bedeutung zu schwinden begann, da die Römer den Handel mit Gewürzen, Weihrauch, Seide und dergleichen zusehends auf den Schiffsverkehr auf dem Roten Meer verlagern konnten. Es entstanden neue Karawanenrouten, die nicht mehr durch Petra führten. Die Nabatäer versuchten, ihren drohenden Untergang abzuwenden, indem sie ihre Handels- und Hauptstadt von Petra nach Bostra (Bosra) verlegten, ihr Bemühen war jedoch erfolglos. Bostra wurde 106 n. Chr. zur Hauptstadt der römischen Provinz Arabia Petraea und Petra wurde eingegliedert.
Die aus dem rötlichen Sandstein herausgemeißelten, pittoresk wirkenden Bauten sind seit dem endgültigen Zerfall der Stadt im 7. Jh. n. Chr. erhalten geblieben und wurden erst im Jahr 1812 wiederentdeckt!
So ist nun also auch unser allerletzter Ruhetag vergangen. Am Montagmorgen brechen wir die „Zelte ab" und werden heute aus Jordanien ausreisen. Bevor wir Amman verlassen, statten wir der nahe gelegenen österreichischen Botschaft einen Pilgerbesuch ab und hoffen frohen Mutes auf Einlass. Dabei werden wir überraschenderweise von jener Konsulin begrüßt, mit der ich im Zuge der Reisevorbereitungen Mailkontakt hatte! Durch ihre Vermittlung werden wir wenige Minuten danach vom Botschafter samt dem freundlichen Mitarbeiterstab empfangen.

Wir bleiben eine Weile, zum Abschied wünschen uns alle noch das Allerbeste für die verbleibenden Kilometer und unsere Ankunft in Bethlehem und Jerusalem!
Leiblich und seelisch gestärkt verlassen wir also „Österreich" und beschließen, mit einem Taxi zur Zitadelle zu fahren, um diese kurz zu besichtigen. Sie befindet sich auf einem der vielen Hügel, auf denen Amman errichtet wurde, wobei dort auch Reste eines Herkulestempels und ein Museum zu sehen sind. Zu unseren Füßen liegt das römische Amphitheater, und wir haben von hier oben einen guten Ausblick auf die Altstadt.

Unser ortskundiger Taxifahrer zeigt uns anschließend noch den römisch-katholischen Bischofssitz in Amman, der übrigens für ganz Jordanien zuständig ist und dem lateinischen Patriarchat von Jerusalem untersteht. Dort treffen wir auf einen freundlichen Priester, und wir erhalten einen ganz speziellen Stempel mit dem Jerusalemkreuz!

Latin Vicariate
Jordan.
20/12/2010

Datum und Stempel

Dieses Symbol steht für uns als ein Zeichen dafür, jetzt ins Jordantal hinabzufahren und unseren Weg nach Jerusalem fortzusetzen.

Nach tausenden Kilometern und vielen Grenzübertritten ist es am 20. Dezember 2010 tatsächlich soweit: Israel/Palästina wir kommen!

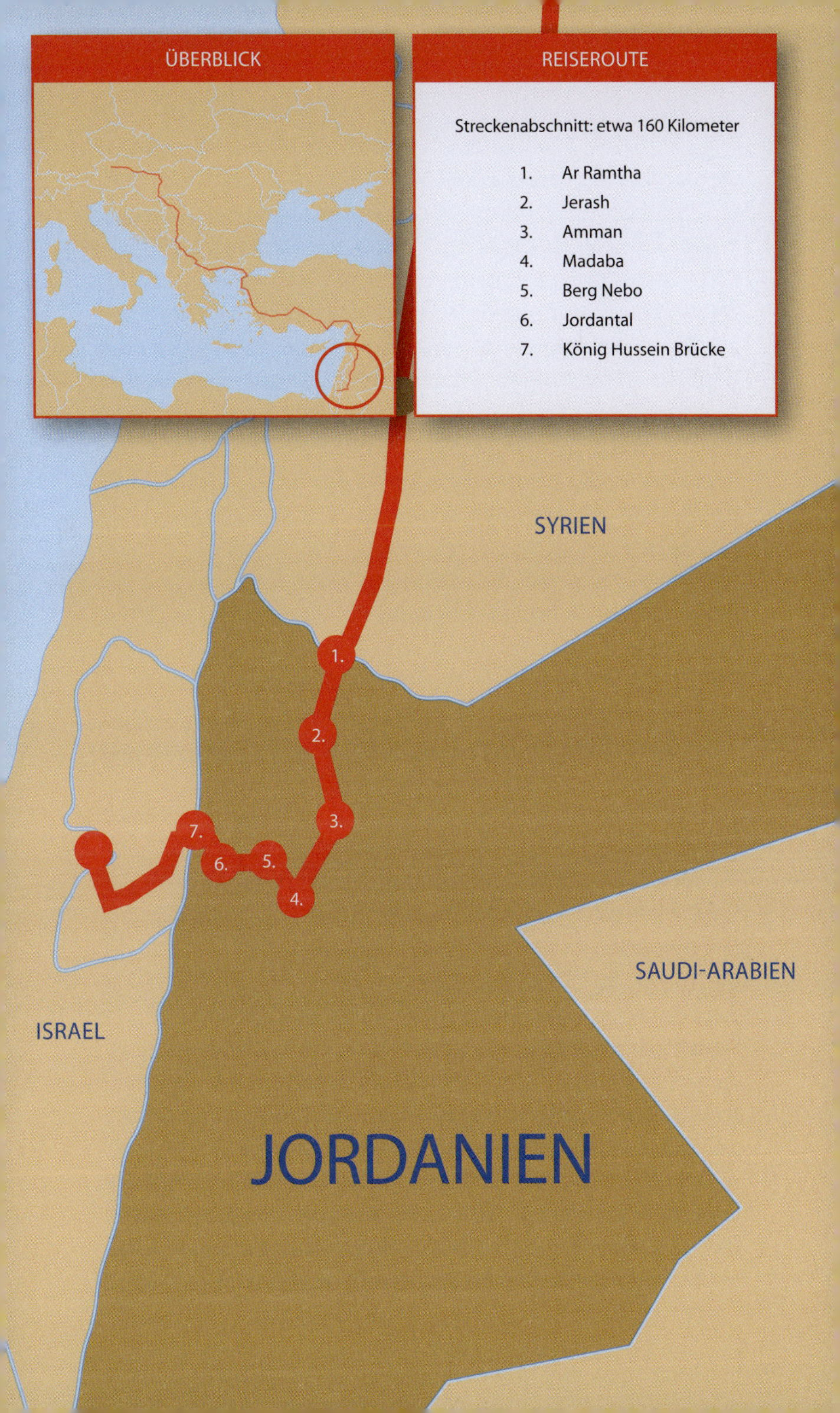
ÜBERBLICK
REISEROUTE
Streckenabschnitt: etwa 160 Kilometer
1. Ar Ramtha
2. Jerash
3. Amman
4. Madaba
5. Berg Nebo
6. Jordantal
7. König Hussein Brücke
SYRIEN
SAUDI-ARABIEN
ISRAEL
JORDANIEN
1.
2.
3.
4.
5.
6.
7.

JERICHO, TOTES MEER, JUDÄA, BETHLEHEM – JERUSALEM (ISRAEL/PALÄSTINA)

Die König-Hussein-Brücke führt uns direkt ins Westjordanland nach Palästina, also in das von Israel seit 1967 durch den Sechstagekrieg besetzte Gebiet. Vor diesem Krieg hatte Jordanien das Westjordanland annektiert. Deshalb ist dieser Grenzübergang von Jordanien nicht anerkannt, und es gelten andere Bestimmungen als an den übrigen Grenzkontrollstellen nach Israel. Beispielsweise ist die Grenze für den Fahrzeugverkehr und für israelische Staatsbürger gesperrt!
Für uns bedeutet dies wieder eine neue Situation. Hatten wir schon an der türkischen, syrischen und jordanischen Grenze jeweils Sperrzonen für Fußgänger erlebt, betrifft diese hier auch die Autolenker! Damit der Verkehr mit Waren und Personen dennoch möglich ist, gibt es eigene Shuttlebusse und speziell für diese Transporte umgebaute Lastwägen. Diese aufwendige Prozedur wird von Israel betrieben, um den Schmuggel von Waffen und anderen unerwünschten Dingen und Personen aus oder in das besetzte Westjordanland zu unterbinden.
So viel zur bevorstehenden, komplizierten Aus- und Einreise nach Israel/Palästina, und dass wir dieses unfreiwillige „Busservice" natürlich bezahlen müssen, führe ich rein ordnungshalber an. Etwa eine Stunde vergeht durch Warten und Erledigen der Grenzformalitäten, bis wir in einem Bus die Brücke überqueren. Danach erfolgt unmittelbar vor einem Schranken ein weiterer Halt. Nachdem alle Passagiere zum Aussteigen aufgefordert werden, checken israelische Soldaten durch Sichtkontrolle das Innere des Busses, dann erreichen wir den Einreiseterminal nach Israel. Übrigens besteht bei der Einreise die Möglichkeit, sich keinen israelischen Stempel oder diesen in ein eigenes Beiblatt stempeln zu lassen. Dies wäre beispielsweise bei einer anschließenden Reise nach Syrien zu bedenken, ist jedoch für uns kein Thema. Wir möchten uns den Reisepass natürlich zur Erinnerung abstempeln lassen! Durch die vielen Pilgerstempel sind wir zu „Stempelliebhaber" avanciert und für eine eventuell zukünftige Nahostreise müssten wir gegebenenfalls in Österreich einen neuen Pass beantragen.

Wir stehen in einer Menschenreihe vor einem der israelischen Einreiseschalter, doch was wir jetzt erleben, stellt alle bisherigen Grenzübertritte in den Schatten!
Zuerst geht alles recht flüssig voran, und durch den nicht allzu großen Andrang werden auch unsere vier Pässe bald kontrolliert. Die israelischen Sicherheitskräfte stellen einige Fragen über Ziel, Zweck und geplante Aufenthaltsdauer in Israel, während unsere Antworten im Computer eingetippt werden. Dass wir in Syrien waren und, salopp gesagt, die Israelis keine Freude damit haben würden, haben wir vermutet. Offenbar können sie nicht verstehen, warum sich drei Österreicher einen Monat in Syrien, noch dazu zu Fuß, aufgehalten haben. Es vergeht eine geraume Zeit, aber schließlich gibt es den erwarteten Einreisestempel in den Pass, aber nur für David, Otto und Alfred – ich erhalte keinen!
Unversehens sind die drei Freunde durch den in Sichtweite befindlichen Korridor eingereist, während ich jetzt allein vor dem Schalter stehe und detailliert auf Englisch befragt werde: „Wen kennen Sie in Syrien, welche Personen kennen Sie in Palästina, wohin gehen Sie zu Fuß, kennen Sie jemanden in Israel, wo werden Sie schlafen, warum haben Sie kein Flugticket, wie und wann werden Sie ausreisen?" Alle meine Antworten werden aufgeschrieben, wieder muss ich warten und mir wird ganz bang. Dann werde ich wieder befragt, wobei das eine jener Fragen ist, die ich schon zur Genüge beantwortet habe. Seltsamerweise wird mein Rucksack nicht extra kontrolliert. Da könnte ich als eventueller Spion doch etwas versteckt haben, oder?
Inzwischen sind mehr als zwei Stunden vergangen, und ich sitze noch immer im Warteraum, neben vier Touristen, denen bisher ebenfalls die Einreise verweigert wurde. Nach einer weiteren Stunde sind auch meine vier „Leidensgenossen" eingereist. Langsam wird das jetzt doch unangenehm. Um mich aufzuheitern, sage ich zu mir selber, dass die „Israelis" vermutlich unsere gesamte Webseite durchforsten und dies kann eben dauern.
So versuche ich, positiv zu bleiben und denke gar nicht daran, dass die Pilgerreise hier zu Ende sein könnte. Dies wäre eine schöne Bescherung zur Weihnachtszeit, eine Katastrophe nach einem halben Jahr Fußmarsch! Nach über drei Stunden erhalte ich Gott sei Dank den Pass samt Stempel und darf einreisen. Mir fällt ein Stein vom Herzen.

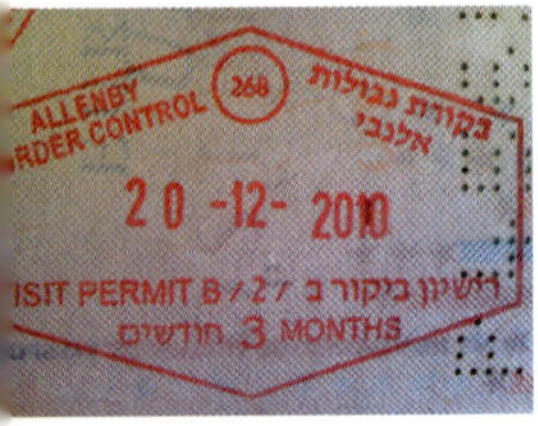

Als ich das Gebäude verlasse, warten meine drei Freunde sichtlich nervös auf mich, es ist 19 Uhr und fast dunkel. Nachts werden wir in Israel oder Palästina besser nicht gehen. Zu unserem Glück parken draußen vor der Grenzkontrollstelle Kleinbusse, also improvisieren wir und fahren mit einem davon in das rund sieben Kilometer entfernte Jericho.

Nach nur halber Strecke hält der Fahrer plötzlich an und lässt uns aussteigen. Vor uns liegt der im Scheinwerferlicht beleuchtete Checkpoint. Nach Jericho, das zum palästinensischen Autonomiegebiet zählt, darf der israelische Bus nicht fahren. Wiederum erfolgt ein kurzer Check, dann fahren wir mit einem der wartenden Taxis in die palästinensische Stadt. Durch dieses Prozedere brauchen wir für die kurze Fahrstrecke fast eine Stunde, und als wir beim erstbesten Quartier ankommen, erweist es sich als alt, modrig und verwaist. Wir sind uns einig, dass wir hier nicht bleiben und erkundigen uns beim Taxifahrer, ob es eventuell Alternativen dazu gäbe.

So kommt es, dass wir zu guter Letzt bei dem am Stadtrand gelegenen InterContinental Hotel absteigen. Diesen unerwarteten Luxus gönnen wir uns von ganzem Herzen, immerhin haben wir mit Israel/Palästina unsere beiden letzten Länder ja doch noch vollzählig erreicht!

Am nächsten Tag fahren wir zurück zum Checkpoint und können jetzt bei Tageslicht feststellen: Wir sind wirklich in Israel/Palästina angekommen. Unsere Freude ist riesig, ja unbeschreiblich!

Wir versuchen, die Stimmung mit der Kamera festzuhalten, mit etwas Charme gelingt es uns, sogar ein Gruppenfoto mit den Soldaten zu arrangieren. Dies kommt sicher nicht alle Tage zustande und so gesehen, hatte gestern die lange Grenzwartezeit auch ihren Sinn.

Vor uns liegen nur mehr etwa 60 Kilometer bis nach Bethlehem. Die kommenden Tage werden wir uns so einteilen, dass wir aller Voraussicht nach am Abend des 23. Dezembers in der Nähe von Bethlehem eintreffen. Dadurch können wir am 24. Dezember die wenigen Kilometer bis zur Geburtskirche langsam und meditativ zurücklegen. Ich finde es wichtig, dass wir uns nach dieser langen Reise ganz bewusst auf das Ankommen einstimmen.
Jetzt setzen wir die allerersten Schritte in Richtung Jericho und können mit Freude und Gewissheit sagen: Wir sind zu Fuß bis ins Heilige Land gegangen! Die Kraft, die allein von diesem Satz ausgeht, ist ebenso unbeschreiblich wie die Tatsache, dass wir es von Arbing bis hierher geschafft haben. Anzumerken ist, dass zum Heiligen Land, neben dem heutigen Israel, das besetzte Westjordanland und auch Teile Jordaniens zählen.

Seit der Einreise befinden wir uns also im besetzten Westjordanland, wobei der überwiegende Teil des in Zonen aufgeteilten Landes von Israel beansprucht und kontrolliert wird. Dieser Nahostkonflikt besteht seit mehr als 60 Jahren, als durch die Gründung des Staates Israel 1948 die Palästinenser heimatlos wurden. Seither gab es mehrere Kriege und Verhandlungen, wodurch nach und nach einzelne palästinensische Gebiete und Städte Autonomie erlangten. Diese bilden zusammen mit dem Gazastreifen das Palästinensische Autonomiegebiet, dessen völkerrechtlicher Status noch umstritten ist, aber die Basis für einen unabhängigen Staat Palästina bildet.
Im Palästinensischen Autonomiegebiet leben etwa 4 Millionen Menschen. Die Bevölkerung besteht fast ausschließlich aus arabischen Muslimen; Juden und Christen sind in der Minderheit. In Israel leben gut 8 Millionen Menschen, drei Viertel von ihnen sind Juden, der Rest Muslime und Christen. Der christliche Bevölkerungsanteil ist mit jeweils weniger als fünf Prozent klar in der Minderheit. Ein großes Problem betrifft jedoch alle Menschen im Heiligen Land, unabhängig von Kultur und Religion: die Wasserknappheit, mit der die Palästinenser aber am meisten zu kämpfen haben.
Der Weg führt uns mitten durch das biblische Jericho, welches mit einer Lage von 259 Metern unter dem Meeresspiegel die tiefst gelegene und

älteste Stadt der Erde ist! Ihre Spuren reichen weit in die Vergangenheit. Jericho war zwar nicht durchgehend bewohnt, aber die ersten Siedler sollen sich hier schon vor 10.000 Jahren niedergelassen haben. Damaskus ist bei Weitem nicht so alt, beansprucht aber, die älteste durchgehend bewohnte Stadt zu sein. Heute leben rund 25.000 Menschen in Jericho.

Als wir das Stadtende erreichen, nutzen wir noch rasch die Gelegenheit zum Kauf von frischem Obst, wobei wir uns im muslimischen Gebiet gleich wieder vertraut fühlen. Immerhin ist es seit der Türkei fast unsere zweite Heimat. Unmittelbar nach diesem Markt halten wir uns links, passieren unsere „bescheidene" gestrige Pilgerunterkunft und ein aussagekräftiges Motiv an einer Mauer.

Kurz danach erreichen wir den nächsten Checkpoint und sind somit wieder auf israelischem Gebiet. Zum besseren Verständnis der komplexen Aufteilung des auch als West Bank bezeichneten Westjordanlandes sei nachstehend eine Landkarte angeführt. Im Lauf der Geschichte gab es in dieser Region viele Kriege, Babylonier, Römer, Araber, Kreuzfahrer und Osmanen eroberten, besetzten und beherrschten das Land. Die Wurzeln des jetzigen Nahostkonfliktes reichen weit zurück. Abraham war der Stammvater, der hier beheimateten Israeliten, wodurch die Israelis das Heilige Land als das Land ihrer Vorfahren sehen. Abraham gilt aber auch als Stammvater der Araber, weshalb die Palästinenser ebenfalls das Land für sich beanspruchen.

Ich kann nur hoffen, dass zukünftig eine für beide Seiten zufriedenstellende Lösung gefunden wird. Die palästinensischen Gebiete im seit dem Jahre 1967 von Israel besetzten Westjordanland sind auf der nachstehenden Karte in grüner Farbe dargestellt.

(Quelle: Wikimedia, Howard Morland, USA, 2009)

Jericho: Auf Höhe des Busses ist der Checkpoint – rechts davon unser Hotel.

Jericho hat schon bessere Zeiten erlebt. Die Menschen und natürlich die Landwirtschaft leiden besonders unter der Wasserknappheit. Auch der fehlende Tourismus macht sich bemerkbar.

Der unaufhaltsame Lauf der Zeit …

Wie im Alten Testament überliefert, blickte Mose nach einer 40 Jahre währenden Wanderung, in der er die Israeliten von Ägypten zum Nebo führte, hinunter ins Gelobte Land auf Jericho. Es wurde später zu jener Stadt, die von den Israeliten als erstes belagert und erobert wurde. Unter der Führung von Josua soll mithilfe von sieben Posaunen, den sogenannten Trompeten von Jericho, die Stadtmauer zum Einsturz gebracht worden sein (Buch Deuteronomium 34 und Buch Josua 6).
Mehr als tausend Jahre später hat Jesus in Jericho einen Blinden geheilt. Nach seiner Taufe im Jordan fastete Jesus 40 Tage lang auf diesem geschichtsträchtigen Stück Wüstenboden. Der Teufel wollte ihn dreimal „überlisten", blieb aber erfolglos und ließ von ihm ab (Lk 4,1–13). Um

daran zu erinnern, entstand oberhalb Jerichos ein imposant in den Fels hinein gebautes griechisch-orthodoxes Kloster. Der als Quarantal bezeichnete Berg der Versuchung ist jedoch biblisch nicht belegt.

Nun wieder zurück zu uns Pilgern im Tal, wo wir auf einer schnurgeraden Straße fünf Kilometer Richtung Süden gehen, um die Hauptverbindungsroute zwischen dem Toten Meer und Jerusalem zu erreichen. Zur Linken liegt der ins Tote Meer abfallende Jordan und rechts erhebt sich das Bergland von Judäa bis hinauf nach Jerusalem.

Kurz bevor wir jedoch die Hauptstraße erreichen, entdecken wir bei einem Kreisverkehr etwas, worauf wir seit Monaten „insgeheim" warten: Wir sehen die erste Beschilderung nach Jerusalem! Mit Begeisterung bringen wir den Jerusalemweg-Aufkleber an, der nun eine Symbiose mit der Tafel bildet und damit eigentlich zu Hause angekommen ist.

Wir müssen weiter, denn „für uns geht keiner". Also halten wir uns rechts, wo sogleich die Hauptstraße 1 merklich zu steigen beginnt und vom Jordangraben in die Berge führt. Interessanterweise ist auf der Strecke in regelmäßigen Abständen die Meereshöhe angegeben. Es ist wohl einzigartig, dass wir bergauf gehen und bei minus 150 Metern unter dem Meeresspiegel ankommen.

Wir kommen dabei auch ordentlich ins Schwitzen, das bei angenehmen Temperaturen von 25 Grad und keinen 40 Grad Celsius, die es im Sommer hier in der Steinwüste hat. Eigentlich hatten wir bisher, mit Ausnahme des kalten Regenwetters im türkischen Taurusgebirge und des Wintereinbruchs in den jordanischen Bergen, sehr großes Glück mit dem Wetter. Schließlich kann es hier im Dezember „nur" 15 Grad haben, und im über 1.000 Meter höher gelegenen Jerusalem könnte es schneien, dort sind wir aber (noch) nicht.

Nach einiger Zeit des weiteren Aufstiegs erreichen wir die Meereshöhe 0 Meter und dies in den Bergen!
Zwei Stunden vor Sonnenuntergang beenden wir an dieser markanten Stelle die Etappe, daher bleibt Zeit für ein wohlverdientes Bad im nahen Toten Meer. Heute ist unsere letzte Gelegenheit dazu, und da es neben der heilsamen Wirkung auf die Atemwege auch für die Haut sehr gut sein soll, erleben wir vielleicht eine Verjüngungskur. Die Frage ist nur, wie wir jetzt dorthin kommen. Minibus haben wir noch kei-

nen gesehen, doch unser Wunsch erfüllt sich schneller als gedacht! Wir treffen einen Mann mit seinem bunt geschmückten Kamel, der uns per Handy einen befreundeten Taxifahrer organisiert. Es lebe die Technik, die auch in der Wüste funktioniert.

So treffen wir schließlich am Toten Meer ein, in dem, wegen des etwa 30-prozentigen Salzgehaltes, nur Mikroorganismen und Bakterien leben. Es wird seinem Namen gerecht, aber das Wasser ist mineralstoffreich und gesundheitsfördernd, speziell der Meeresschlamm. Durch die Wasserentnahme aus dem Jordan, der den Hauptzulauf in das Tote Meer darstellt, sinkt der Meeresspiegel jährlich um bis zu einem Meter! Dies, obwohl es keinen natürlichen Abfluss gibt – das Tote Meer verdunstet und verlandet dadurch! Um dem entgegenzuwirken, wurden verschiedenste Projekte, bis hin zu einem Tunnelsystem in das knapp 200 Kilometer entfernt gelegene Rote Meer, angedacht.

Nun aber ab ins warme und salzige Nass, hier könnten wir sogar mit den Rucksäcken schwimmen.

Wir genehmigen uns eine Schlammpackung – was hat der asiatische Tourist anders gemacht?

Der Abstecher zum Meer stellt für uns ein lustiges Erlebnis dar, obwohl es mit Schwimmen nicht viel zu tun hat. Vielmehr würde ich es durch den extremen Wasserauftrieb als „Schweben" bezeichnen, ich bevorzuge daher das vertraute Mittelmeer zum Schwimmen.

Nachdem wir uns der künstlichen Schwärze beim Duschen entledigt haben, wandern wir zum wenige Kilometer entfernten Ort Kalya, wo uns ein Kibbuz als Nachtquartier empfohlen wurde. Die Bewohner dieser in Israel immer wieder anzutreffenden Siedlungen haben sich zu einer ländlichen Gemeinschaft mit gemeinsamem Eigentum zusammengeschlossen.
Der Tipp erweist sich als Oase in der Wüste mit Palmen, Bananenstauden, Dattelbäumen und farbenprächtigen Blumen.

Untergebracht sind wir mitten im Grünen in einem der kleinen Bungalows. Gegessen wird im Gemeinschaftsspeisesaal, wo natürlich „koscher" gekocht wird. Dieses Wort hebräischen Ursprungs soll heißen, dass die penible Trennung von Milch und Fleisch, aufgrund jüdischer Speise-

gesetze erfolgt. Als nicht koscher wird beispielsweise auch Schweinefleisch eingestuft. Wir lassen bei traditionellem jüdischen Essen gemütlich den drittletzten Abend vor Weihnachten ausklingen. Zudem haben wir eine sichere Herberge, denn die eingezäunte Siedlung wird von einem Militärposten bewacht.

Es wird Morgen und damit Zeit zum Auschecken. Weil es uns aber hier gut gefällt und auch der Preis passt, entschließen wir uns, am Abend zurückzukommen. Der Taxifahrer von gestern fährt uns wieder zum Sea-Level-Platz, von wo wir den Weg durch das Bergland von Judäa fortsetzen. Die großzügig ausgebaute Straße steigt kontinuierlich an, wir folgen dieser zirka 10 Kilometer bis zur Stadt Maale Adumim. Hier zweigt die Hauptstraße 1 nach rechts Richtung Jerusalem ab. Wir gehen aber links zur ebenso gut ausgebauten Straße 417, die steil bergauf führt. Um nach Bethlehem zu gelangen, halten wir uns nach 2 Kilometern links in Richtung Kedar. Plötzlich wird es still um uns herum. Eine einsame Landstraße führt durch die majestätische Steinwüste, die wahrlich eine angenehme Ruhe ausstrahlt.

Ein Blick zurück auf die einsame Landstraße, die uns durch die Steinwüste führte.

Am Ortsbeginn von Kedar (Qedar) halten wir uns rechts Richtung Ubeidiya und erreichen schließlich den Bergsattel, wo wir uns eine verdiente Verschnaufpause gönnen. Hier gelingt es auch endlich, den flinken und etwas „fotoscheuen" Fred auf dem Weg mit der Kamera einzufangen.

Wir verweilen nur kurz, denn wir wollen vor Einbruch der Dunkelheit noch den nahe gelegenen israelischen Checkpoint erreichen. Nach einer Viertelstunde Gehzeit treffen wir dort ein. Der Checkpoint liegt strategisch gut

über dem Taleinschnitt nach Ubeidiya. An diesem Ort ist auch der Treffpunkt, den wir mit „unserem" Taxifahrer vereinbart haben, und während wir warten, werden die israelischen Soldaten auf uns vier Männer mit den großen Rucksäcken aufmerksam. Misstrauisch und mit strengen Blicken werden wir gemustert, schon folgt ein lauter Zuruf: „Stop!".
Wie zu erwarten, werden wir einer kurzen Befragung und Kontrolle unterzogen. Es dauert nicht lange, bis es uns gelingt, den Kommandanten des Checkpoints freundlich zu stimmen. Wir erzählen von der für ihn „unfassbaren" Pilgerreise, auf der wir innerhalb eines halben Jahres aus Österreich hierhergekommen sind, um im nahen Bethlehem Weihnachten zu feiern. Die Sprache des Herzens in Verbindung mit Freundlichkeit und Charme wirkt wie sooft Wunder.

Dass Fred, Otto und ich Polizisten sind, stellt sich als Vorteil heraus. David ist Pensionist, erklären wir. In Österreich und Europa konnten wir bei Bedarf für uns als Gruppe Davids „Weltmeisterbonus" einlösen, und im fernen Asien half mitunter der „Polizeibonus". So relativ scheint alles zu sein. Das Gespräch ist sehr anregend, und schließlich serviert uns der Kommandant Kaffee. Wir überreichen unseren Aufkleber, und Otto gibt ihm zusätzlich einen Polizeisticker, den er als Gastgeschenk mitführt. Nun kommt auch unser Taxi, das uns zum Kibbuz zurückbringt.

Tags darauf fahren wir wieder mit demselben Taxifahrer zum Checkpoint und setzen wie gewohnt die Etappe fort, die allerletzte vor Bethlehem. Der Weg verläuft nach dem Checkpoint stark abfallend. Auf der anderen Seite des Bergtales ist er jedoch so steil, dass wir immer wieder das Geräusch sich auf dem Asphalt durchdrehender Autoreifen hören. Nach drei Kilometern kommen wir oben in Ubeidiya an und passieren problemlos die Kontrollstelle der Palästinenser. Noch bis vor Kurzem war es ungewiss, ob wir wegen der Checkpoints und Straßensperren zu Fuß Bethlehem vor Jerusalem erreichen könnten, da Jerusalem geografisch näher liegt.

Das letzte militärische „Hindernis" ist überwunden, langsam wird es real: Bethlehem wir kommen!

Es geht weiter bergauf, und wir erreichen nach kurzer Zeit die höchste Stelle. Hier befindet sich das griechisch-orthodoxe Theodosius-Kloster. Zum Glück haben wir genügend Zeit für einen Besuch, da wir heute nur mehr bis zur Stadtgrenze Bethlehems gehen werden, die keine zehn Kilometer entfernt ist. Also läuten wir an der Klosterpforte und hoffen auf Einlass. Hier soll übrigens der als Heiliger verehrte Einsiedler Theodosius begraben sein, und vielleicht bekommen wir einen Stempel.

Es dauert nicht lange, und das Tor wird geöffnet. Als wir den Innenhof betreten, kommt auch schon ein Aufseher auf uns zu, der prompt Eintrittsgeld fordert! Damit ist uns die Freude an der Besichtigung vergangen, wir ziehen weiter. Ein Kloster, das von Pilgern Geld nur für das Betreten verlangt, haben wir auch noch nicht erlebt.

So bleibt mehr Zeit, um die Landschaft und die Menschen zu beobachten, aber auch für ganz weltliche Dinge, wie zum Beispiel einen spontaner Haarschnitt. Denn nach dem im Laufe der Monate durchlebten seelischen Prozess ist es nun Zeit, auch äußerlich ein reinigendes Zeichen für die bevorstehende Heilige Nacht zu setzen.

In den vergangenen Monaten haben wir ab und zu ein „Friseur-Service" in Anspruch genommen, wobei wir natürlich auch einige Überraschungen erlebten. Ich erinnere mich zum Beispiel an heißes Wachs, das in Ohren und Nase gegossen wurde. Das war aber bei Weitem nicht so schlimm, wie die Methode eines Barbiers in Syrien! Dieser entfernte zwar gekonnt und effizient, jedoch recht schmerzvoll, mit einem Zwirn alle kleinen Härchen im Gesicht.

Gut gelaunt erreichen wir die auf etwa 650 Metern liegende Kleinstadt Bayt Sahur (Beit Sahour), die bereits unmittelbar an Bethlehem angrenzt, und finden auch gleich ein Hinweisschild zu einer Unterkunft. Wir folgen dem Hinweis rechts hinauf und entdecken ein völlig neugebautes Hotel,

das zwar für morgen ausgebucht ist, aber heute noch Zimmer frei hat. Außerdem liegt es direkt neben jenem Feld, wo vor gut 2.000 Jahren den Hirten durch Engel die Geburt des Heilands verkündet worden sein soll! Dieses ist das Feld der römisch-katholischen Kirche, denn es gibt auch ein griechisch-orthodoxes und ein anglikanisches Hirtenfeld – der Pilger hat die Wahl.
Von unserem Hotel haben wir einen herrlichen Ausblick auf Bethlehem, und von hier sind es nur mehr rund drei Kilometer zur Geburtskirche.
Wir beziehen unsere Zimmer und treffen uns nach dem Duschen im gegenüberliegenden Restaurant, um feierlich anzustoßen. Für uns ist ein Traum wahrgeworden – wir sind rechtzeitig zur Weihnachtszeit hier angekommen. In dieser glückseligen Stimmung vergeht bei guten Gesprächen der restliche Nachmittag. Bevor wir nach dem Abendessen schlafen gehen, nehme ich mir Zeit, um eine Weihnachtsmail an alle unsere Kontakte und Freunde zu verfassen.
Sehr viele Menschen haben unseren Pilgerweg im Internet mitverfolgt und uns immer wieder mit Nachrichten oder Eintragungen im Gästebuch erfreut, begleitet und getragen. Wir haben uns über jeden Eintrag gefreut und so mancher davon hat uns im richtigen Moment bei seelischen oder körperlichen Tiefs motiviert. Es wurde uns aber auch oft mitgeteilt, dass man gespannt auf Fotos oder Kommentare wartete. So sind wir virtuell in einem Geben und Nehmen verbunden.

Als ich morgens aufwache, scheint bereits die Sonne durch das Fenster meines Zimmers – welch ein wunderbarer Morgen! Ich bleibe noch ein paar Minuten im Bett und versuche, mir den vor uns liegenden Tag so gut wie möglich zu vergegenwärtigen. Heute ist der 24. Dezember 2010. Vor sechs Monaten waren wir um diese Zeit in der Kirche von Arbing! „Bis Grein is eh leicht, oba dann ziagt sich da Weg", hat sich letztendlich jetzt auch dieser Ausspruch relativiert.
In Dankbarkeit und mit einem unendlichen Glücksgefühl gehe ich die Treppe hinunter zur Rezeption und treffe auf Davids Ehefrau Margarethe und Enkel Luca. David steht bei ihnen und strahlt vor Freude! Die beiden sind gestern mit dem Flugzeug angekommen, haben in Jerusalem übernachtet und werden, wie ausgemacht, nun mit uns pilgern. Bevor wir auf-

brechen, besichtigen wir das katholische Hirtenfeld und ein Gotteshaus, das direkt über einer Grotte – dem vermuteten Schlafplatz der Hirten – errichtet wurde.

Anschließend schreiten wir langsam und bedächtig auf der „Jerusalem Street" bergan in das Herz von Bethlehem, zur Geburtskirche von Jesus. Schritt für Schritt lasse ich das Entstehen der Idee zur Pilgerreise 2006, die Jahre der Vorbereitung, den gemeinsamen Aufbruch und die vergangenen Monate, Revue passieren.

„Seit ich weiß, dass ich diesen Weg gehen will, ist so viel Freude und Gewissheit in mir – wie ein Stern leuchtet der Gedanke in mein Leben hinein und führt mich zu Menschen, die mit mir gehen–- nie habe ich geahnt, was es heißt ein Pilger zu werden auf dem Weg der Sterne und Seelen – was werde ich erst auf dem Weg erfahren!" (Pilgerzitat von W. Hesse).

Wir sind unterwegs auf der Reise unseres Lebens, als Mensch, als Pilger, und auch wenn jeder verschiedene Wege zurückgelegt hat, schreiten wir gemeinsam auf unser lang ersehntes Ziel zu. Heute Abend gedenken Milliarden Menschen der Geburt Jesu und wir dürfen dies am Ort der Niederkunft, am „Stern von Bethlehem" feiern und erleben. Jeder ist in sich gekehrt, im Einklang mit Herz und Seele, im völligen Bewusstsein über diesen einzigartigen, unwiederbringlichen und heiligen Moment.

So erreichen wir fast unbemerkt die erste Beschilderung mit der Aufschrift Bethlehem und kurz danach die Hinweistafel zur Geburtskirche.

Nach ein paar Stufen stehen wir an unserem 184. Pilgertag vor der Geburtskirche: Betlehem – wir sind angekommen!

Hier auf dem großen gepflasterten Manger Square und unten in den Straßen der Stadt herrscht feierliche Feststimmung. Musikkapellen und bunte Paraden aus verschiedensten Ländern sind aufmarschiert, tausende Menschen sind zu sehen. Wir blicken zum Eingangsportal der Geburtskirche, etwas links davon, hinter den Bäumen, ist der Zugang zur römisch-katholischen Katharinenkirche.

Die beiden Gotteshäuser sind mit einem Durchgang verbunden. Die ursprüngliche Geburtskirche wurde bereits im 4. Jh. n. Chr. an jener Stelle errichtet, wo der Überlieferung nach Jesus in einem Stall geboren wurde. Später, im 6. Jh. n. Chr., entstand unter Kaiser Justinian I. die heutige Basilika.

Unser erster Weg führt jetzt aber nicht zur Geburtskirche, sondern zu der von Franziskanern betreuten Katharinenkirche, um unsere reservierten Tickets für die Christmette abzuholen und treffen da-

bei auf zwei ganz liebenswerte „Weihnachtsmänner". Als wir dort schließlich nach unseren Tickets fragen, erleben wir eine unangenehme Überraschung. Die Tickets seien im Kartenbüro in Jerusalem abzuholen, erklärt uns der Pater, den wir angesprochen hatten. Aber wie soll ein Pilger, der zu Fuß am Heiligen Abend in Bethlehem ankommt, nun zu diesen Tickets kommen? Jetzt ist guter Rat teuer, denn wir kommen anscheinend ohne Tickets abends nicht in die Kirche.

Während wir also erklären, wie wichtig für uns die Mette nach tausenden Kilometern zu Fuß ist, fällt mir zum Glück ein, dass ich ja das Notebook im Rucksack habe und dort noch die Mail mit der Reservierungsbestätigung gespeichert sein sollte. Da ich das Notebook aus Sicherheitsgründen mit Kleidungsstücken gut eingewickelt habe, bleibt mir nichts anderes übrig, als den kompletten Rucksack samt der Wäsche vor dem Mönch auszuräumen. Dieser wartet geduldig, bis der PC hochgefahren ist, und ich die Mail gefunden habe. Gott sei Dank kommt nun Bewegung in die Angelegenheit. Er greift zum Telefon und versucht, den zuständigen Pater im Ticketbüro zu erreichen. Aber vergebens, das Büro wurde vor wenigen Minuten geschlossen!

Auf unser Drängen hin ruft er den Pater am Handy an, doch dieser teilt mit, dass wir ohne Karten definitiv nicht in die Kirche könnten. Der Zutritt werde von einer Security Firma überwacht, und darauf habe er keinen Einfluss! Aber weil wir nicht aufgeben wollen, gibt uns der Mönch den Tipp: Wir sollen nachmittags hier warten, bis das Ordensoberhaupt gemeinsam mit dem Patriarchen zu einem Gottesdienst eintreffen wird, da sein Guardian Reservetickets bei sich habe. Es sei die einzige Möglichkeit für uns, fügt er bei.

Wie auch immer, im Vertrauen auf unsere Führung haben wir die verschiedensten Hürden des Weges geschafft, also werden wir auch diese schaffen, noch dazu zu Weihnachten. Zu guter Letzt würden wir versuchen, gemeinsam mit dem Patriarchen in die Kirche einzuziehen. Wir, die drei Pilger mit ihren Rucksäcken, die so ähnlich wie die „Heiligen Drei

Könige" ihrer Sehnsucht folgten, mit Freude im Herzen von weit her kamen und nach einem mühevollen und langen Weg nun vor dem Stern von Bethlehem stehen.
Apropos, diese Sterndeuter aus dem Osten, auch die Drei Weisen oder Magier genannt, wussten anscheinend von den uralten spirituellen Gesetzen. Und so achteten sie auf ein Zeichen, lenkten ihre ganze Aufmerksamkeit auf die bevorstehende Geburt des Heilands, konnten die Veränderung am Firmament, den Stern, deuten und die Geburtsstelle finden. „Wie oben so unten" wird auch das Prinzip der Analogie genannt.
Von der Magie des Lebens aber wieder zurück zum Irdischen, denn uns knurrt der Magen, und da wir vorerst nichts unternehmen können, beschließen wir, in eines der Restaurants zu gehen.

Also bahnen wir uns den Weg zurück durch die Menschenmenge und verlieren dabei Otto aus den Augen. Es ist zwecklos, ihn unter den vielen Menschen zu suchen. Aber da wir uns bei der Katharinenkirche ohnehin wieder treffen werden, gehen wir relativ gelassen zum Essen.
Und wieder kommt es, wie so oft auf unserem Pilgerweg, anders als gedacht. Als Fred und ich später auf dem großen Manager Square die festliche Stimmung bei einem Kaffee in der Sonne genießen, läuft uns Otto

unvermutet über den Weg. Dies ist eine Überraschung, aber kein Vergleich zu dem, was er mit Stolz in Händen hält: Es sind sechs Tickets!

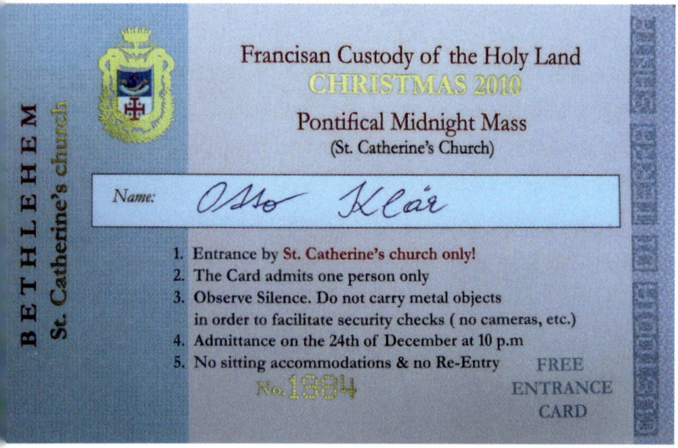

Otto war dem Franziskanerpater „zufällig" wiederbegegnet, und dieser hatte in der Zwischenzeit vom Guardian sechs neue Karten erhalten. Welch eine wunderbare Fügung. Für uns hat sich ein „Weihnachtswunder" ereignet. Dank dem Mönch und Otto ist definitiv die letzte Hürde überwunden: Wir können, ohne uns auf die „Heiligen Drei Könige" zu berufen, als Pilger zum Gottesdienst gehen.

Die Christmette in der Katharinenkirche wird vom Lateinischen Patriarchen von Jerusalem, dem katholischen Kirchenoberhaupt im Heiligen Land, zelebriert und zugleich via TV und Radio weltweit übertragen. Dass die Mette nicht in der Geburtskirche gehalten wird, resultiert aus den verworrenen Besitzverhältnissen. Denn neben der griechisch-orthodoxen Kirche, die den Hauptteil besitzt, gehören auch Teile davon der armenisch-apostolischen und der römisch-katholischen Kirche.

Daher gestaltet sich der Ablauf der Weihnachtsfeierlichkeiten wie folgt: In der Katharinenkirche feiern die Katholiken vom 24. auf den 25. Dezember, in der Geburtskirche die griechisch-orthodoxen Christen ebenfalls vom 24. auf den 25. Dezember, die russisch- und serbisch-orthodoxen Christen vom 6. auf den 7. Jänner. Den Abschluss bildet das Weihnachtsfest der armenisch-apostolischen Kirche vom 18. auf den 19. Jänner.

Diese Regelung ist nicht nur kompliziert, sondern wohl auch anstrengend. Der Chef eines der vielen Souvenirgeschäfte erzählt mir, dass ihm als Christ die vielen „Heiligen Abende" hier und der damit verbundene Trubel zu viel seien. Viel schöner fände er es, wenn alle gemeinsam an einem Abend feiern würden – und er sagt dies, obwohl er von der langen Weihnachtszeit finanziell profitiert. Übrigens leben in dem auf etwa 770 Meter Höhe gelegenen Bethlehem mehr als 30.000 Menschen, und anders als sonst in Israel/Palästina sind hier viele Christen zu Hause.
Es ist soweit. Gegen 22 Uhr betreten wir, nach einer gründlichen Personen- und Gepäckskontrolle seitens der Sicherheitskräfte, die Katharinenkirche. Für mich ist der absolute Höhepunkt unserer bisherigen Pilgerreise gekommen, der Gedanke, die Idee, die Vision einer Pilgerreise nach Jerusalem und dabei möglicherweise am Heiligen Abend in Betlehem anzukommen, hat sich verwirklicht. In diesem Augenblick sind das Gefühl der Freude und die resultierende Glückseligkeit unermesslich.

Nichts, absolut nichts in der materiellen Welt, ist vergleichbar mit dem Empfinden, das uns nun zuteil wird. Es war der Weg der vielen kleinen Schritte, der unseren Traum und Wunsch heute, am 24. Dezember 2010, manifestierte.

Ich lasse die feierliche Stimmung unter den Menschen auf mich wirken. So wird es schließlich halb zwei Uhr morgens, und die Christmette neigt sich langsam aber doch dem Ende zu. Zum Abschluss wird das uns vertraute und in Salzburg komponierte, weltbekannte Weihnachtslied angestimmt: Wir erleben in Bethlehem „Stille Nacht" in verschiedenen Sprachen. Durch diesen berührenden Moment haben wir und viele Menschen um uns Tränen in den Augen. Als das Lied verstummt, wünschen sich alle in der Kirche mit „Merry Christmas" eine frohe und gesegnete Weihnacht. Dabei treffe ich unverhofft auf das französische Pilgerpärchen. Auch sie sind angekommen, und während wir uns beglückwünschen, umarmen wir uns: wieder eine Herzensbegegnung in der geweihten Nacht!

Es folgt der Auszug aus der Kirche. Dabei nimmt der Patriarch die hölzerne Christkind-Figur, die sich während der Mette vor dem Volksaltar befand und trägt das „Jesukindlein" zur Krippe in der Geburtskirche.
Wir betreten durch den Durchgang die Geburtskirche und von dort führen seitlich des Chores Stufen zur Geburtsgrotte hinunter: zum Stall von Bethlehem! In dieser Felsenhöhle steht auf der linken Seite die angeführte Krippe, und direkt genüber befindet sich der Geburtsaltar mit dem Silberstern. Dieser markiert die vermutete Geburtsstelle von Jesus, symbolisiert mit den 14 Zacken die Geschlechter in seinem Stammbaum und trägt die lateinische Inschrift „Hic de virgine Maria Jesus Christus natus est."– „Hier wurde Jesus Christus von der Jungfrau Maria geboren."

Die über dem Stern hängenden Öllampen sollen die verschiedenen christlichen Konfessionen repräsentieren. Jahr für Jahr wird hier das Friedenslicht entzündet und auf der Welt verbreitet.
Es ist ein unvergleichbar heiliger Platz, es gibt keine Worte, nur der Wunsch eines Pilgers in der Fremde und doch zu Hause angekommen:

Ich bitte darum, niemals in meinem Leben zu vergessen – mich immer an dieses Gefühl erinnern zu können, wie es war, als ich am Heiligen Abend zu Fuß in Bethlehem, am Ort der Geburt von Jesus, angekommen bin.
Über Stufen auf der anderen Seite der Grotte erreichen wir wieder das Hauptschiff der Geburtskirche und verlassen diese durch das Hauptportal. Der Eingang ist lediglich 1,20 Meter hoch, weshalb jeder Besucher nicht nur sein Haupt neigen muss, sondern auch das Eindringen hoch zu Ross verhindert werden konnte. Denn mitunter stellte es eine gängige Praxis der Eroberer dar, dass sie mit Pferden in die Gotteshäuser eindrangen, um diese zu entweihen oder um dort durch Schwert und Tier Verwüstung zu hinterlassen.

Inzwischen ist es 2 Uhr morgens geworden, wir setzen jetzt unseren Weg fort, um in der einmaligen Stimmung der Heiligen Nacht noch bis zur Stadtgrenze von Jerusalem zu kommen. Wieder schreiten wir langsam die letzten Kilometer voran und erreichen nach einer Stunde die große Mauer, den letzten Checkpoint.

Nach einem kurzen Innehalten erobern wir am frühen Morgen des 25. Dezembers 2010 Jerusalem mit einem Aufkleber.

Jerusalem – wir sind angekommen!

Es liegt eine friedliche Stimmung über dem verwaist wirkenden Checkpoint, und so kommen wir mit nur einer Sichtkontrolle bald auf der anderen Seite der Mauer, in Israel, an. Von hier liegen etwa zehn Kilometer bis zur Grabeskirche vor uns. Diese allerletzte Etappe werden wir morgen Sonntag absolvieren. Wir werden daher jetzt zu unserer Unterkunft in Jerusalem fahren, wo wir sicher sehr müde aber überglücklich in die Betten fallen werden. David, Margarethe und Luca schlafen in einem der Hotels und Otto, Fred und ich im österreichischen Hospiz, also schon fast in der Heimat.

Obwohl es kurz vor 4 Uhr morgens ist, warten zum Glück mehrere Taxis am Ausgang der Kontrollstelle, weshalb wir rascher als angenommen in zwei Autos sitzen und auf dem Weg zur wohlverdienten Nachtruhe sind. Aber bereits nach ein paar hundert Metern erleben Otto und ich unser zweites „Weihnachtswunder". Es beginnt damit, dass wir gleich nach dem Wegfahren im Scheinwerferlicht des Wagens das Ortsschild von Jerusalem entdecken und wie aus einem Mund sofort „Stop" rufen. Hier müssen wir unbedingt aussteigen und und fotografieren, denn immerhin suchen wir seit einem halben Jahr nach genau dieser Ortstafel.

Kaum sind wir ausgestiegen, da hören wir schon eine männliche Stimme von der anderen Straßenseite, die uns im österreichischen Dialekt zuruft: „Seid's ihr de Jerusalempilger aus Österreich?" Wir erstarren – aber nicht vor Schreck, sondern vor Überraschung! Träumen wir? Wir können weder Stimme noch Inhalt zuordnen, und so lautet unsere knappe Antwort in die Richtung der aus der Dunkelheit kommenden Frage: „Ja!" Wir können lediglich die Konturen einer in eine Kutte gehüllten Person erkennen, und als diese schließlich näher kommt, entpuppt sie sich als Priester. Genaugenommen stellt er sich als Benediktinerpater aus Salzburg vor!

Er hat die Ruhe in der stillsten Nacht des Jahres genutzt, um einen ausgiebigen Spaziergang von der Altstadt hierher und wieder zurück zu unternehmen. Als er uns beim Fotografieren mit den Rucksäcken sah, kombinierte er, dass es die Jerusalempilger sein könnten, von denen in Österreich in den Medien berichtet wurde. Welch ein Zufall! Er erzählt, dass er seit einigen Wochen in Jerusalem ist und schon oft im Heiligen Land war. Daraufhin bietet der freundliche Mönch spontan an, sonntags mit uns vom Ölberg zur Grabeskirche zu gehen. „Ich würde euch gerne begleiten", fügt er an.

Für uns ist dieser Pater ein hilfreicher Engel und selbstredend nehmen wir sein Angebot an! Wir wünschen uns frohe Weihnachten, fahren weiter und betreten schließlich über das Damaskustor den Nordteil der Altstadt. Ich finde es wichtig, von dieser Seite in die Stadt zu gelangen, denn sonntags werden wir aus Richtung Osten durch das Löwentor in das Herz von Jerusalem kommen und beschreiten somit jetzt keinen Teil des geplanten

Pilgerweges. Wir erreichen nach wenigen Gehminuten und dem Passieren von drei patrouillierenden Soldaten in den menschenleeren Gassen unsere Herberge: Ein einzigartiger Tag neigt sich im Morgengrauen dem Ende zu – welch eine Heilige Nacht!

Wir schlafen bis nach Mittag und verbringen den restlichen Samstag mit dem einen oder anderen Kaffee im Hospiz, einem guten Abendessen zu sechst und der Vorfreude auf morgen.

Schließlich wird es Sonntag – und was für ein Sonntag! Heute ist kein Ruhetag, heute ist die allerletzte Etappe angebrochen, wir setzen unseren Weg von gestern Nacht fort und stehen nach kurzer Zeit bei Tageslicht vor der „vertrauten" Ortstafel.

Mit dem Erreichen von Jerusalem beginnt der Höhepunkt, aber auch das Ende der Pilgerreise. An unserem 186. Pilgertag haben wir es tatsächlich geschafft und uns unseren Weg von Österreich bis hierher gebahnt. Der Schriftsteller Franz Kafka formulierte dies treffend: „Wege entstehen dadurch, dass man sie geht."
Wir folgen der nach Norden verlaufenden Hauptstraße Richtung Altstadt, halten uns nach fünf Kilometern rechts, um hinunter zur Davidstadt und zum Kidrontal zu gelangen. Während des Weges sehen wir erstmals die berühmten Olivenbäume. Was die zum Teil 2.000 Jahre alten „Methusalems" wohl so alles erzählen könnten?

Ich muss daran denken, dass es zu Fronleichnam war, als David, Otto und ich uns zum ersten Mal begegnet sind. Ausgerechnet am Hochfest der leiblichen Gegenwart Jesu, kreuzten sich also unsere Wege, um zu dritt zum Ort seiner Auferstehung aufzubrechen. Ist dies Zufall oder fällt ein derartiges Ereignis einem doch zu? Auch wenn wir dies oftmals nicht zu erkennen vermögen, sollten wir unserer Führung vertrauen.
Es geht nicht um das Wissen, sondern um das Vertrauen in uns selbst, in unser Leben, in unsere Führung. Und wenn wir unsere eigenen Freunde sind, treffen wir auch bei den Mitmenschen viel eher auf offene Herzen:

Für die Liebe gibt es keine Hindernisse. Als stärkste Kraft des Universums durchdringt, durchlichtet sie alles und baut zwischen allen Menschen Brücken.

Das Asphaltsträßchen schlängelt sich weiter hinab ins Kidrontal, und bald stehen wir vor einer Hinweistafel mit der Aufschrift „City of David". Wir befinden uns auf wieder geschichtsträchtigem Boden, die Davidstadt gilt als Ursprung und Keimzelle Jerusalems!

David mit dem 13-jährigen Luca.

Um 1.000 v. Chr. wurde diese Stadt von König David auf dem vor uns liegenden Berg Zion errichtet, später baute sein Sohn König Salomo den berühmten Tempel auf einem daneben liegenden Hügel, dem Tempelberg.

Seither sind dreitausend Jahre vergangen, nun leben etwa 800.000 Menschen in der israelischen Hauptstadt. Sie ist die Stadt der Städte und Schnittpunkt der drei abrahamitischen Weltreligionen, die einen allumfassenden Gott als Schöpfer anerkennen.

Wir halten uns talaufwärts und passieren die an der rechten Seite gelegene römisch-katholische Kirche der Nationen im Garten Getsemani. Sie heißt auch Todesangstbasilika und erinnert an jene Nacht, in der Jesus vor seiner Auslieferung, im Wissen um das Bevorstehende, gebetet hat.

In unmittelbarer Nähe ist auch das vermeintliche Grab Marias, denn, wie erwähnt, spricht vieles dafür, dass es sich oberhalb von Ephesos befindet. Von dieser Stelle blicken wir hinauf zur Stadtmauer und auf das zugemauerte Goldene Tor, das einzige der insgesamt acht Tore, das direkt zum Tempelberg führt. Das Goldene Tor ist im 16. Jh. n. Chr. bei der Neuerrichtung der Stadtmauer im Auftrag des osmanischen Sultans Süleyman I. versiegelt worden. Zahlreiche Legenden ranken sich um das Tor, durch das einst Jesus Jerusalem betreten haben und am „Ende aller Tage" der erwartete Messias hier wieder einziehen soll. Bis zur Ankunft des Heilands wird es verschlossen bleiben, und wenn es dereinst geöffnet wird, kehrt Frieden in der Welt ein.

Das Goldene Tor von Jerusalem

Nur ein Stück weiter erreichen wir den Fuß des Ölberges und treffen wie ausgemacht Margarethe, Fred und den Salzburger Benediktinerpater. Bei einem Kiosk legen wir eine kurze Pause ein, denn für Ende Dezember ist es ungewöhnlich heiß. Anschließend wandern wir zu siebt langsam den steilen Pfad zum Ölberg, vorbei an den jüdischen Gräbern, die mit „Blick" auf das Goldene Tor das Kommen des Heilands erwarten.

Oben angekommen bietet sich ein besonderes Panorama: Vor uns liegen die Altstadt, die Grabeskirche und der Tempelberg mit dem goldenen Wahrzeichen Jerusalems, dem aus frühislamischer Zeit stammenden Felsendom!

Die goldene Kuppel wurde der Überlieferung nach an jener Stelle errichtet, wo der biblische Stammvater Abraham, etwa 1.800 v. Chr., seinen zweitgeborenen Sohn Isaak opfern wollte. Dies wurde jedoch durch einen Engel verhindert.

Nach islamischer Tradition habe es sich dabei nicht um Isaak, sondern um Abrahams erstgeborenen Sohn Ismael gehandelt. Zudem soll Jesus dort als Jude beschnitten worden sein und auf einer Stelle auf dem Fels soll sich der Abdruck des Propheten Mohammed befinden, als er samt Pferd gen Himmel fuhr.

Nur ein Stück weiter in südlicher Himmelsrichtung liegt die al-Aqsa-Moschee, eines der wichtigsten Gotteshäuser des Islam, weshalb Jerusalem nach Mekka und Medina das drittwichtigste Wallfahrtsziel der Muslime darstellt. Und auf der anderen Seite des Tempelberges befindet sich die berühmte Klage- oder Westmauer, die heiligste Stätte des Judentums! Dabei dient der große Platz vor der Mauer der jüdischen Bevölkerung als heilige „Freiluftsynagoge" – wo Gebete rezitiert und Zettel mit persönlichen Wünschen und Bitten rituell in die Mauerritzen gesteckt werden.
Die Klagemauer ist genaugenommen ein Rest der Stützmauer des Bergplateaus. Sie wurde vor 2.000 Jahren anlässlich des Tempelumbaus unter König Herodes dem Großen errichtet. Ursprünglich stand der von König Salomo um das 10. Jh. v. Chr. erbaute Tempel auf dem Tempelberg. Dieser wurde im 6. Jh. v. Chr. vom babylonischen König Nebukadnezar II. zerstört, aber bereits im selben Jahrhundert von den Israeliten an derselben Stelle wieder aufgebaut. Der Tempel wurde etwa ein halbes Jahrtausend später von Herodes umgestaltet und durch die Römer im Jahr 70 n. Chr. endgültig zerstört.

Der Überlieferung nach befand sich im Allerheiligsten des salomonischen Tempels, des ersten Jerusalemer Tempels, die von zwei Cherubim flankierte, goldfarbene Bundeslade mit den Zehn Geboten. Seit jener babylonischen Zerstörung gilt die sagenumwobene Lade samt den zwei Steintafeln, auf denen die Gebote eingemeißelt waren, als verschollen.
Der Tempelberg stellt für Muslime, Christen und Juden einen heiligen Ort dar: Hier findet eine wahre Verschmelzung der drei auf den Stammvater Abraham zurückzuführenden Bruderreligionen statt! Leider gibt es zwischen ihnen aber noch immer ungelöste Spannungen – Jerusalem ist ein Gordischer Knoten im Zusammenhang mit dem Weltfrieden. Durch jeden Pilger auf dem Weg nach Jerusalem entstehen Verbindungen und Brücken zwischen den verschiedenen Völkern, Kulturen und Religionen, weshalb jeder Pilger automatisch einen Beitrag zum Frieden und zum Lösen des Knotens leistet. Friede beginnt dort, wo wir uns dem Anderen öffnen und unsere Vorurteile überwinden.

Aber wenn wir von Frieden oder Ausgleich zwischen den Völkern, Religionen und Menschen sprechen, sollten wir dabei nicht auch die Rolle der Frau überdenken? Eine harmonische Gesellschaft kann nur dann existieren, wenn die Menschen respektvoll, wertschätzend und gleichberechtigt miteinander umgehen. Wir alle kommen aus demselben Ursprung, ohne Unterscheidung von Hautfarbe, Kultur, Religion oder gar des Geschlechtes. Die Gleichberechtigung der Frauen ist noch lange nicht vollzogen, Frauen werden in vielen Bereichen diskriminiert. Dabei gab es schon immer starke Frauen, die sich in einer von Männern dominierten Gesellschaft behaupteten. Ich möchte vier aus der Geschichte des Christentums herausgreifen.
Lydia beispielsweise war, wie schon berichtet, die erste Frau, wahrscheinlich sogar der erste Mensch Europas, die durch die Taufe zur Christin wurde. Sie erkannte und handelte, während andere noch zögerten. Im spirituellen Sinn war sie eine Vorreiterin und Wegbereiterin. Wie auch die heilige Thekla, die eine jener Frauen in der damaligen Jesusbewegung war, die in der christlichen Antike verehrt wurden.
Maria Magdalena galt sogar als Gesandte im Sinne eines Apostels. Dem Johannesevangeliums zufolge war sie die Erste, die die Botschaft von der

Auferstehung Christi erfahren und zu verbreiten hatte (Joh 20, 11–18). Während also die römische Gesellschaft rein patriarchalisch organisiert war, bekleideten Frauen in der urchristlichen Kirche schon wichtige Funktionen.
Dabei ist auch die heilige Helena nicht zu vergessen, die Mutter Kaiser Konstantins des Großen. Sie soll zu Beginn des 4. Jh. n. Chr. jene Grabungen veranlasst haben, bei denen die Reste des Kreuzes Jesu und auch der Ort des Heiligen Grabes gefunden worden sein sollen. Über dem Grab und der Kreuzauffindungsstelle ließ Kaiser Konstantin auf Wunsch Helenas eine Basilika errichten, die im Jahr 335 n. Chr. eingeweiht wurde. Aber auch die Geburtskirche von Betlehem und viele andere Kirchenbauten gehen auf Helena als Gründerin zurück.
Im Zuge der Transformierung der aus dem Judentum hervorgegangenen christlichen Religionsgemeinschaft zu einem weltumspannenden System verloren die Frauen innerhalb der katholischen Kirche an Einfluss. Doch nun scheint ein globaler Prozess, ein Umbruch im Gange zu sein, der bestehende Ordnungen aufbricht, Muster auflöst und der weiblichen Energie langsam aber stetig mehr Bedeutung zukommen lässt. Diese Entwicklung betrifft alle Seiten des Menschseins und so auch Entscheidungsträger von Politik oder Kirche.
Starres „Festhalten" bedeutet Stillstand sowohl in der Gesellschaft, in der Seele eines Menschen als auch in der Natur – und damit auch Tod. Jede Handlung verursacht eine Reaktion, alles was den Lebensfluss blockiert, wird geschwächt und vergeht, denn das Leben ist gegenseitiger Austausch, immerwährende Bewegung und Weiterentwicklung. Oder wie es Heraklit in etwa formulierte „Es gibt in unserem Leben nur eine einzige Konstante, und das ist die Veränderung."
Daher ist es sinnlos, an etwas festzuhalten, sondern wir müssen uns im „Loslassen" üben, was einen der schwierigsten Prozesse unserer seelischen Entwicklung darstellt. Wir selbst entscheiden, wie wir damit umgehen – als Teil Gottes sind wir Schöpfer unserer eigenen Realität und Zukunft.

Nun führt uns der Pater zur Franziskanerkirche Dominus Flevit (lat. „der Herr weinte"), die an die Trauer Jesu wegen der Zerstörung Jerusalems erinnert. Sie wurde in Form einer stilisierten Träne errichtet und bietet durch ein Fenster beim Altar einen besonderen Blick auf die Altstadt, wobei das Kreuz auf die Grabeskirche ausgerichtet worden ist.

Das berühmte Fotomotiv in der katholischen Dominus-Flevit-Kirche.

Nach einem Gebet verlassen wir das Gotteshaus, wir gehen wieder ins Tal, um von dort hoch zur Stadtmauer und in die seit 1981 zum UNESCO Weltkulturerbe zählende Altstadt zu gelangen. Durch das Löwentor, auch Stephanstor bezeichnet, betreten wir das in ein armenisches, christliches, jüdisches und muslimisches Viertel unterteilte biblische Jerusalem! Das Tor erinnert an die Steinigung des heiligen Stephanus, an der Paulus beteiligt war.

Hier stoßen wir auf die mittelalterliche Via Dolorosa, jene Straße, die als Kreuzweg durch verwinkelte Gässchen bis zum Kalvarienberg führt. Das ist der als Golgatha bezeichnete Kreuzigungshügel von Jesu, welcher 300 Jahre später mit der Grabeskirche umschlossen wurde. Wegen der Auf-

erstehung Jesu wird sie bis heute auch als Anastasis-Kirche bezeichnet. In ihr befinden sich die letzten Stationen des Kreuzweges, wobei das mit einer Kapelle eingefasste Heilige Grab die XIV. und letzte Station ist.
Ob Jesus hier seinen letzten Weg begonnen hat oder bei einem ehemaligen Königspalast, den Archäologen westlich des Tempelberges lokalisierten, sei dahingestellt. Ebenso ist unklar, ob er ein Kreuz oder wie damals üblich, einen Querbalken tragen musste. Viele Schauplätze und Aufzeichnungen der Geschichte sind relativ.
Relevant ist, dass wir nun im völligen Bewusstsein über das Geschehene den verbleibenden knappen Kilometer absolvieren und auf das bevorstehende Ende unserer Pilgerreise blicken.

Auf der Via Dolorosa – Kreuzwegstation V.

Bedächtig setzen wir Schritt um Schritt. Die letzte Stunde unseres langen, sehr langen gemeinsamen Weges ist angebrochen. Ich erinnere mich an Arbing, als wir ebenso bedächtig die alte Heimkehrerstiege emporstiegen – hier verschmelzen Anfang und Ende. Auch der längste Weg beginnt eben doch mit dem allerersten Schritt.

Nach exakt 13 Tageskilometern, also jener Zahl, die Jesus mit den 12 Aposteln darstellt, stehen wir vor dem schweren hölzernen Eingangstor der Grabeskirche. Am 26. Dezember 2010 haben wir nach monatelangem Unterwegssein tatsächlich das ersehnte Ziel vor unseren Augen.

Nach dem Durchleben von Freud und Leid und den Strapazen und Prüfungen steht das endgültige Ankommen unmittelbar bevor. Die unzähligen Begegnungen mit Menschen, die uns geholfen haben oder mit denen wir verbindende Gespräche führten, das Kennenlernen der Kulturen, das Erreichen der historischen und biblischen Stätten und so vieles mehr, was für uns unvergesslich ist, wird uns zeitlebens begleiten. Nicht ohne Grund sagte schon Johann Wolfgang von Goethe: „Nur wo du zu Fuß warst, bist du auch wirklich gewesen." Oder wie es Steven Runicman formulierte: „Der Wunsch, ein Pilger zu sein, ist tief in der Natur des Menschen verwurzelt. Selbst dort zu stehen, wo jene standen, die wir verehren, und mit eigenen Augen die Stätten zu betrachten, an denen sie geboren wurden, wirkten und starben, verleiht uns ein Gefühl mystischen Zusammenhangs mit ihnen und ist handgreiflicher Ausdruck unserer Huldigung."

Für uns war und ist es die Reise des Lebens, wir dürfen am großen Endziel unserer Pilgerschaft ankommen. Ich kann nur von ganzem Herzen ein Dankesgebet für die geschaffte Pilgerreise sprechen.

Dies sind die magischen und heiligen Momente im Leben eines Menschen: unbezahlbar, unbeschreiblich und im wahrsten Sinne unfassbar.

Der Traum wurde zur Realität, und wenn ich einen allerletzten Wunsch hätte, würde ich mir wünschen, dass dieser Augenblick unendlich und ewig währt. Mit diesem kostbaren Gefühl betrete ich schweigend und in mich gekehrt die Grabeskirche.

Von der ursprünglichen Basilika aus dem Jahre 335 n. Chr. stimmt nur noch die Rotunde, der kreisförmige Grundriss bei dem Heiligen Grab, mit dem damaligen Bau überein. Nach ihrer Zerstörung im Jahr 1009 wurde 1149 eine Kreuzfahrerkirche errichtet, die trotz Feuer, Erdbeben und Umbauten in ihrer Form erhalten geblieben ist! Heute teilen sich sechs christliche Konfessionen, die griechisch-orthodoxe, die römisch-katholische, die armenisch-apostolische, die syrisch-orthodoxe, die äthiopisch-orthodoxe Kirche und die Kopten, dieses Gotteshaus. Die unterschiedlichen Besitzverhältnisse führten dazu, dass seit Jahrhunderten zwei muslimischen Familien das tägliche Auf- und Zusperren übertragen wurde.
Das Gotteshaus besteht aus mehr als einem Dutzend von Kirchen und Kapellen, die für uns ohne erkennbares Schema auf mehreren Etagen angeordnet sind. Deshalb fällt die Orientierung auf den ersten Blick gar nicht leicht, aber zum Glück haben wir „unseren" Benediktinerpater als fachkundigen Reisebegleiter bei uns, da wir die biblischen Schauplätze chronologisch besuchen möchten.
Also steigen wir jetzt über die sich rechts vom Hauptportal befindende steile Stiege zum Berg Golgatha, zur Kreuzigungsstelle von Jesus. Auch hier sind, wie im ganzen Gotteshaus, Priester, Mönche, Reisegruppen und Pilger anwesend. Gott sei Dank haben wir genügend Zeit und das Warten ist eine gute Einstimmung auf die vor uns liegenden Höhepunkte, denen wir uns Schritt um Schritt nähern. So erreichen wir schließlich die überlieferte Stelle der Kreuzigung. Wir knien uns nacheinander vor dem Altar auf den Boden: Wir sind dort angekommen, wo der Fels zu sehen ist auf dem das Kreuz gestanden haben soll!

Ich versuche, mir die damalige Situation so gut es geht zu verinnerlichen, um mich in das Geschehene einzufühlen und kann nur sagen, dass eine große Schwere, eine unendliche Trauer förmlich zu spüren ist. Es gäbe viele

Worte, dennoch würde es jeder anders erleben und beschreiben. Jeder Mensch hat seine eigene Wahrnehmung, Wahrheit und Wirklichkeit.

Wer war Jesus, der Nazarener, den über zwei Milliarden Menschen als Christus verehren? Er gründete keine Religion, er predigte die Liebe, er war ein Revolutionär und stellte vieles in Frage. Würden wir ihn erkennen, wenn er jetzt mitten unter uns leben würde? Wie würde die Gesellschaft auf Menschen wie ihn reagieren? Oder wäre es wie damals, dass er für Würdenträger und Autoritäten unangenehm und unbequem sein würde? Die damaligen Machthaber fürchteten um ihren Einfluss und ließen Jesus letztendlich am überlieferten Freitag, den 7. April des Jahres 30, im Alter von 37 Jahren an das Kreuz nageln.

Wir verweilen so lange es wegen der hinter uns wartenden Besucher möglich ist und nutzen anschließend die Gelegenheit, dem Gesang der Mönche bei einer orthodoxen Liturgiefeier zu lauschen. Schließlich gelangen wir über eine gegenüberliegende Treppe wieder hinab in das Nebenschiff, wo sich der Salbungsstein befindet. Dieser wurde erstmals zur Zeit der Kreuzfahrer erwähnt. Seit dem Jahr 1810 befindet sich die rötliche Kalksteinplatte an diesem Platz, wo Jesus nach der Kreuzigung gesalbt worden sein soll. Wieder halten wir inne und berühren mit den Händen Stein und Boden.

Die Grabeskirche ist von Kerzen verrußt und mit süßlichem Weihrauchgeruch durchzogen. An allen möglichen Stellen werden Gottesdienste abgehalten, zeitgleich untermalt von Gebeten, Gesängen und Zeremonien Angehöriger verschiedenster Konfessionen. Und dies geschieht in einem stetigen Rhythmus, 24 Stunden lang. Daher kann man sich auch nachts mit den Mönchen einschließen und in aller Stille bis zum Morgen zu verweilen. Auch wenn hier mitunter Spannungen zwischen den unterschiedlichen christlichen Würdenträgern entstehen, sich merkliche Unruhe von den Besuchern ausbreitet oder Baulärm zu vernehmen ist: Die Grabeskirche, das größte Heiligtum der Christenheit, offenbart sich als mystischer und kraftvoller Ort.

Unser nächster und letzter Weg führt nun zum leeren Heiligen Grab, zum Auferstehungsort Jesu, zum spirituellen Zentrum der Kirche und der gesamten Christenheit!

Besinnlich gestimmt gehen wir in Richtung der Hauptkuppel, zum Mittelpunkt der Rotunde, wo sich eine lange Menschenschlange gebildet hat und wir nach und nach immer näher zum Eingang der Engelskapelle und des Heiligen Grabes gelangen. Die marmorverkleidete Kapelle wurde an jener Stelle erbaut, wo sich laut Matthäusevangelium ein Engel auf den weggewälzten Stein setzte und zwei Frauen – Maria Magdalena und der anderen Maria – sagte: „Jesus ist auferstanden!"

Dies wurde auch im Markusevangelium festgehalten, wonach es ein junger Mann in weißem Gewand war, der die Botschaft Maria Magdalena,

Maria, der Mutter von Jakobus, und Salome überbrachte. Nach dem Lukasevangelium waren es zwei Männer in leuchtenden Gewändern, welche die Auferstehungsbotschaft mehreren Frauen mitteilten.

Von der Engelskapelle führt uns ein niedriger Durchlass zum Heiligen Grab. Wegen der Enge kann nur eine Handvoll Menschen gleichzeitig diesen heiligsten Ort betreten.

Drei Pilger sind angekommen am Ziel ihres Weges zum Herzen,
zum Ursprung und zur Quelle.
Danke für unsere Führung.
Danke!

Das Grab ist leer.

Jesus Christus lebt.
In uns, in den Herzen der Menschen und in allem was ist.
Es gibt nur eine Religion – die Religion der Liebe.

HIER
BIN
ICH

SALAM
SHALOM
PEACE

ירושלים
اورشليم (القدس)
Jerusalem
www.jerusalemweg.at
www.jerusalemweg.at

ÜBERBLICK

REISEROUTE

Streckenabschnitt: etwa 70 Kilometer

1. Jericho
2. Maale Adumim
3. Bethlehem
4. Jerusalem

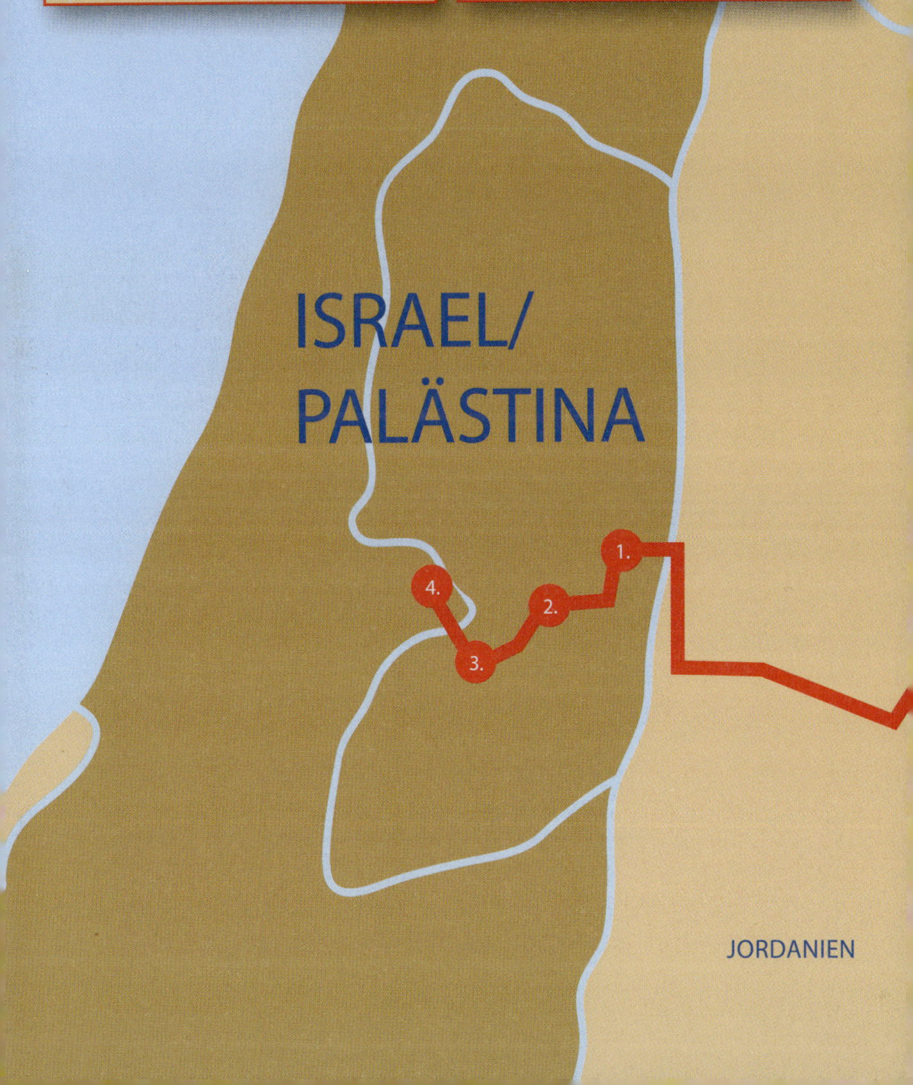

Nachwort

Am nächsten Tag gingen wir gemeinsam zum Tempelberg, zum Felsendom und zur Klagemauer und bekamen spontan noch eine Audienz beim Lateinischen Patriarchat von Jerusalem.

Durch unsere Pilgerreise aus dem Herzen Europas nach Jerusalem wurde „Österreich als das Land der Friedensbringer" bezeichnet, und ein Link auf unsere Webseite samt einem mehrsprachigen Kurzbericht ins Internet gestellt. In Jerusalem erhielten wir auch den Abschlussstempel für unseren Pilgerpass.

David flog am selben Tag mit seiner Frau Margarethe und Enkel Luca nach Hause, Fred reiste ein paar Tage später mit dem Flugzeug ab.

Otto und ich blieben noch einige Wochen im Heiligen Land, bevor wir nach Rom flogen, um von dort mit dem Zug nach Linz, Oberösterreich, zu fahren.
Die letzten Kilometer gingen wir „natürlich" zu Fuß und erreichten gegen Ende Jänner 2011 unsere Heimatgemeinden Neustift im Mühlkreis beziehungsweise Arbing – der Kreis hatte sich geschlossen.

Danksagung

Ich bedanke mich von Herzen bei meiner Seelenfreundin Renate Heine-Mernik, die mir mit stets offenen und auch kritischen Worten von Beginn des Buches an zur Seite gestanden ist und alle Texte zeitintensiv lektorierte; bei Martin Zellinger, der sein fachkundiges Auge auf die Bibelstellen warf; bei meiner Freundin Gertraud Zauner, für ihre Korrekturlesung und hilfreichen Anmerkungen; bei meiner guten Freundin Claudia Maria Zellhofer, die mich in vielen Stunden bei der Suche nach Schreibfehlern sehr unterstützte; bei meinem treuen Gefährten Otto für die wunderbaren Fotos sowie der Mithilfe beim Aussortieren; bei Christine Wiesenhofer für das professionelle Lektorat und bei allen Freunden, die mich inspiriert und ermutigt haben, dieses Buch zu schreiben …

Österreich (etwa 230 Kilometer)
Arbing – Grein – Hößgang – Ybbs / Donau – Kleinpöchlarn – Loosdorf – Gerersdorf – St. Pölten – Schönfeld – Pressbaum – Wien – Schwechat – Stixneusiedl – Bruck / L. – Parndorf – Zurndorf – Nickelsdorf

Ungarn (etwa 420 Kilometer)
Hegyeshalom – Mosonmagyarovar – Kimle – Asvanyraro – Györ – Acs – Komarom – Dunaalmas – Labatlan – Dorog – Piliscsaba – Budapest – mit Schiff nach Paks – Fadd – Szekszard – Bataszek – Dunaszekcsö – Mohacs

Serbien (etwa 450 Kilometer)
Bezdan – mit Schiff nach Belgrad – Lipovica Forest – Vranic – Stepojevac – Veliki Crljeni – Lazarevac – Dudovica – Ljig – Stavica – Ugrinovci – Rudnik – Gornji Milanovac – Preljina – Mrcajevci – Kraljevo – Matruska Banja – Polumir – Usce – Studenica – Baljevac – Nova Pavlica – Raska – Rudnica

Kosovo (etwa 150 Kilometer)
Leposavic – Socanice – Zvecan – Kosovska Mitrovica – Vucitrn – Gornje Stanovce – Pristina – Gracanica – Janjevo – Dobratin – Urosevac – Letnica – Kacanik – Deneral Jankovic

Mazedonien (etwa 200 Kilometer)
Skopje – Petrovec – Mladost – Veles – Gradsko – Negotino – Demir Kapija – Udovo – Valandovo – Star Dojran

Griechenland (etwa 400 Kilometer)
Drosato – Stathmos Mourion – Kato Poroia – Kerkini – Lithotopos – Serres – Nea Zichni – Kormista – Eleftheroupoli – Kavala – Philippi – mit Schiff nach Alexandroupolis – Feres – Kipoi

Türkei (etwa 1.800 Kilometer)
Ipsala – Kesan – Bahceköy – Yerlisu – Kavakköy – Bolayir – Gelibolu (Überfahrt von Europa nach Asien) – Lapseki – Suluca – Canakkale –

Güzelyali – Troja – Yeniköy – Üvecik – Geyikli – Dalyan – Babadere – Tamis – Assos – Behramkale- mit Schiff nach Ayvalik – Altinova – Dikili – Esentepe – Candarli – Aliaga – Menemen – Cigli – Izmir – Kisik – Pancar – Karakuyu – Gölova – Ahmetbeyli – Kusadasi – Ephesos – Selcuk – Germencik – Aydin – Beyköy – Atca – Nazilli – Kuyucak – Pamukören – Buharkent – Köprübasi – Denizli – Laodikeia am Lykos – Pamukkale – Pinarkent – Kolossä – Kaklik – Bascesme – Bozkurt – Dazkiri – Basmakci – Sariköy – Körpeli – Gülköy – Kozluca – Gümüsgün – Koctepe – Isparta – Büyükgökceli – Egirdir – Mahmatlar – Gelendost – Hüyüklü – Yalvac – Özbayat – Cetince – Sarkikaraagac – Hüyük – Selki – Yenidogan – Yunuslar – Kizilören – Konya – Lystra – Kasinhani – Cumra – Arikören-Sülemanhaci– Ückuyu – Madensehri – Dinek – Karaman – Derbe – Sertavul- Alahan – Ortaköy – Mut – Köseleri – Cortak – Kargicak – Ortaören – Silifke – Ayathekla – Narlikuyu – Kumkuyu – Erdemli – Mersin – Yenitaskent – Tarsus – Yenice – Adana – Suluca – Ceyhan – Körkuyu – Kurtkulagi – Kurtpinar – Yukariburnaz – Asagiburnaz – Yeniyurt – Dörtyol – Karayilan – Iskenderun – Belen – Kici – Ovakent – Antakya – Demirköprü – Konuk – Reyhanli

Syrien (etwa 500 Kilometer)
Bab al Hawa – Al Atarib – Aleppo – Hani Touman – Ash Shayk Asmad – Saraqib – Maarrat al Numan – Khan Shaykhun – Morek – Suran – Hama – Ar Rastan – Talbisah – Homs – Jandar – Hassia – Qarah – An Nabk – Yabrud – Ras al Ayn – Maalula – Al Tawani – Sednaya – Al Tall – Damaskus – Al Kiswah – Darayya – Koukab – Ghabagheb – Al Qnayyah – As Sheikh Miskin – Dail – Daraa

Jordanien (etwa 160 Kilometer)
Ar Ramtha – Neaime – Jerash – Amman – Naour – Madaba – Berg Nebo – Jordantal – Taufstelle von Jesus – König Hussein Brücke

Israel / Palästina (etwa 70 Kilometer)
Jericho – Mitspe Yeriho – Maale Adumim – Ubeidiya – Bayt Sahur – Bethlehem – Jerusalem

ÖSTERREICH
UNGARN
SERBIEN
MAZEDONIEN
KOSOVO
GRIECHENLAND